LA VUELTA A MI ISLA

La primera circunnavegación en solitario de
Gran Bretaña en windsurf

Jono Dunnett

Traducción de Jono Dunnett
editado por M.L. Chacón

Primera edición 2023

ISBN: 978-0-9957782-7-6

Copyright © 2023 Jonathan Dunnett

Todos los derechos reservados.

No se permite la reproducción total o parcial de este libro, ni su incorporación a un sistema informático, ni su transmisión en cualquier forma o por cualquier medio, sea este electrónico, mecánico, por fotocopia, por grabación u otros métodos, sin el permiso previo y por escrito del titular del copyright. La infracción de los derechos mencionados puede ser constitutiva de delito contra la propiedad intelectual (art. 270 y siguientes del Código Penal).

Fotografías: del autor, a menos que se indique lo contrario
Mapas: propios a partir de los contornos costeros del Ordnance Survey
Portada (anverso): Vela-refugio en la playa de St Andrew's, foto de Steve MacDougall, *The Courier*
Portada (reverso): Bass Rock, Firth of Forth, foto de Paul Rigg
Diseños de portada: Edwin Bozo

Para los curiosos

«Un sueño no es aquello que ves mientras duermes, sino algo que no te deja dormir.»

— A. P. J. Abdul Kalam

1

Agotado, vuelvo a izar la vela. Choco con las olas mientras navego a una velocidad de vértigo durante unos doscientos metros hasta que no puedo aguantar más y caigo con violencia en una explosión de agua. Me subo de nuevo a la tabla. El agua me cae a borbotones por el traje y la mochila y considero qué hacer. Esta sigue siendo la mejor opción: unos instantes para recuperar el aliento y repetir una vez más.

No tengo ni idea de cuántas veces lo repito, una docena por lo menos. Lo suficiente para llegar a ver Dover.

Los antecedentes.

Hace tres días salí de Clacton-on-sea, con la intención de cumplir un sueño que tengo desde hace casi veinte años y que había mantenido casi siempre en secreto. Un sueño que me obsesionaba y me había creado una sensación de inquietud y desasosiego.

El sueño había hecho que me disgustara conmigo mismo. Me hacía sentir inútil, egoísta e iluso. Me avergonzaba. Si mi familia lo hubiera sabido, se habrían preocupado. Incluso ahora, al pensarlo, se me tuerce la cara. No lo consideraba tanto un sueño como un deseo culpable.

Quería dar la vuelta a Gran Bretaña haciendo windsurf en solitario.

Durante años ignoré y menosprecié la única ambición verdadera y constante que tenía en la vida. Hasta que un día en medio de lo que podría llamarse eufemísticamente una «mala racha» me escuché a mí mismo. A los 40 años, dejé de intentar reprimir el deseo y me dispuse a realizar el sueño.

Así que la situación anterior, el ser arrastrado hacia un muro de hormigón golpeado por las olas de un vendaval, era enteramente obra mía. No fue la última vez que, en esta aventura, me recordé a mí mismo «ten cuidado con lo que deseas, Jono».

2

En algunos momentos de mi vida he llegado a pensar que soy un poco diferente. Otras veces, lo he olvidado. Últimamente, me he dado cuenta de que no importa.

* * *

Cuando éramos niños, mi hermano y yo tuvimos la suerte de que nuestros padres nos dejaran vagar. Gregg y yo nos adentrábamos en Epping Forest (el bosque de Epping), donde trepábamos árboles, montábamos en bicicleta, fabricábamos armas y, en general, respirábamos libertad. El bosque atraía a todo tipo de gente y, como hermano mayor, yo tomaba las decisiones para mantenernos a salvo. Nunca nos separábamos, normalmente íbamos con nuestro perro, nunca hablábamos con nadie y manteníamos una distancia considerable entre nosotros y los demás usuarios del bosque. Nunca tuvimos problemas con extraños, pero en ocasiones fuimos testigos de comportamientos curiosos, y una vez nos siguió la pista un helicóptero de la policía hasta que salimos del bosque.

Desde el punto de vista académico, era un niño razonablemente inteligente y buen estudiante. En la escuela se metían conmigo (Caroline Wright, de primaria, estás perdonada; Paul Palmer, de secundaria, también), lo cual atribuyo a que se me trababa la lengua bajo estrés y a que carecía por completo de la capacidad de responder con una réplica (fuera ingeniosa o no). Esto contribuyó sin duda a que no me gustara la escuela.

Me gustaban los deportes (excepto el rugby) y se me daba bien correr, lo cual era muy útil cuando Palmer estaba cerca. Mi proyecto escolar favorito fue diseñar y construir una isla de cartón piedra. No hace falta decir que mi isla habría sido un lugar especial para navegar.

Los fines de semana, mi familia nos subíamos al coche y nos íbamos a Clacton. A Gregg y a mí nos encantaba el mar, así que siempre nos apetecía ir. Navegábamos en botes Topper en el club náutico local, que en aquella época era tan permisivo como nuestros padres. Si hacía viento, navegábamos de dos en dos para tener más contrapeso. Si hacía más viento, reclutábamos a uno de los padres para que nos ayudara a mantenernos en posición vertical. Con la pleamar, lanzarse desde la rampa, y volver a ella, era peligroso, y el bote de rescate lo era más, así que aprendimos a rescatarnos solos y a no meternos en líos. Me disgustaba tener el bote de rescate cerca e incluso a esa edad me consideraba más capaz que los que lo tripulaban.

Lo más destacado del año de navegación era el viaje a Gunfleet Sands, un banco de arena que solo se seca con las mareas más bajas y que se encuentra a unas 8 millas en diagonal de la costa del Club. El viaje solía cancelarse por motivos de seguridad y hoy en día no forma parte del calendario, pero un año a Gregg y a mí, con 10 y 11 años, nos permitieron ir «dos en uno» en un Topper. Aquel regreso desde el banco de arena es mi primer recuerdo de una navegación épica. El viento había aumentado y era un atardecer sombrío cuando la subida de la marea liberó a los barcos del banco de arena. Los barcos más rápidos se alejaron y los más lentos, como nuestro Topper, se quedaron atrás, por lo que básicamente navegábamos solos. Apenas se veía tierra mientras surcábamos las olas y el rocío de agua salada nos picaba en los ojos.

Las condiciones eran estimulantes, pero sentía una profunda sensación de calma y me sentía muy cómodo en aquella situación. Los bordes entre mí mismo y el entorno se difuminaron y las preocupaciones cotidianas quedaron lejos de mi cabeza.

Entonces Gregg, que llevaba el timón, cambió de rumbo. Mi estado de paz interna se hizo añicos y grité a mi hermano. Necesitábamos mantener una ceñida cerrada para volver: navegar en diagonal, ¡no en línea recta hacia la tierra más cercana! Nos peleamos. Gregg quería llegar a la costa cuanto antes, yo quería terminar donde habíamos empezado, y si era en plena oscuridad, que así fuera. Amenacé con saltar del barco a menos que Gregg tomara una ceñida correcta, o me dejara llevar el timón. Gregg se echó a llorar pero no cambió de rumbo. La voluntad de Gregg se impuso y mi amenaza resultó ser un farol. Para mi decepción, el tramo final de nuestra navegación se hizo por carretera.

Me encantaba la libertad de estar en el agua. La vela y el windsurf seguirían regalándome, y aún lo hacen de vez en cuando, momentos en los que realmente desconecto de las preocupaciones mundanas de la vida.

Hoy en día, esto suele ocurrir en condiciones de navegación difíciles. La tarea me ocupa pero no me abruma. Cuando esto ocurre, se expande la conciencia del presente, y puede ser literal en el sentido de que mi visión se afina y se amplía. Hay una alegría sencilla derivada de hacer algo que ha costado mucho aprender a hacer, y hacerlo bien. Cuando navegaba por Gran Bretaña me encontré de vez en cuando en este agradable lugar. También me vi empujado a lugares mucho más lejanos.

De niños, íbamos de vacaciones a Escocia y yo no quería volverme nunca. El vacío y la majestuosidad de la costa oeste quedaron marcados de forma indeleble en mi psique. Lo siento, Inglaterra y Gales, pero no podéis igualar a vuestro vecino del norte. Aprendí a hacer windsurf en Escocia y aún recuerdo vívidamente una foca nadando bajo mi tabla, y la sensación de miedo que me produjo. Acostumbrado al turbio mar de Clacton, me fascinaba y me petrificaba el agua clara y la vida que se podía observar bajo la superficie. Mientras navegaba, escudriñaba el mundo que había debajo. A medida que aumentaba la profundidad, me invadía una sensación de vértigo. La naturaleza salvaje de Escocia me enganchó.

El windsurf sustituyó a la vela como pasatiempo. Cuatro de nosotros crecimos navegando juntos (Gregg, Tim, Clyde y yo) y lo hacíamos siempre que teníamos la oportunidad Nos encantaban los vientos fuertes. Más tarde, los cuatro trabajaríamos durante al menos unos años en puestos relacionados con el windsurf.

Clyde y yo también competíamos en los circuitos de la clase Raceboard, en gran parte gracias a que los padres de Clyde también querían viajar por el país en su autocaravana. Durante varios años, la mayoría de los fines de semana nos íbamos con Clyde y su familia a competir. Fui ascendiendo en la clasificación hasta llegar a lo más alto a nivel local, y a nivel medio-alto nacional.

Me encantaba navegar, competir y viajar en las grandes regatas. Recorrimos todo el país y conocimos las costas de Bridlington, Abersoch, Weymouth, el estrecho de Menai y muchas otras. Hay numerosos días que recuerdo vívidamente. Creo que es probable que la semilla de querer dar la vuelta a Gran Bretaña en windsurf se sembrara durante esos años. Según testigos, en los largos viajes de vuelta a Essex después de las regatas, yo intentaba convencer a Clyde, no muy sutilmente y sin éxito, de las posibilidades de tal empeño.

La otra cara de la moneda de las grandes regatas de windsurf eran los encuentros sociales, ya fueran reuniones nocturnas planificadas o quedadas informales a la espera del viento. Odiaba ambas cosas. Mi estrategia consistía en quedarme cerca de Clyde y alejarme para dar un paseo solitario cuando ya no pudiera hacerlo sin parecer raro.

Esta es una buena oportunidad para pedir disculpas a Clyde por ser tan pesado.

Un día, de repente, recibí una llamada del entrenador del equipo de la *Royal Yachting Association* para decirme que me había clasificado para representar a Gran Bretaña en el Campeonato Mundial Juvenil que se iba a celebrar en Italia. En la regata estuve enfermo y me perdí algunas mangas, pero me sentí orgulloso de haber pasado desapercibido y de haber entrado en el equipo como un desconocido.

Las altas tasas de matrícula aún no habían hecho mella, así que nos fuimos a la universidad sin pensarlo mucho; o en mi caso, como una idea tardía después del bachillerato. Tim, Gregg y yo acabamos en Swansea; Clyde, en Bangor. En las expuestas costas occidentales nos convertimos en navegantes de ola algo competentes. Con una fórmula predecible, también aprendimos a surfear. Aprendimos a leer las olas y las previsiones meteorológicas como hacen los surfistas. En las largas vacaciones de verano nos íbamos a la costa atlántica francesa y seguíamos surfeando.

En mi último año de universidad sufrí una grave lesión al colisionar con mi tabla. Ese día estaba surfeando bien, con algunas bajadas tardías. Me encontraba en un estado de euforia. Rebosante de confianza, cogí una ola que no pude completar y esta vez me caí. Mi tabla me golpeó en un lado de la cabeza, fracturándome el cráneo y provocándome una hemorragia cerebral. Me operaron para extraer el coágulo y estuve cuatro semanas en el hospital.

Tuve mucha suerte de no perder el conocimiento en el agua y de no sufrir daños a largo plazo. Al menos, que yo sepa, nadie ha sugerido seriamente lo contrario.

A raíz de ello, me volví un surfista más precavido. Un año después tuve otro accidente, esta vez por falta de confianza. Intenté salirme de una ola en la que ya estaba demasiado metido y me caí por la cascada a horcajadas sobre la tabla. Volví a pasar por el quirófano. Esta vez el dolor fue mucho peor.

Después de graduarme hice lo que me animaron a hacer sin saber por qué, y me embarqué en un máster. Entonces no era lo que debía hacer. A día de hoy me arrepiento de no haber entregado la tesis, pero al menos ahora no me despierto en medio de la noche en estado de pánico por eso.

Estuve a punto de convertirme en redactor de investigación médica, lo que me habría llevado por una trayectoria totalmente distinta. ¡Cómo dependen vidas enteras de la pura suerte! En lugar de eso, me fui a Menorca a trabajar en mi primera (de muchas) temporadas como monitor de windsurf.

En Menorca conocí a una guapa chica local que se convirtió en mi novia, y durante varios años fui más feliz que nunca. El trabajo de día me iba como anillo al dedo. Trabajaba duro y era bueno en mi trabajo, hasta el punto de que cuando no aparecía en la reunión social obligatoria, no se decía nada. Después de estar todo el día rodeado de gente, necesitaba un descanso y me escapaba discretamente en busca de la soledad.

Con los años, llegué a conocer la bahía de Fornells como nadie. Los días de poco viento guiaba a grupos que exploraban su costa dentada (y, por supuesto, circunnavegaban sus islas). Me encantaba la paz y el aislamiento del sur de la bahía, donde a veces pescaba el águila pescadora, lejos de los molestos barcos de rescate y los ruidosos catalanes.

Hay algo especial en explorar tu isla natal, o adoptada, y Menorca se sintió como mi casa desde el primer día. Dar la vuelta a la isla pronto se convirtió en una ambición. Menorca, al ser un poco más pequeña que la Isla de Wight, tiene el tamaño perfecto para una circunnavegación de un día. Al trabajar en un centro náutico, tenía acceso a buen material y a una embarcación de seguridad robusto. Llevaba menos de un año en Menorca cuando completé aquel viaje. Fue una navegación difícil y muy gratificante, que duró nueve horas y media.

Cuando vuelvo a cualquiera de los cabos por los que he navegado (¡o incluso cuando como la misma marca de galletas que consumí ese día!) sigo experimentando una sensación de satisfacción. Está la satisfacción de haberlo hecho (quizás el primero, quizás el más rápido), que creo que tiene un ligero toque de vanidad; y está la satisfacción mucho más profunda de llegar a conocer el lugar en el que vives. Al haber navegado alrededor de Menorca con windsurf, siento que conozco la isla de una forma que pocas personas la conocerán. La isla me acogió y nos hicimos amigos. El hecho de que hayamos tenido alguna batalla y algunas dificultades por el camino aumenta la fuerza de nuestra conexión.

No se puede negar que después de haber bordeado Menorca con windsurf, mi atención se centró en la idea de rodear Gran Bretaña. Ese era el punto de no retorno. Conocer mi isla natal a través de una circunnavegación con windsurf se convirtió en mi ambición confirmada.

Tras el éxito de la circunnavegación de Menorca, no tardé en poner en marcha un plan. Encargué un libro.

3
La vuelta de Gran Bretaña en windsurf

Fue Bill Dawes, de la revista *Boards*, quien me puso sobre la pista. Había enviado un correo electrónico a Bill y le había hecho algunas preguntas sobre la circunnavegación de Gran Bretaña con windsurf, y él me había explicado que esto ya se había hecho, y que el tipo en cuestión había escrito un libro. Aquello no me decepcionó, todo lo contrario. ¿Ya se había hecho? ¡Estupendo! Eso significaba que era posible y que yo también podía hacerlo.

El libro en cuestión no estaba en la biblioteca de Clacton, ni siquiera en el *Waterstones* de Colchester. Por suerte para mí, una búsqueda en Internet más tarde y en un primer momento de amor por la tecnología, pude localizar y comprar un ejemplar en venta de una biblioteca de Seattle. *Round Britain Windsurf*, de Tim Batstone, se convirtió en mi primera compra por Internet. Internet, que iba a ser el facilitador de mi propia circunnavegación, ya estaba alimentando ese sueño.

Me cautivó y devoré el libro en un santiamén. Batstone contó con un apoyo considerable, incluido un yate y una lancha neumática que lo acompañaron en su viaje. Trabajando en equipo, fueron rápidos. Tim podía cambiar de vela y embarcar según la fuerza del viento, así como llevar todas las provisiones, descansar y dormir en el barco. Tener la embarcación neumática en el agua le permitía navegar hasta sus límites sin que ello supusiera un problema de seguridad, ya que si se excedía un poco, se agotaba, rompía algo, quedaba encallado o las condiciones eran demasiado difíciles, su equipo de apoyo podía recogerlo. Al comienzo de un día de navegación, la lancha llevaba a Tim al lugar donde había navegado el día anterior, y al final del día lo devolvía a la nave nodriza.

Al comienzo de su vuelta a Gran Bretaña en windsurf, Tim no era, según admitió él mismo, un experto windsurfista. Su preparación incluyó una arriesgada navegación en solitario alrededor de las Islas Sorlingas, que debió de asustarle y que, sin duda, le habría servido para darse cuenta de la magnitud del reto que estaba afrontando. El equipo de windsurf de aquella época también era pesado, difícil de usar y propenso a romperse. Según los estándares actuales, era terrible. En términos ciclistas comparables: era la época de los *penny farthing*. Dar la vuelta a Gran Bretaña con windsurf en 1984 fue un logro extraordinario, y varias veces durante mi propia vuelta reflexioné sobre este hecho.

Sin embargo, a pesar de mi admiración, ya entonces sabía que no pretendía repetir la hazaña de Tim. Por varias razones, su planteamiento no me atraía.

En primer lugar, las inevitables tensiones de un reto en equipo me restarían disfrute de la experiencia. Hay gente que disfruta con el aspecto de gestión de personas en una iniciativa así, pero yo no me encuentro entre ellos.

En segundo lugar, no me gustaría tener un barco de apoyo presente. Sería como una mosca zumbando alrededor de mi cara.

En tercer lugar, la idea de fragmentar los tramos, es decir, marcar el avance según la posición del punto de ruta GPS y luego volver al lugar a motor para terminar el trabajo en otro momento, me parecía forzada. Creo que está bien para un primer intento, y si lo que buscas son récords y ese es el precedente que se ha establecido, también está bien. Pero establecer un récord nunca fue mi motivación. Yo quería hacer las cosas como las habrían hecho los marinos de antaño, pensando en términos de travesías y consolidando el progreso llegando a puertos seguros por el camino.

En cuarto lugar, el coste de hacer un viaje con una tripulación de apoyo habría sido prohibitivo.

Así pues, no solo no resultaba atractivo hacer las cosas de la misma manera, sino que además era poco viable.

***

El entusiasmo posterior a la vuelta a Menorca duró un tiempo. Escribí unas cuantas cartas pidiendo patrocinadores y conseguí... espera: una mochila de hidratación. Útil, pero no precisamente suficiente para impulsar una campaña para la vuelta a Gran Bretaña. Y lo que era más grave, tampoco había aceptado mentalmente que ese reto iba a tener que ser un esfuerzo en solitario. En lugar de eso, había insistido en intentar convencer a Clyde de que él también se animara a dar la vuelta a Gran Bretaña haciendo windsurf. Definitivamente, tenía sentido navegar con Clyde. Sus padres tenían la autocaravana y son lo bastante abiertos como para plantearse prestar su apoyo. Y el pensamiento de la seguridad en los números era tranquilizador. Por desgracia, Clyde no estaba dispuesto.

En cuanto a Gregg, no me entusiasmaba tenerlo como compañero de navegación. Posiblemente fuera un reflejo de su relativa falta de experiencia con las tablas Raceboard, y también posiblemente una conducta protectora ante la idea de que un pariente cercano me acompañara en un viaje que podría conllevar algunos peligros (lo siento, Clyde, esta preocupación no surgió contigo). Quizá fue solo que Gregg no venía con autocaravana incluida.

Así que no pasó nada. Clyde, Gregg y yo fuimos a la deriva haciendo las cosas que hace la mayoría de la gente cuando se hace mayor. Pero no se puede pretender ser joven para siempre y al final todos maduramos un poco.

El sueño que albergaba quedó enterrado. Estaba ahí, pero no se expresaba. Totalmente incompatible con la vida que llevaba trabajando en un centro náutico. Podía tener una semana libre en verano, no los 2 o 3 meses que necesitaría.

Me avergonzaba tener un sueño poco realista, así que me lo guardé para mí. Siempre lo había mantenido con bastante discreción, pero ahora pasaba desapercibido y no se lo mencioné ni siquiera a Clyde ni a Gregg. No lo compartí con mi pareja, pensando que eso demostraría una falta de compromiso con ella. No lo compartí con la familia, pensando que les preocuparía. En los años transcurridos, solo lo mencioné una vez, mucho después, a una amiga que estaba lo bastante preocupada por mi bajo estado de ánimo en aquel momento como para preguntarme qué quería realmente de la vida. Inmediatamente pasé por alto mi confesión y la presenté como algo que no me tomaba en serio. La ambición insatisfecha se reprimió al menos en parte. Estoy seguro de que contribuyó a una sensación general de inquietud que me molestaba.

Entonces, en 2012, dejé Menorca por una nueva relación y un nuevo modo de vida en Escocia. Después de 15 años viviendo en una isla mediterránea, el contraste fue bastante extremo. Sería acertado decir que me costó integrarme. Me esforcé por adaptarme a la nueva situación en la que me encontraba, un ejercicio destinado al fracaso. Con un poco más de sabiduría, en lugar de intentar adaptarme podría haber revelado más de mi verdadera naturaleza y haber hablado en ese momento de mi sueño de dar la vuelta a Gran Bretaña haciendo windsurf, que había vuelto con fuerza para colarse en mis pensamientos.

Fueron tiempos difíciles, pero su legado fue positivo. Me acepté más a mí mismo y reparé algunos lazos familiares dañados.

Con el tiempo, mi pareja y yo nos separamos y regresé a mi Essex natal. Me encontré viviendo entre las casas de mis padres y habitaciones libres. Estaba más intranquilo que nunca y me protegía de la tristeza mudándome con frecuencia. Me matriculé en un curso de formación para ser electricista. Estaba «bien», como casi todo lo estaba en aquella época, y progresé sin dificultad ni entusiasmo. Cubría mis modestos gastos trabajando en páginas web.

A pesar de mi desánimo, en retrospectiva me doy cuenta de que mi subconsciente estaba muy atento al panorama general. Me mantenía en forma corriendo y montando en bicicleta, y navegaba largas distancias. También me inscribí y competí en el Campeonato del Mundo de la clase Raceboard de 2014 (acabé en el puesto veintitantos de una flota de cien personas, y dormí en un colchón hinchable, seleccionado con sumo cuidado, que más tarde sería mi cama durante la expedición). Mucho antes de admitirme a mí mismo que la Vuelta de Gran Bretaña era mi objetivo, estaba intensificando la preparación. Las navegadas de «entrenamiento» que hice me parecen ahora ridículamente cortas, pero entonces se salían de lo habitual y ponían a prueba mi zona de confort: de Clacton a Harwich, hasta Mersea, o mar adentro hasta el parque eólico de los Gunfleet Sands. Las sesiones de ejercicio y la emoción de estar mar adentro eran un tónico para mi bajo estado de ánimo.

A finales de 2014, la empresa de formación de electricistas en la que estaba matriculado entró en suspensión de pagos y un gran número de estudiantes, entre ellos yo mismo, quedamos en el limbo. No me sorprendió, ni me disgustó especialmente, que otra vez las cosas no funcionaran. A decir verdad, yo solo había estado cumpliendo por inercia.

Pero mi lejanía en aquel momento, un claro motivo de preocupación para mi familia, no era consecuencia de esta ni de otras decepciones. Se debía a un cambio en mi propia atención, que había quedado completamente absorbida por la tarea de averiguar cómo iba a dar la vuelta a Gran Bretaña haciendo windsurf. Ya no se trataba de reflexiones especulativas y la adrenalina se disparaba al considerar los detalles. El miedo de mis imaginaciones se apoderó de mí.

Aún pasaría un tiempo antes de que me sintiera preparado para declarar públicamente mi intención, pero por fin se lo conté a mi familia. Primero se lo dije a mi madre. Ella sabe, ha aprendido, a no agitar una capa roja ante un toro, así que no expresó de manera explícita que le pareciera una mala idea, pero comprensiblemente estaba más preocupada que entusiasmada. Cuando se lo conté a mi padre se interesó por los detalles de mi plan, que le parecieron razonables. Ambos padres parecían encantados de que por una vez me animara con algo.

Gregg estaba bastante sorprendido. Siempre hemos estado muy unidos, pero desconocía mi larga ambición. Supongo que yo había vivido con ello tanto tiempo que me imaginaba que lo sabía. Se mostró comprensivo con la idea.

4

Una obra maestra del diseño

Antes de entrar en más detalles, debo presentar al lector una obra maestra del diseño: la tabla de windsurf de la clase Raceboard. Una comprensión básica de esta tabla facilitará el seguimiento de la crónica.

Las tablas Raceboard son largas, delgadas y mucho más flotantes que la típica tabla de windsurf que puedes ver entrando y saliendo de una playa en un día ventoso. No son las tablas más rápidas en todas las condiciones de viento y mar, pero se desenvuelven muy bien en una gran variedad de condiciones. Con poco viento se deslizan por el agua con la elegancia de una canoa. A medida que aumenta el viento, estas tablas cambian de «modo», pasando con elegancia de ser embarcaciones que se asientan en el agua a embarcaciones que se deslizan sobre la superficie del agua.

Esto es una ligera simplificación y no refleja los matices de la navegación de estas embarcaciones y de la navegación en general. En realidad, cada uno de los numerosos puntos de navegación posibles, los rumbos relativos a la dirección del viento, tiene un modo correspondiente diferente. Un giro añadido es que el modo para un punto de vela concreto puede ser completamente distinto con vientos de distinta intensidad. El variado repertorio de modos en los que pueden navegar las tablas Raceboard es lo que las hace tan adecuadas para una gama tan amplia de estados de viento y de mar.

La capacidad de navegar en múltiples modos es posible gracias a características que no se encuentran en otros estilos de tabla. En concreto, las tablas de la clase Raceboard se benefician de un carril deslizante para el mástil y de una orza pivotante, que se pueden ajustar mientras se navega.

Todas estas variables hacen que las Raceboard sean un poco más complicadas de navegar que las tablas de windsurf estándar. Se requieren conocimientos específicos y mucha práctica para sacarles el máximo partido. Pero es un placer navegar con ellas, y su adaptación a una amplia variedad de condiciones es inigualable. Son realmente la «única» elección de tabla para el windsurf de larga distancia.

El equipo de Raceboard de la vuelta a Gran Bretaña, aquí navegando de ceñida en condiciones de brisa moderada.
Foto: Gregg Dunnett

5

Planificando

Tras haber incubado durante tanto tiempo la idea de bordear Gran Bretaña haciendo windsurf, mi inconsciente había reflexionado mucho sobre cómo podría llevarse a cabo. Una parte importante se basaba en el recuerdo de que alguien había dado la vuelta a Irlanda en windsurf en solitario, con material de acampada atado a la parte delantera de su tabla: una tabla Raceboard, naturalmente. Creo que lo leí en una breve mención en la revista *Boards*, hace muchos años. Ahora que quería averiguar más cosas sobre esta persona, no podía. Pregunté a algunos de los viejos sabios del windsurf, y algunos de ellos parecían tener un recuerdo similar, pero ninguna búsqueda en Google me reveló un nombre o más información. A pesar de que existía el riesgo de que mi fuente de inspiración fuera apócrifa, tomé la vuelta a Irlanda como una prueba de que dar la vuelta a Gran Bretaña por medios similares también era posible.

Por aquel entonces también encontré el libro *Land on my right* (Tierra a mi derecha), de Ron Pattenden. En 2004, el autor había dado la vuelta a Gran Bretaña en solitario en un bote Laser, llevando parte de su equipo dentro del casco y parte atado por fuera. Como era de esperar, su relato me cautivó. Pattenden era claramente otro regatista poco excepcional al que las «reglas» de lo que se podía y lo que no se podía hacer le resultaban especialmente irrelevantes. Su preparación era básica, y es cierto que tuvo que ser rescatado un par de veces, sobre todo en Cabo Wrath, el extremo noroeste de Escocia. Pero lo consiguió. Yo sabía que era un regatista más experimentado que Ron Pattenden y, durante la preparación y la prueba propiamente dicha, me dije muchas veces que si él lo había conseguido con un Laser, yo también podría hacerlo con una tabla de windsurf. Fue especialmente útil leer el relato de Pattenden porque él navegó en solitario. En relación con mi propia ambición, el logro de Pattenden era más motivador que las anteriores vueltas a Gran Bretaña en windsurf.

Así que, razoné, llevar equipo en mi tabla funcionaría.

El lugar más evidente para llevar equipo en una tabla de windsurf es la parte delantera. La cubierta está despejada y el equipaje no interferiría con la navegación normal. Sin embargo, repetidos experimentos mentales revelaron que el almacenamiento en la parte delantera de la tabla sería muy problemático con vientos fuertes. En estas condiciones, el morro de la tabla es empujado continuamente por encima, hacia o a través de las olas. Recibe muchos choques de las olas, se sumerge con frecuencia, y también puede ser golpeado con fuerza por el aparejo y/o el marinero en caso de caída. Si fue así como lo hizo el tipo de Irlanda, suponiendo que existiera, con vientos más fuertes debió de haberse resguardado en tierra o haber ido muy despacio.

La cuestión de las olas golpeando el aparejo también me preocupaba. Una bolsa tendría demasiada resistencia y el agua tardaría en drenar. Algún tipo de contenedor sólido funcionaría mejor. Mejor aún, el contenedor debería mantenerse elevado sobre la cubierta, para que el agua pueda fluir alrededor del contenedor por todos los lados, dejando así que las olas lo atraviesen. Tal vez la solución más elegante sería el almacenamiento dentro del tablero, pero esto lo descarté por su dificultad de construcción.

Estuve garabateando y jugando con ideas sin salida durante un tiempo antes de convencerme de que el enfoque de la parte delantera de la tabla no me serviría. El compromiso en el rendimiento al llevar el equipo en la parte delantera era demasiado grande y sacrificaría el simple placer de hacer windsurf. También razoné que necesitaría algún tipo de barril como contenedor.

Con la parte delantera de la tabla descartada, y el centro de la tabla demasiado ocupado, el único lugar para llevar el equipo era la parte trasera. ¿Funcionaría? Supuse que sí, pero en realidad no lo sabía. Solo había una forma de averiguarlo y era probarlo.

Así que justo después de Navidad me fui a Menorca, aparentemente para ayudar a mi amigo John a cambiar la cocina de nuestros amigos comunes, aunque eso era algo secundario. Durante un par de tardes, expliqué a John y a su esposa Sarah mis planes de dar la vuelta a Gran Bretaña haciendo windsurf. Como navegantes de grandes embarcaciones con experiencia en dar la vuelta a Gran Bretaña y al mundo, y también como windsurfistas, sabía que John y Sarah eran aliados clave en mi empresa, y tenía mucho interés en aprender de ellos y ponerlos de mi parte.

Sarah no quiso comprometerse y no me animó en absoluto. Comprendía la magnitud del reto y no creía que fuera a tener éxito. No me quedó ninguna duda sobre su opinión y dada la naturaleza de ésta, considero que su actitud fue adecuada y responsable.

La respuesta de John fue, al principio, similar. Mientras le explicaba cómo podía funcionar, lo observaba. John miraba al vacío, inusualmente silencioso. Pude verlo contemplando el reto que tenía por delante, repasando mentalmente todos los cabos que habría que negociar, volviendo a mares enfurecidos, reviviendo batallas con las corrientes. Él ya había pasado por eso.

Al retrotraer su mente, debió de sentir las emociones experimentadas en sus propios viajes, y habría revivido la soledad y el miedo ocasional de aquellos años marineros. Imaginar el desafío de Gran Bretaña, solo, sobre una tabla de windsurf, habría sido realmente inquietante. Estaba discutiendo en su propia cabeza si podría hacerlo.

Le llevó unos días, pero afortunadamente para mí, decidió que podía.

La lucha interna de John se calmó. Sacó sus cartas náuticas y señaló lo que parecían todos y cada uno de los cabos, estrechamientos, los rápidos de las mareas y los remolinos del Reino Unido. Me inculcó la importancia de las mareas sobre el estado del mar, me señaló numerosos lugares por los que era muy importante pasar en el repunte de marea y me habló del peligro del tráfico marítimo o de chocar con las rocas. También identificó tramos complicados, incluido, con lo que resultaría ser previsión exacta, el giro de Land's End, y, en general, hizo que toda la idea sonara bastante aterradora y asombrosamente complicada.

Durante esas tardes de sobrecarga total de información, escuché con atención. Algunos mensajes clave se me quedaron grabados y más tarde se convertirían en mantras que utilizaría para reforzar mi valor y templar mis nervios.

A continuación, nos pusimos a diseñar y construir un portabidones para probarlo. El objetivo del diseño era un soporte para la parte trasera de la tabla que no entorpeciera la navegación, que fuera ligero y resistente, no demasiado difícil de fabricar y que no estropeara la tabla en la que se colocara. Serramos, doblamos, taladramos y remachamos unos cuantos trozos de aluminio y *¡voilá!* —nació el prototipo. El diseño consiste básicamente en una barra ligeramente elevada, con un sillín sobre el que se asienta el bidón. La barra se fija por detrás con los pernos de la aleta y por delante con un tapón que encaja perfectamente en la caja de la orza.

La primera prueba en el mar se realizó en febrero de 2015, durante unas regatas locales en Menorca. Las condiciones de viento eran suaves y el bidón iba poco cargado. Afortunadamente, el bidón resultó ser menor obstáculo para mi propia navegación que una distracción para los demás navegantes, hasta el punto de que gané la primera regata. Entre regata y regata, el bidón se cayó, por lo que resultó evidente que había que encontrar un sistema de fijación más seguro. Pero, al menos con esos vientos, el sistema pareció funcionar muy bien.

Se acercaba mi vuelo de regreso al Reino Unido y estaba ansioso por hacer una prueba más exhaustiva del bidón antes de volver. Las condiciones siguieron siendo muy suaves durante varios días y luego ¡bum! Apareció el famoso viento de Menorca, la Tramontana, y las condiciones eran demasiado extremas para salir con Raceboard. Finalmente, en la mañana del día de mi vuelo de regreso, el viento amainó lo suficiente como para probar el sistema portador en unas condiciones más animadas. Cargué el bidón con una pesada roca envuelta en un abrigo y salí. John se colocó en posición con su cámara.

Seguía haciendo demasiado viento y era muy difícil navegar con una tabla de carreras en esas condiciones. Perfecto. La ceñida seguía siendo buena, el bidón interfería ligeramente con el pie de la vela, pero nada demasiado molesto. Y la navegación a favor del viento era cómoda a pesar de que el peso extra se notaba mucho más. La trasluchada era más difícil, pero podía tomar las curvas sin grandes problemas. Navegué con la tabla hasta la bocana de la bahía, donde entraba un oleaje considerable pero desordenado, y luego me liberé para navegar a favor del viento. La velocidad de la tabla a sotavento en condiciones de viento fue de unos 20 nudos, lo que está bien en llano, pero es muy agitado en un mar confuso. Reboté contra grandes bultos de agua, y la tabla atravesó otros como un submarino. Fue solo una prueba corta, pero fue realista, y no falló nada. El abrigo y la roca salieron sacudidos pero secos.

Mientras me relajaba en mi asiento de avión aquella tarde, reflexioné sobre la importancia de aquel día. El sistema de transporte del bidón, fundamental para todo el proyecto, funcionaba. John había conseguido unas fotos magníficas. Entrecerré los ojos, exhalé, y un golpe de adrenalina confirmó que mi sueño estaba a un paso más cerca.

6

windsurfroundbritain.co.uk[1]

Durante unas semanas, mientras trabajaba entre el portabidones y la cocina, también había estado desarrollando la página web que sería fundamental para la aventura de circunnavegar Gran Bretaña. Había redactado el texto con el que esperaba persuadir a gente para que ofreciera su apoyo y había creado la funcionalidad que permitía a personas convertirse en «Contactos Locales» poniendo su chincheta virtual en el mapa. Había puesto en palabras mis razones para elegir las organizaciones benéficas para las que recaudaría fondos.

Sabía con claridad que quería recaudar fondos para la investigación del cáncer de páncreas. Un gran amigo de Menorca, Paco, había fallecido a causa de la enfermedad, dejando atrás a su mujer y a sus dos hijas pequeñas. Las hijas son ya mayores, pero la mirada atormentada de los ojos de Paco sigue conmigo, al igual que mi propia sensación de impotencia para intervenir o incluso ayudar de algún modo mientras el cáncer seguía su brutal e inevitable curso. Quería navegar por Paco y por sus hijas.

También consideré importante admitir que el cáncer es una preocupación muy occidental, y quise reconocerlo ofreciendo a la gente la oportunidad de hacer un donativo a una organización benéfica que mirara más allá de nuestros cómodos mundos. Elegí una organización benéfica que apoyaba la educación de huérfanos y viudas de Tanzania.

Antes de que la página web estuviera lista, necesitaba un poco más de contenido. Rellené la sección del blog con algunas noticias sobre el desarrollo del portabidones y unos cuantos artículos sobre

---

[1] Esta es la URL original. Posteriormente, el sitio web se trasladó a https://britain.onebubble.earth

navegadas de entrenamiento, incluidos dos intentos fallidos de dar la vuelta a la Isla de Wight, a principios del año.

El primero de estos intentos fue con Clyde y Gregg, ambos ya padres de familia con horarios inflexibles, y en consecuencia, desde el principio era bastante obvio que las mareas y el viento (por no mencionar nuestra salida a última hora de la mañana de la playa de Avon, a unas millas al oeste de la isla) no iban a dar tiempo a completar la vuelta antes de que oscureciera. Se habló de acampar, de dormir bajo las velas...

Fue una gran aventura rodear las emblemáticas Needles, rebotar sobre las aguas turbulentas de St Catherine's Point, al sur de la isla, y luego quedar en calma, antes de rodear por fin el punto oriental y volver al Solent con la luz menguante. Pero con la brisa del atardecer no entendía por qué Gregg y Clyde llevaban un rumbo tan abierto. Teníamos que navegar más cerrado, a ceñida cerrada. ¿Adónde iban? Habíamos acordado pasar la noche bajo nuestras velas, ¿no? Se dirigían a tierra firme. Era como el episodio de los Gunfleet Sands en Topper otra vez. Ligeramente decepcionado, pero esta vez sin amenazas de tirarme al agua, deshice una hora de navegación en ceñida para unirme a ellos. Llegamos a tierra en el crepúsculo y nos rescataron por carretera.

En el segundo intento solo estábamos Gregg y yo. Esta vez empezamos en el Solent con buen viento, y madrugamos de verdad. Avanzamos en ceñida hasta Yarmouth y atravesamos los Estrechos de Hurst con corriente bastante floja. Ya familiarizados con las Needles, esta vez nos parecieron mucho más amistosas cuando pasamos cerca de ellas, antes de girar hacia el este con una brisa moribunda. A falta de viento, y dudando de nuestras posibilidades de completar la vuelta, Gregg empezó a perder entusiasmo por continuar. Unas millas más tarde abortamos el intento. Tardamos un buen rato en vencer a la marea para volver a las Needles, ya bien conocidas, y una vez rodeadas y en el lado del Solent, la marea corrió con notable velocidad. Pasamos Hurst en una cinta transportadora de agua que nos llevó a través del estrechamiento como si fuéramos *poohsticks*[2] por un río.

Ambos intentos en la Isla de Wight pasarán a la historia como fracasos, pero la experiencia de navegar por aguas desconocidas y emplear una estrategia de «navégalo como lo ves» fue estimulante y útil. También estaba seguro de que habríamos podido dar la vuelta las dos veces permitiéndonos una parada nocturna, así que el historial oficial de dos fracasos no me preocupaba. En cierto modo, disfruté de la absurda idea de fracasar en la Isla de Wight pero continuar con Gran Bretaña.

El siguiente retoque fue añadir las fotografías, que tomó John el día ventoso de la prueba del bidón, a la página web. Estas dieron vida visual a la portada y a principios de marzo de 2015 estaba listo para apostar que presentaba un plan lo suficientemente creíble como para ser tomado en serio.

Antes de presentar la página web a un público más amplio, envié un correo electrónico a Roger Tushingham, fundador de Tushingham Sails y conocido de mis días en la escuela de vela. Envié a Roger un enlace privado a la página web, le expliqué el plan y le pedí educadamente algo de equipo para la expedición. Para mi gran alivio y emoción, Roger me confirmó que Tushingham quería participar. Fue un momento de puño cerrado que aumentó mi confianza y añadió credibilidad a la expedición.

Roger dijo que podrían ayudarme con las velas, mástiles y botavaras que necesitaría, pero que suministrar una tabla sería problemático, ya que no había ninguna disponible. En ese momento pasé por alto la cuestión de la tabla, sabiendo que como último recurso podría utilizar la vieja tabla que había usado para las pruebas del bidón en Menorca. En cualquier caso, pensé que Starboard, el mayor fabricante de tablas del mundo, podría ayudarme.

A continuación envié un correo electrónico a Gul, otra empresa británica, con una petición de ayuda similar. De nuevo, una respuesta sin objeciones: apoyo total. En cuestión de días llegaron

---

[2] *Poohsticks* es un juego sencillo en el que cada jugador deja caer un palo, un *poohstick*, en el lado río arriba de un puente y aquel cuyo *poohstick* aparezca primero en el lado río abajo es el ganador. Mencionado por primera vez por el autor A.A. Milne.

por correo un traje seco (*drysuit*) nuevo y accesorios de ropa. Durante todo el viaje, la disposición a ayudar tanto de Gul como de Tushingham fue fantástica.

De repente, todo el proyecto estaba cobrando impulso. El material fue llegando a mi puerta. Gente ocupada se estaba desviando de su camino para apoyar el proyecto. Ya no estaba en una situación en la que pudiera abandonar el plan sin consecuencias. Evalué mis reacciones: «Me siento cómodo con esto. No me estoy acobardando. De acuerdo entonces, continuemos». Me sentía bien porque estaban ocurriendo cosas emocionantes, y el hecho de que fuera yo quien había provocado este cambio reforzaba mi autoestima.

Aunque nunca hay realmente un punto de no retorno, el compromiso se hizo total con el anuncio público de mi intención. El 8 de marzo de 2015 copié la dirección de la página web, que ya estaba activa, en Facebook, y levanté el dedo dispuesto a hacer clic en «publicar».

Y allí me detuve, permitiéndome una última oportunidad para salvar las apariencias. Me temía una humillante falta de interés, o quizá de incomprensión total. «¿Querría realmente la gente ayudarme? ¿O le echarían un vistazo, antes de murmurar ¡gilipollas! y borrarme de su lista de amigos? ¿Me estoy engañando a mí mismo pensando que estoy a la altura de lo que propongo?» Como suele ocurrir con nuestros miedos, pierden su potencia cuando los enfrentamos.

Pulsé el botón de publicar:

«Dudo solo un poco en anunciar...

www.windsurfroundbritain.co.uk»

Y eso fue todo. Se destapó el pastel. Casi inmediatamente empecé a recibir mensajes de apoyo. Antiguos compañeros de la empresa Minorca Sailing, amigos de Menorca y amigos de la universidad con los que había perdido el contacto salían del éter para ofrecerme su apoyo y ánimo. La gente estaba entusiasmada, ¡era algo que estaba cautivando su imaginación! El mapa de contactos locales de la página web empezó a recibir sus primeras inscripciones. También me animó el hecho de que no todos eran conocidos míos (aunque casi todos tenían algún vínculo con el mar o la navegación). En el transcurso de la expedición, habría más de

150 inscripciones, y algunas docenas más ofrecerían su apoyo a través de las redes sociales. Siempre había sido un usuario bastante ambivalente de Facebook, también un usuario tímido, pero como herramienta para difundir la expedición resultó valiosísima.

Animado por mi éxito inicial con los patrocinadores de la expedición, envié una segunda tanda de correos electrónicos para conseguir las piezas que necesitaría. Las empresas a las que me dirigí se mostraron receptivas. Standard Horizon estuvo encantada de suministrarme una radio VHF portátil resistente al agua (que se carga por USB, lo que ahorra llevar un cargador específico). Y un tipo increíblemente optimista llamado Tim, de Mobilesolarchargers, me llamó al recibir mi correo electrónico y gritó por teléfono: «¡CON UN PAR, JONATHAN! CON UN PAR!», antes de ofrecerse a suministrarme una mini placa solar con batería para cargar dispositivos USB sobre la marcha.

Richard Brook, un antiguo colega de Menorca, se puso en contacto conmigo y consiguió que la empresa para la que trabajaba, Viking Renewables, apoyara la expedición con una cantidad de dinero que me suministraría pescado y patatas fritas hasta la mitad del camino. Richard siguió apoyándome durante toda la expedición.

Phil Holman, otro excolega, ofreció su ayuda para organizar la salida desde Londres, que era el plan originalmente concebido.

***

La emoción posterior al lanzamiento de la página web se vio atenuada por una triste noticia. Un amigo de la familia desde mi infancia, Dennis London, había fallecido. El cáncer de páncreas también había acabado con él. Ahora sabía que navegaría tanto por Paco como por Dennis.

7
Haciendo pruebas

Era muy consciente de la capacidad extremadamente limitada de mi equipaje, e investigué con mucha obsesión el peso y el volumen de cada objeto que podía llevar. Dediqué un vergonzoso número de horas a investigar asuntos como el tamaño de los sacos de dormir y las ventajas de la «cocinilla casera de lata de cerveza» frente a otras alternativas de cocinilla.

Por muy útil que eso fuera, fueron las pruebas de navegación y el entrenamiento las que me permitieron comprender de verdad para qué necesitaba encontrar soluciones, y lo prácticas que eran las soluciones que estaba encontrando.

En una de las salidas, acabé remontando contra el viento en condiciones algo ventosas cuando ya había oscurecido. Estaba navegando en aguas conocidas, en casa, pero se estaban realizando obras de defensa marítima y la marea estaba alta, así que no había opción de parada en las dos últimas millas. Me abrió los ojos a las dificultades de hacer windsurf de noche. Intentar leer el agua y las olas era extremadamente difícil. Incluso un problema trivial con el equipo habría sido muy difícil de solucionar en la oscuridad. Además, me di cuenta de que era completamente invisible para otras embarcaciones cercanas. No era muy agradable. Añadí una linterna frontal sumergible a mi lista de la compra.

Mis navegadas de entrenamiento hasta ahora habían sido con una antigua tabla de regatas que no podía adaptar fácilmente para llevar un barril. Estas salidas habían sido útiles, pero era consciente de que había llegado el momento de practicar con una tabla totalmente cargada, simulando las condiciones de la expedición. ¿Sería más difícil? ¿Pesaría demasiado el bidón? ¿Sería capaz de llevar todo el equipo?

Perdí la esperanza de que Starboard me ayudara y decidí organizarme a toda prisa para traer mi tabla de Menorca. La tabla que iba a utilizar también era una Starboard; habría preferido uno de sus modelos más recientes y voluminosos, pero como no había ninguna, tendría que bastar con mi modelo del año 2009. En su lugar, Tushingham donó un visor solar de la marca Starboard, que me puse y al que le cogí mucho cariño, ¡a pesar de no querer hacerlo!

Con el problema de la tabla en el extranjero, John acudió una vez más al rescate, ayudando a cargarla en una furgoneta de mudanzas con destino al Reino Unido. Recogí la tabla en Portsmouth y, a siete semanas del comienzo, estaba preparado para entrenamientos de verdad con la tabla en pleno modo de expedición.

8

Prueba a la Isla de Lundy

Esta fue la primera simulación de expedición real. La idea había sido de Ian Leonard, un amigo que conocí gracias a los viajes que realicé con la revista *Boards*. Ian vive en la costa norte de Devon y puede ver la isla de Lundy desde la torre mirador de su reconvertido granero. Lundy había estado tentando a Ian durante los últimos 15 años y estaba muy interesado en que un tonto, o dos, lo acompañaran a navegar hasta allí. Gregg y yo aceptamos sin dudarlo.

Fue mi primera experiencia de una travesía y quedé muy satisfecho. Cuando se completa una travesía hay, créeme, un profundo sentimiento de satisfacción.

Lundy fue un lugar especial donde parar: muy hermosa, y habitada por gente amable y cálida. No se me pasó por alto que Tim Batstone también paró aquí, y que yo también podría elegir parar aquí en mi vuelta a Gran Bretaña. Para un navegante sin apoyo es una travesía ambiciosa desde aquí hasta Gales, pero ese era mi plan.

En nuestro viaje, Ian y yo caminamos hasta el extremo norte de la isla. Desde nuestro punto de observación, en los acantilados que suben más arriba del faro, miré hacia el norte y oteé el horizonte en un intento de observar Gales. La visibilidad era buena, pero por delante solo había un vacío mar. Parecía un lugar solitario al que lanzarse.

9

Preparativos finales

De vuelta a Essex, el verano estaba con nosotros y las condiciones del mar eran típicamente benignas. Navegar por aquí es bastante halagador para tus habilidades y posibilidades. Después de Lundy, parecía muy fácil y nada intimidante. Hice algunas navegadas de prueba más, que en realidad no ponían a prueba mi capacidad, sino que me servían para afinar el contenido de mi barril para poder acampar cómodamente.

No tenía espacio para una tienda de campaña, así que para protegerme del viento y la lluvia utilicé la vela como refugio improvisado. Apoyando el extremo de la botavara con un bastón, o similar, y orientando la vela de modo que el viento empujase hacia abajo, conseguí un refugio eficaz y acogedor. Funcionaría bien con un par de limitaciones. Una: si el viento cambiaba de dirección durante la noche sería necesario reorientarlo. Dos, era necesario un bastón adecuado.

El mayor problema era el bastón. Se podría pensar que encontrar un palo sería fácil, pero mis pruebas sugerían que no siempre sería así. En consecuencia, decidí adaptar el portabidones para que pudiera llevar un remo. El tubo del remo sería un palo ideal y, además, si me encontraba en apuros, agradecería tener un remo.

Experimenté repetidamente tratando de encontrar un método práctico de remar la tabla con la vela montada. Remar con una tabla de windsurf es fácil, pero remar con una gran vela fijada que se engancha y arrastra en el agua es sorprendentemente difícil. No conseguí encontrar una buena solución. Aun así, el remo era útil como bastón y demostraba que pensaba en la seguridad, así que se venía conmigo.

Pensé mucho en la seguridad, sobre todo en la flotabilidad personal. Los windsurfistas no suelen llevar chalecos salvavidas ni ayudas a la flotabilidad. Pero tampoco suelen navegar solos y a kilómetros de la costa, como iba a hacer yo. En un apuro real, me alegraría llevar un chaleco salvavidas. Pero ya iba bastante cargado con el arnés, la mochila y el equipo de seguridad y navegación. Llevar más equipo y hacerme aún más torpe y propenso a quedar atrapado bajo la vela no me parecía una decisión acertada. Mi tabla sería mi flotabilidad, y en una situación de rescate me ataría a mi tabla. Consideré las formas en que un marinero puede separarse de su tabla en el mar, y la dificultad de nadar eficientemente con traje seco y mochila. Hay situaciones en las que se puede perder la tabla y son muy graves. Hacer todo lo posible para no perder la tabla era la mejor estrategia. Y en el peor de los casos, si perdía la tabla, debía ser capaz de enviar una señal de socorro.

Previamente había anunciado que partiría del Puente de Londres, con la intención de seguir los pasos de Tim Batstone y Ron Patterson. Solicité el permiso necesario a la Autoridad Portuaria de Londres, presentándoles un plano de la travesía y explicándoles que el Docklands Sailing Centre (DSC) me echaría una mano. Doy las gracias a Phil Holman, del DSC, por sus esfuerzos para conseguir la salida londinense. Desgraciadamente, a pesar de nuestros esfuerzos, no obtuvimos el permiso. Si hubiera estado en una embarcación, habría sido bienvenido, pero como windsurfista, mi solicitud y apelación se dirigieron río abajo hacia una posible salida en Crossness, donde se encuentra una emblemática depuradora... Bueno, en lugar de indignarme por la injusticia de la decisión, cambié los planes y decidí empezar en Clacton. Era mucho más sencillo y, de todas formas, no habría disfrutado de la fanfarria y las molestias de una salida en Londres. Aquello también me permitió adelantar la salida una semana, ya que no dependería de la marea saliente de Londres.

Día 1 – 7 de junio de 2015 – Salida

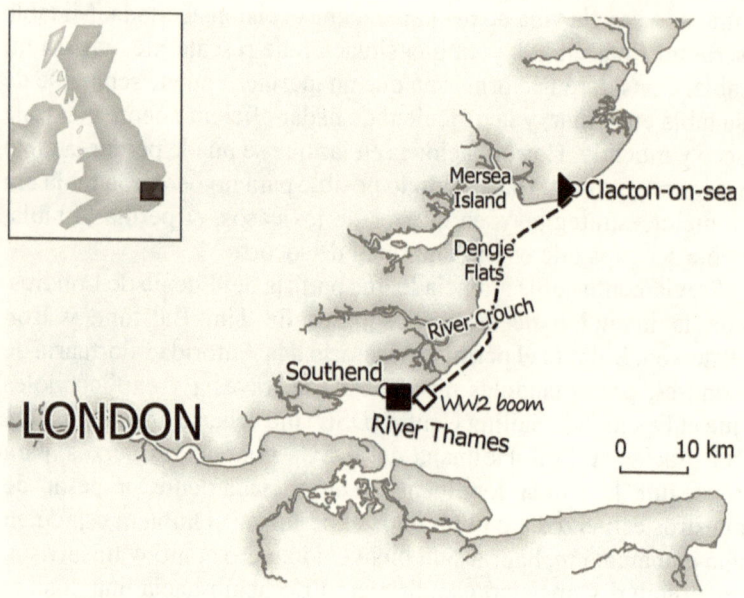

En la semana previa a la salida, examino las previsiones meteorológicas. Parecen muy prometedoras. Parece que va a haber una racha de vientos del este que me ayudarán a avanzar por la costa sur, una vez allí.

Eso sería lo ideal. Aunque, en realidad, solo espero salir sin incidentes. La prensa va a estar allí, amigos y familia van a venir a despedirme. Necesito suficiente viento para moverme, pero no tanto como para que sea una batalla, o peor aún, que me vea obligado a posponerlo.

Preparo el bidón en mi última noche en casa. Mi sobrina de 3 años se mete dentro y le hago creer que ella también vendrá conmigo. Suelta una risita de «¡no!» que provoca una amplia sonrisa en su tío. De todos modos, no cabría, pero su reacción es un bonito recuerdo que me llevo conmigo. También agradezco que Gregg esté cerca, alguien que comprende y a quien no tengo que explicarle las cosas. Gregg no me pide detalles que sabe que no puedo darle. Me iré mañana y ya veré adónde llego. Con suerte, a Southend, ya que allí tengo un Contacto Local que ya conozco. Sin embargo, las previsiones son ahora de vientos flojos, así que si no llego a Southend buscaré un campamento en algún lugar de las marismas de Essex. Me quedo despierto hasta tarde, cansado, y duermo una última noche en mi cama.

Amanece el sábado 7 de junio. No hay pánico ni prisas. Conduzco hasta la playa con tiempo suficiente y me preparo. Es un hermoso día soleado. Aparecen amigos y familiares mientras me preparo, también la familia de Denis; hace poco tiempo que falleció, y siento en este momento que mi reto ha cobrado una importancia simbólica para ellos. De repente, veo a un viejo amigo que reconozco de mis años trabajando en la vela en Menorca: ¡Keith! Fuera de contexto (sin pañuelo anudado y traje de neopreno fluorescente descolorido) parece más reservado de lo normal, pero me emociona que haya hecho el esfuerzo de venir. En la playa hay gente que me ha visto crecer en el Club Náutico de Gunfleet. Todos los simpatizantes son muy sinceros. Hay un fuerte trasfondo de «ten cuidado».

No sé cuándo volveré y sospecho que algunos se preguntan si volveré. Más que un «hasta pronto», se trata de un «buena suerte».

Con una sincronización impecable, María, la compañera de Gregg, viene a despedirse. «¡Nos vemos en Bournemouth, probablemente la semana que viene!» me dice. Gregg y María viven en Bournemouth. Sonrío, agradecido de pensar en esto como una navegación a la vuelta de la esquina del sureste de Gran Bretaña en lugar de la circunnavegación completa.

Un pequeño retraso porque el guardacostas se ha enterado de mis intenciones y quiere hablar conmigo. Maldita sea. Me había olvidado de avisarlos. Los llamo y les explico la expedición. Parecen satisfechos y me dicen que vuelva a llamar al final del día.

Cumplo mis obligaciones como centro de atención: asegurándome de dar las gracias a todos por venir, posando para las fotografías, charlando amablemente con un tipo del ayuntamiento que había organizado los tés y cafés gratuitos y coordinando con los socorristas que van a ayudar con las fotografías en el agua.

Ahora me centro en mi rutina. La versión abreviada es la siguiente:

Traje seco puesto. Comprobar que las cremalleras estén bien cerradas. Zapatos puestos. Arnés puesto. Cierra la mochila estanca según el procedimiento: tres pliegues, botones, clip. Mochila puesta. Asegúrate de que el teléfono y el GPS están en sus fundas estancas y que los cierres estén correctamente cerrados. Activa el localizador (unidad de seguimiento GPS) y colócalo en el bidón. Cierra firmemente la tapa del bidón. Coloca la barrica en el soporte y gírala para asegurarte de que el localizador está en la parte superior. Asegura el bidón tensando el cabo y termina con tres nudos. Comprueba la tensión del cabo. Coloca la correa estabilizadora secundaria sobre el bidón. Ata un cabo de seguridad adicional entre el bidón y la tabla. Acopla la tabla y la vela. Comprueba visualmente todos los componentes.

Lleva su tiempo. Aún me falta práctica.

Al terminar levanto la cabeza. La gente se ha alejado, observando desde más arriba de la playa. Parecen saber que ya me he ido.

Salgo navegando y doy la vuelta de la punta del muelle turístico de Clacton, en dirección contraria, antes de girar la tabla para cruzar de nuevo del este al oeste. Cruzo la línea oficial de salida y llegada. Gregg me sigue en la lancha de los socorristas y toma algunas fotos. Al cabo de un rato, ya no hay motivo para continuar siguiéndome. Gregg se despide con tono de disculpa. Ambos entendemos que se trata de una salida importante. Lo mejor es seguir adelante. Otro ¡nos vemos en Bournemouth! me ayuda a mantener el tipo.

Me concentro en navegar durante unos minutos y, cuando miro hacia atrás, estoy solo. El viento sopla mar adentro, así que estoy mirando hacia el mar. Seguro de que no me verán, dejo que la emoción aflore en mí y lloro unas lágrimas a través de mi amplia sonrisa. Por fin estoy en el camino que necesito.

**

Despedidas en la playa de Clacton Pier. Foto: Gregg Dunnett

A pesar de haber navegado durante mis entrenamientos en esta zona, solo transcurre aproximadamente una hora antes de que me encuentre en aguas desconocidas, rumbo al sur, con las llanuras de Dengie a mi derecha. Es una navegación muy fácil. Aún no soy consciente de ello, pero habrá muy pocos días tan fáciles como este. El viento sopla muy flojo, pero el avance sigue siendo aceptable mientras me lleva la marea por el estuario del Támesis. Como fruta y chocolatinas, y jugueteo con los aparatos electrónicos que siguen teniendo un atractivo novedoso. Experimento con enganchar el GPS a la botavara, donde puedo leerlo. Tanto el teléfono como el GPS están atados con elásticos a sus bolsillos correspondientes de mi traje seco. No hay tráfico de embarcaciones en los alrededores y, en condiciones de calma y tranquilidad, escucho la radio a través del teléfono. Cuando el viento cambia y refresca, siento la necesidad de concentrarme. Guardo la maraña de cables de los auriculares y me pongo a navegar.

Ahora navego contra el viento en zigzag, pero ligeramente perplejo por el efecto de la corriente alrededor de la desembocadura del Crouch, que parece decidida a llevarme río arriba. A medida que voy acercándome a la desembocadura del estuario, me doy cuenta de por qué: un enorme banco de arena está canalizando toda el agua de este tramo de mar hacia el río. El agua resguardada junto al banco sumergido es absolutamente plana. Me alejo un poco más e intento navegar varias veces por lo que parece agua navegable, pero en todas las ocasiones encallo la aleta en hectáreas de agua que llega solo hasta los tobillos. Al final aprendo la lección: no puedo navegar sobre arena. El desvío necesario es considerable.

El siguiente obstáculo que encuentro es la barrera de Shoeburyness. El dueño de la tienda Wet'n'Dry Watersports me había advertido de su existencia. La barrera se construyó en 1944 para impedir la entrada de barcos y submarinos enemigos en el río Támesis. Es más pequeña de lo que era, pero aún sobresale más de 2 km en el mar. Afortunadamente, hay una pequeña brecha a mitad de la barrera que ahorra un desvío más largo. La brecha está más o menos a la altura de la Isla de Birdshit (Isla de Caca de Aves), que es tan fácil de reconocer como suena. Una vez atravesada la brecha, llega la sensación de navegar por un río. El condado de Kent es claramente visible al otro lado y el agua es obviamente más cálida y más sucia. Hay buques en el canal principal. Las orillas del río están en pleno fin de semana de verano, con playas abarrotadas y mucha gente navegando. Atraco en una playa utilizada por las embarcaciones del Club Náutico de Thorpe Bay. He recorrido una buena distancia y la marea acaba de girar, pronto cobrará fuerza yendo en dirección contraria. Estoy satisfecho con el progreso y cuando el vicecomodoro del Club se me presenta y me invita a su balcón a tomar un refresco, acepto encantado. Estoy más cansado y deshidratado de lo que pensaba y me tomo dos pintas de Coca-Cola mientras me seco al sol de la tarde. Aún no me siento como alguien que está dando la vuelta a Gran Bretaña, pero sí como alguien que está haciendo algo un poco diferente, y eso sienta bien.

***

Mi contacto aquí, Richard, me localiza en el Club Náutico. Richard es el windsurfista más regular que conozco. Navega desde el segundo sábado de mayo hasta el viernes siguiente, y lo ha hecho durante los últimos veinte años. Lo sé porque conocí a Richard a las dos semanas de mi primera temporada en Minorca Sailing, y luego otra vez durante la misma semana a intervalos anuales durante todos los años que trabajé allí. Siempre fue un verdadero placer navegar en los grupos de los que formaba parte Richard, y nunca lo sentí como un trabajo. Con vientos flojos, navegábamos mucho y explorábamos las islas de la bahía, seguramente dando la vuelta a la isla principal al menos una vez. Con vientos más fuertes, pasaríamos a navegar a velocidad con tabla corta. Richard es una de las personas más amables y menos insistentes que conozco.

Richard se había inscrito en la página web probablemente esperando ser el último puerto de escala en la vuelta a Gran Bretaña, pero debido al cambio tardío del lugar de salida se había convertido en la primera parada. Le había llamado una semana antes de la salida y habíamos acordado previamente un lugar de encuentro. También se había puesto en contacto con el Club Náutico, lo que explica que estuviesen preparados para mi llegada.

Se hace tarde y ambos tenemos un interés pasajero en el Gran Premio de Canadá de Fórmula 1, que pronto empezará, así que nos ponemos en marcha. Desmonto la vela y llevamos el equipo a casa de Richard. Tengo curiosidad por saber de dónde habrá sacado Richard la baca. Puede que la comprara solo para esta función, y sería propio de él hacerlo en silencio y sin decir nada. La cena es una enorme y deliciosa comida china para llevar. El Gran Premio es, como era de esperar, completamente olvidable. Acordamos empezar a las 4.30 h mañana, listos para estar a las 5.00 h en el paseo marítimo. Las 3 de la madrugada no hubiera molestado a Richard, pero consigo negociar unas horas más de sueño, antes de acostarme, agotado.

Día 2 – 8 de junio

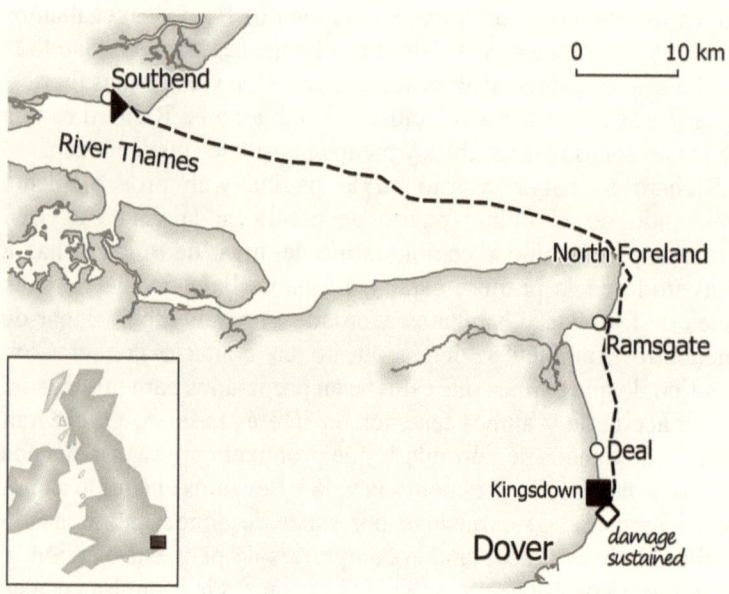

El día empieza con una suave brisa y estoy navegando a las 5 de la mañana, como estaba previsto. La corriente de la marea bajando por el centro del estuario del Támesis ofrece algo de ayuda. Me acerco a las boyas de navegación, que tienen el tamaño de pequeñas embarcaciones, y observo cómo fluye el caldo del Támesis. El viento se instala y refresca del noreste. Navego en ceñida y puedo mantener el ángulo que necesito sin tener que zigzaguear. Hay un mar ligeramente picado y la navegación me resulta familiar, como con mis navegadas de entrenamiento. Mi rumbo me lleva por el parque eólico de Kentish Flats (los Llanos de Kent). Estoy a 10 km de la costa, pero como el viento tiene componente hacía tierra me siento relativamente cómodo a pesar de la distancia.

El progreso es mejor de lo que esperaba. El plan había sido dirigirme a Minnis Bay, donde tal vez me encontraría con windsurfistas locales que se habían puesto en contacto conmigo a través del sitio web y me habían ofrecido ayuda si la necesitaba. Me gustaría ponerme en contacto con ellos de algún modo para agradecer su generosidad, pero dadas las condiciones sé que no tiene sentido hacerlo. La previsión es de un viento cada vez más fuerte y cuanto más tarde llego a la punta de Kent (North Foreland), más difíciles serán las condiciones. Indeciso y en contra de mi buen juicio, pongo la tabla en modo través abierto, ajusto el destino del GPS y salgo libre hacia tierra. Ahora estoy en la parte trasera de la tabla y camina a toda velocidad. ¡Pero puedo ver la punta de Kent! ¡Sacrificar así mi posición en ceñida es una locura! Si continúo por la costa hasta Minnis Bay, tendré una ceñida pura y me costará mucho alcanzar North Foreland. Cambio de plan: el progreso debe anteponerse a la cortesía. La gente lo entenderá. Me detengo, dejo la vela en el agua y llamo a mi contacto para informarle de mi decisión de abandonar el *rendezvous*.

Dilema resuelto, vuelvo a poner la tabla en modo ceñida —orza abajo y mástil hacia delante— y avanzo hacia el cabo que se divisa a lo lejos. Es una navegación estimulante. Unas millas antes de North Foreland me encuentro navegando hacia olas rompientes. Bancos de arena, ¡qué extraño! Encuentro un canal para atravesarlos, rozando de vez en cuando la aleta en aguas poco profundas.

El viento aumenta a medida que me acerco a mi primer cabo de la expedición. En la aproximación final hay algunos buques fondeados. Paso a sotavento del primero y caigo al agua por calcular mal la extensión de la sombra del viento, y por subestimar mi propio cansancio. Decido tarde pasar a barlovento del siguiente buque, con resultado que acerco tanto para ver las caras de la tripulación en el puente. Me observan pasar con expresiones que permanecen distantes.

North Foreland es un cabo más bien redondeado que saliente. La marea está baja y hay un arrecife plano y rocoso en la parte inferior de los acantilados. Cuando considero que el ángulo es el adecuado para pasar su curva, pongo la tabla en modo popa y cambio de rumbo. En cuestión de segundos, la tabla responde y avanza a unos 20 nudos. Durante unos kilómetros navego en paralelo a la costa. Busco una navegación suave, pero de vez en cuando recibo un chorro de agua en la cara cuando la tabla choca contra una ola. A medida que la costa se curva más, no puedo navegar más abierto y el ángulo de navegación empieza a alejarme de la costa. Al cabo de un rato, traslucho para que el ángulo me acerque de nuevo a la costa. Con el viento en popa directa, avanzo en zigzag, progresando con largos y trasluchadas a lo largo de la costa.

El viento y el mar de popa ofrecen un alivio bienvenido tras la paliza de ceñida hasta North Foreland. Los frecuentes zigzagueos también me ayudan a relajar el cuello, que había estado girado hacia la izquierda durante todo el trayecto. De momento, la navegación es animada pero cómoda, pero soy consciente de que la previsión es para vientos más fuertes. He comido un par de chocolatinas, pero estoy cansado por haber salido tan temprano y me vendría bien un segundo desayuno. También me gustaría consultar con el mapa. Navego cerca de una playa con un pueblo detrás, que más tarde identifico como Broadstairs, pero con la marea baja la playa se ve bastante rocosa, así que continúo. Unas millas más adelante veo una parada fácil y entro en la playa de Ramsgate.

Me siento en la terraza del Belgium Café. Estoy mojado bajo el traje seco, así que me quito la ropa térmica para tomar un café y un bol de gachas de avena. La humedad se debe al sudor, pero también al agua de mar que se ha colado por los cierres de los tobillos del traje. La molestia es de mi propia cosecha, ya que el traje seco que pedí a Gul es de una talla demasiado grande. Pero bueno, el sol cálido pronto secará mis pantalones cortos. Echo un vistazo a Facebook y me complace ver algunos comentarios positivos sobre los progresos realizados hasta ahora. Usar bien las redes sociales es algo que tendré que aprender. Gregg ha publicado una noticia sobre la salida en la página web y, por el momento, parece que todo va bien. Las gachas están calientes y deliciosas, y hay mucha cantidad. Como durante casi una hora.

Necesitaba un descanso, pero también necesito seguir adelante. Los mapas meteorológicos muestran que el viento va en aumento y seguirá siendo fuerte durante los próximos días. Los vientos del noreste se canalizarán a través de la brecha entre Inglaterra y Francia. Donde la brecha es más reducida —el estrecho de Dover— el viento será más fuerte. Es un tramo de agua que me pone nervioso: en parte porque supongo que las opciones de parar bajo los famosos acantilados blancos de Dover, serán inexistentes, y en parte porque tengo que negociar mi paso por el Puerto de Dover, el puerto de pasajeros más transitado del mundo, donde habrá un flujo constante de ferris yendo y viniendo con gran rapidez. Un windsurfista aquí es el equivalente a un erizo cruzando una autopista. Intuyo que hoy es importante ir a por todas: pasar esta esquina. Concentrado y recuperado, vuelvo a salir a por más.

Me mantengo bien mar adentro. Se está formando una buena marejada que golpea y tira la tabla, pero por el momento me las apaño con las condiciones estimulantes. Por delante están los acantilados blancos. Una hora de navegación y llego a su inicio, donde la playa de guijarros se funde con el acantilado ascendente. Sigo adelante: el efecto de la aceleración del viento en esta zona es evidente y las condiciones son más animadas. ¡Date prisa, Jono! me insto a mí mismo. Otros 15 kilómetros y habré pasado la brecha y estaré en aguas más protegidas.

Por encima del ruido del viento oigo un crujido sordo. ¡Joder! ¿Qué ha sido eso? Miro detrás de mí para comprobar el bidón. ¡Joder! El bidón sigue sujeto al soporte, pero todo el soporte se ha desprendido del brazo. Estoy muy cerca de perderlo todo. ¿Qué opciones tengo? Si continúo, tengo poca idea de lo que me espera, aparte de que en algún momento aparecerá Dover. Pero navegar rápido a favor del viento es accidentado y el bidón se desprenderá. Si doy media vuelta en una milla llegaré a la playa antes de los acantilados. Y navegando contra el viento puedo avanzar lentamente y suavizar el viaje. Realmente no hay opciones. Doy media vuelta.

El conjunto de bidón y cuna se baila mucho mientras navego, cautelosamente, contra el mar en dirección a Kingsdown. Es necesario elegir bien el sitio y momento para alcanzar tierra en la escarpada playa de guijarros. Encima de las piedras, ya soy consciente de que será difícil salir de aquí. Evalúo los daños: confirmo que los remaches se han desprendido. ¡Mierda! Me enfado conmigo mismo por el descuido: habría sido fácil reforzar la unión entre la cuna y el brazo. Pero como nunca había dado señales de ser un problema, lo había pasado por alto. Aun así, no es más que un pequeño contratiempo. Seguramente podré pedir prestadas algunas herramientas para arreglar y reforzar el soporte del bidón. Pruebo en el pub, que parece ser la única oferta comercial de Kingsdown. Allí no hay suerte, aunque están encantados de cuidar de mi bidón mientras vuelvo costa arriba. Al parecer, hay un club náutico en Deal.

La salida de orilla es ahora claramente difícil, pero sin el bidón la tabla es más fácil de llevar y elijo mi momento para correr hacia las olas y alejarme rápidamente. Ahora hace viento de verdad. Avanzo contra el viento las pocas millas que me separan de Deal, donde de nuevo la llegada a tierra es complicada. El club náutico está abierto, pero no hay marineros, parece que el edificio también lo utilizan los jubilados que están aquí bebiendo té. En el pueblo tengo suerte y encuentro una tienda de bicicletas que se encarga de la reparación. Me dejan instrucciones para que me pase de maquinista y acepto volver en 40 minutos. Deal es un lugar pequeño y práctico y aprovecho las tiendas y los aseos públicos mientras espero.

La reparación está torcida y parece frágil. Tomo el control, instruyo y superviso la colocación de remaches adicionales y más grandes. Al final, la reparación ha quedado hecha un asco. Pero servirá. Al fin y al cabo, los mendigos no pueden elegir.

Miro al mar un rato antes de volver a Kingsdown. ¿Qué equipo elegiría para estar ahí fuera? Sin duda, una tabla de olas. Hace viento. Lo suficiente como dudar entre elegir una vela de 4,2 m y una de 4,7 m. Mi vela de 9,5 m es demasiado grande para esto, pero necesito volver al bidón. Tenso las cuerdas del cunningham y escota lo máximo posible para reducir la potencia de la vela, y preparo para enfrentar la orillera que se ha puesto muy amenazador. Décimas de segundo son la diferencia entre salir ileso y que las olas destrocen mi aparejo. Ha estado muy cerca, y mi corazón va a mil por hora. Siento un subidón de adrenalina por haber superado un casi desastre.

Me lanzo a sotavento durante unos cientos de metros antes de renunciar a la navegación normal. Es demasiado arriesgado. La probabilidad de catapultarme y romperme o romper el equipo es demasiado alta. Navego sin arnés, y con la vela totalmente abierta para coger el menor viento posible. Intento encajar entre las olas en lugar de chocar contra ellas. No me siento inseguro navegando así, pero es agotador. Estoy destrozado cuando escapo por tercera vez por el banco de guijarros de este tramo expuesto de la costa de Kent.

Sé que esto es todo por hoy, pero no quiero admitirlo. El pronóstico me tiene muy inquieto. Estoy cogido justo en el lado equivocado de donde necesitaba llegar. No es habitual que soplen vientos del este. Si ya hubiera pasado la esquina sureste de Gran Bretaña, en los próximos días podría beneficiarme de estos vientos y avanzar a buen ritmo por el Canal de la Mancha. Los vientos realmente fuertes solo soplan en el corto tramo del Estrecho de Dover. Pero atrapado donde estoy no podré avanzar. También soy muy consciente de que solo llevo dos días en una aventura muy pública, y que el extremo sudeste de Inglaterra no es exactamente el Cabo de Hornos... Dos días no cuentan como un intento de vuelta a Gran Bretaña y no quiero quedarme refugiado aquí.

Me consuelo pensando que esto no iba a ser fácil, y busco un lugar resguardado para montar mi vela refugio. El primer café casero del viaje me repone. Sin esta desgracia nunca me habría detenido aquí, y realmente Kingsdown es un lugar muy bonito.

***

Al atardecer doy un paseo por la cima de los acantilados blancos, con la esperanza de ver Dover. Llego a un monumento conmemorativo de la guerra, pero Dover sigue sin estar a la vista. El viento aúlla en la cima de los acantilados, pero a medida que la costa se gira, el viento se vuelve más mar adentro, y el viento en el agua cerca de los acantilados no es tan feroz. Si consigo rodear la costa lo suficiente, será más fácil, pienso. También razono que el viento por la mañana será menos fuerte. Este pensamiento deseoso se convierte en un plan para salir de aquí mañana.

De vuelta al *pub* de Kingsdown, llego demasiado tarde para cenar. La cerveza y las patatas fritas son un buen sustituto. Vuelvo al campamento y preparo la primera comida de cuscús de la expedición. El viento es frío, pero ha sido un día largo y el sueño llega fácilmente.

Día 3 – 9 de junio

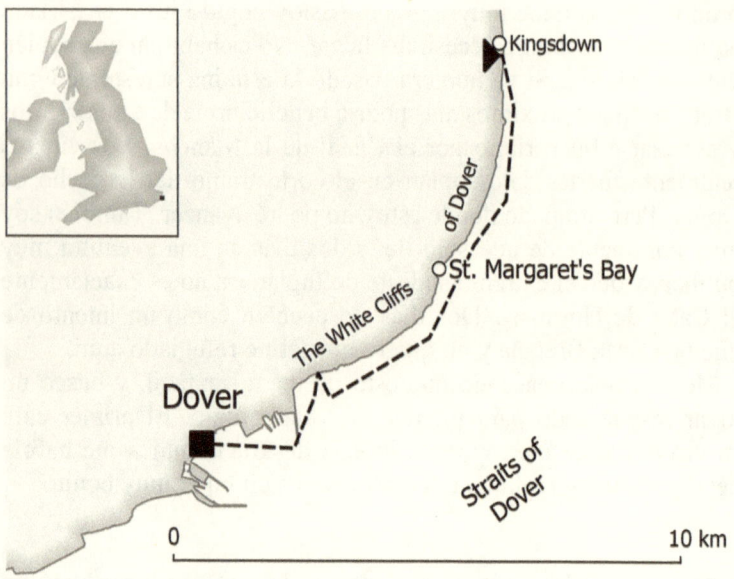

Desayuno café y gachas de avena que me calientan por dentro. Afuera, en el mar los borreguillos son más bien crestas de olas que marchan de izquierda a derecha y luego desaparecen de mi vista cuando los acantilados blancos bloquean la línea de vista. Mis ojos se entrecierran involuntariamente mientras evalúo la situación. No me hago ilusiones: navegar en estas condiciones será una batalla y tengo que apilar las probabilidades a mi favor todo lo que pueda. Esto incluye salir ahora, antes de que el viento arrecie aún más. Mi concentración es intensa mientras me preparo. Los alargadores del mástil y botavara reciben un punto más para tensar aún más la vela, lo que me ayuda a reducir al máximo el exceso de potencia. Asumo que nadaré y pongo el traje en preparación para un día mojado.

Para aplacar a mis padres y a Gregg, había dicho que fijaría fuerza cinco de Beaufort como límite superior de viento, eligiendo de hecho condiciones agradables para progresar de forma rápida y segura. Esto formaba parte de un ejercicio de análisis de riesgos sugerido por Gregg para disipar las preocupaciones que mi madre tenía sobre el viaje. Sin embargo, en realidad, ese análisis de riesgos solía estar lejos de mi mente, y era mi propia evaluación interna de riesgos —basada en toda una vida de conocimientos acumulados sobre navegación— la que guiaba mis decisiones de navegar.

Lo que hoy ha influido en la decisión ha sido el deseo apremiante de rodear este rincón de Gran Bretaña mientras pudiera. No quedarme atascado tan pronto en el viaje, cuando aún quedaba tanto por recorrer. Mi enfoque de lo que constituía un nivel aceptable de riesgo cambiaba a medida que avanzaba la expedición, pero, por ahora, mi prioridad era progresar. Mientras parecía que podía navegar, no había duda de que lo haría.

La playa de guijarros se compone de piedras redondeadas por la acción de la rompiente. Me deslizo por la orilla. Es una salida complicada, pero salgo ileso. Sin embargo, esta vez no siento alivio, sino el comienzo de una aventura mayor. Meto los pies en los *footstraps* y dirijo la tabla a favor del viento, manteniendo el cuerpo compacto para controlar el exceso inmediato de potencia. Los *straps* me ayudan a mantenerme sobre la tabla mientras la vela intenta elevarme. Un amplio agarre de la botavara me ayuda a hacer suficiente palanca para controlar la vela. La tabla vuela. Estoy sobrepasando las olas, que vienen lo bastante seguidas para que sea un trayecto traqueteante. Intento en vano escoger una línea más suave. La tabla choca contra las olas en explosiones de rocío; la desaceleración resultante sirve para aumentar aún más el tirón del aparejo. Es una navegación difícil y agotadora, y en poco tiempo me arden los músculos. El arnés ayuda a soportar parte de la tensión, pero enganchado a él existe el riesgo de una fuerte caída, de salir despedido por el aparejo y tal vez romper algo o lesionarme. Al cabo de un kilómetro y medio me meto en una ola especialmente cuadrada. La tabla se sumerge y desacelera en un instante. Mis brazos y piernas solo tienen reservas para compensar parcialmente, y me desplomo sobre la vela. No es una caída violenta, pero en estas condiciones la siguiente podría serlo.

Salgo del agua y me siento sobre la tabla para recuperar el aliento. El agua se escurre de mi traje seco y de mi mochila. Estoy más o menos donde había llegado ayer, antes de la rotura del portabidones. No es agradable, pero es un progreso. Dover aún no está a la vista.

Avanzo a lo largo de la costa de acantilados en breves ráfagas puntuadas por caídas cuando ya no puedo aguantar más. El viento sopla con fuerza y las fuertes ráfagas me aplastan una y otra vez. En una caída pierdo temporalmente el contacto con la tabla durante un par de segundos. Nadar con traje seco y mochila es más costoso que con un neopreno normal, y reconozco mi suerte de que una ola no me haya llevado la tabla en ese instante. Navego más mar adentro durante un periodo cuando el litoral es playa —St Margaret's Bay. Elijo no detenerme: necesito llegar más lejos. Los acantilados se están girando y hay indicios de que más adelante —pegado a costa— habrá algo de protección de lo peor del viento. El avance es desafiante pero inexorable mientras navego y derivo al sotavento. Mar adentro, las rachas de viento son feroces. Más lejos de la costa, lejos del abrigo de los acantilados, soy incapaz de navegar. Si consigo pasar un minuto entre caídas, lo estoy haciendo bien. Para navegar, la concentración tiene que ser total. Solamente cuando estoy recuperándome, sentado sobre la tabla, viene oportunidad de desviar la atención de las olas cercanas para revisar el progreso. Primero veo ferris. Tras una caída posterior, se convierten en ferris más grandes. Finalmente —muchas caídas después— veo el propio Dover y me doy cuenta de que tengo un problema.

El problema tiene unos dos kilómetros de largo y se extiende hacia el mar, protegiendo el Puerto de Dover, como hoy se está haciendo. Las olas se amontonan contra el muro, y reflejan, para crear un mar confuso y furioso en sus proximidades. Más afuera, una riada bidireccional de ferris emerge o adentra por una brecha en su armadura.

La única manera que tengo hoy de pasar a este monstruo es luchar para ponerme más mar adentro, donde las condiciones son más extremas, y pasar a la deriva. Esta «estrategia» es profundamente desagradable. Necesitaré llegar de algún modo a más de una milla de la costa para pasar el puerto a distancia «prudente». A esa distancia, el viento será demasiado fuerte para navegar. La única forma de avanzar a sotavento será a la deriva. Y supongo que no conseguiré pasar a la deriva el puerto de pasajeros más transitado del mundo sin provocar una respuesta de rescate importante.

Me he quedado sin ideas, así que mantengo la posición, en la costa, a unos cientos de metros del muro, durante unos minutos. De repente, veo un hueco de tamaño doble entre los ferris y me lanzo a por él. Me tiro hacia mar afuera, navegando tan abierto como puedo. En cuanto pierdo el abrigo de los acantilados, me aplasta una ráfaga monstruosa. Apenas he conseguido avanzar. Esto no va a funcionar. Así las cosas, y con los ferris acechándome, no pierdo tiempo en volver al plan B, un cambio de plan totalmente espontáneo. Antes había divisado una estrecha franja de playa de guijarros en la base de los acantilados, medio kilómetro más atrás, y hacia allí navego.

Me desplomo sobre las piedras y me chupo un gel energético. El agua se derrama por todas partes incluidas las perneras del traje. Veo que la playa estará cubierta cuando suba la marea. Como último recurso, ¿quizá podría escalar un poco los acantilados? ¿Pero entonces qué? Desde luego, no hay forma de llegar a la cima. ¿Cuántos días tendría que quedarme aquí?

Me sorprende gratamente ver que tengo cobertura de móvil y decido llamar a Gregg. Charlamos un rato mientras él intenta ser útil explicándome que una vez pasado el dique debería haber algunas opciones para parar. Gregg tiene un trato duro aquí: le estoy pidiendo que mejore una situación sobre la que no tiene ningún control. Su papel en esta ocasión es simplemente escuchar que lo estoy pasando mal. Empieza a llover y parece que el viento ha amainado. Apresuradamente, se lo explico a Gregg y cuelgo. De nuevo, la decisión es totalmente improvisada.

Saco mi VHF portátil, que ha pasado buena parte del día bajo el agua, y llamo por radio al control portuario de Dover. Llevo unos días practicando mi llamada por radio e intento sonar despreocupada y segura: «Control Portuario de Dover, Control Portuario de Dover, aquí Windsurfer *Phantom*, cambio». Se establece la comunicación y, con toda franqueza, expongo mi intención y solicito permiso para navegar más allá del puerto, de este a oeste. Se produce un largo retraso y luego un breve intercambio durante el cual se confirma sin lugar a dudas la información esencial: Windsurfer *Phantom* no es un velero, la posición actual está fuera de la vista en la franja de guijarros bajo los acantilados al este del puerto, se solicita permiso para cruzar de este a oeste.

De nuevo un largo retraso, antes de:

«A la espera Windsurfer *Phantom*. Queremos vigilarte y vamos a enviar una lancha. Espera más instrucciones».

Quince minutos más tarde, una lancha avanza entre las olas hacia mi posición, y cuando está lo bastante cerca como para comunicarse con señales manuales me indica que proceda. Es una robusta embarcación de prácticos, con cabina cerrada y limpiaparabrisas que trabaja duro para despejar el rocío. Desgraciadamente, la lluvia ha desaparecido y el viento vuelve a ser muy fuerte. Bueno, ya es demasiado tarde para cambiar de opinión.

Salgo y me caigo cuatro o cinco veces en los primeros cientos de metros. Es muy difícil navegar al largo abierto, y con el ángulo que estoy haciendo necesitaré alejarme al menos dos millas para despejar la pared al cambiar de amura. Los del barco intentan persuadirme para que navegue más en popa; probablemente no comprenden del todo los problemas que conlleva tomar la línea que sugieren. Aguanto un poco más antes de volver a caer. Aún quedan kilómetros y cada vez hace más viento. Los chicos de la lancha tienen expresiones serias: ven que tengo dificultades y reconocen que cualquier tipo de intervención en estas condiciones será difícil. Repaso mis opciones, ninguna de las cuales funciona. Mientras lo hago, miro a la entrada de los ferris, cuyo ángulo ahora parece alcanzable en un solo bordo —un largo asustadamente abierto. La entrada es oficialmente solo para barcos y ferris, pero eso ya no me preocupa. Señalo mi idea a la tripulación de la lancha: Me señalo a mí, luego señalo a la brecha en el muro. Los de la lancha muestran su aprobación con grandes cabeceos.

Levanto la vela y me engancho en los *footstraps* antes de llevar la tabla cada vez más lejos del viento. No me atrevo a engancharme, pero solo tengo que mantenerla así durante un kilómetro. La distancia hasta la pared se reduce a la mitad y luego vuelve a reducirse a la mitad. El agua en la aproximación final a la brecha es caótica, con picos escarpados y crestas que se desplazan en todas direcciones. Casi se me salen los ojos de sus órbitas. Y entonces, increíblemente, lo he conseguido. El viento se arremolina y caigo detrás de ocho pisos de acero pintado de azul. Los chicos del barco de prácticos urgen que me aleje de los buques en maniobra. No saben cuanta energía he perdido ya. Llego a la playa del puerto. Los chicos de la lancha se marchan con un saludo amistoso. Subo con mi equipo por el banco de guijarros.

   Estoy cansado y aturdido. Alguien del control del puerto de Dover se acerca para charlar conmigo. Me esperaba una bronca, pero me dice que él y sus colegas están impresionados de que haya seguido el protocolo correcto y tenga un plan de paso. Significa mucho para mí oír eso, aunque lo del plan de paso puede que sea demasiado generoso. Es un kitesurfista y me ofrece un lugar donde calentarme y dormir, pero yo estoy lejos con mis pensamientos y ya no me entero de nada. Me olvido de hacia dónde señala y no sé dónde encontrarlo más tarde. Ahora mismo, me siento tan aliviado de haber evitado un comienzo desastroso del viaje. Podría haber acabado tan fácilmente recibiendo o quizás requiriendo un rescate hoy. Eso habría sido una humillación personal y habría arrastrado los nombres de todos los windsurfistas por el fango, algo que quiero evitar desesperadamente. Se me pasa por la cabeza que solo estoy en el tercer día. Que esto es solo el sudeste de Inglaterra. Que no hay nada más fácil que esto.

   Sólo es temprano, pero el viento ya echa humo incluso dentro del puerto. Hoy no habrá más navegación. Desmonto el aparejo para evitar que la vela se sacuda y guardo el equipo en la caseta de Dover Seasports. Hace un viento frío, y la ducha caliente del centro es muy bienvenida. Para el personal del centro está claro que estoy un poco chiflado, y el jurado aún está deliberando sobre si soy un windsurfista de expedición. Aún no me siento realmente como tal. Su amabilidad parece provenir de la compasión.

   Doy un paseo por la tarde. El castillo de Dover me parece una buena idea hasta que me dicen que la entrada cuesta 18 libras. En realidad, solo pensaba encontrar un banco de hierba soleado donde dormir, y puedo hacerlo fuera del recinto del castillo. Duermo varias horas.

Por la noche, como pescado y patatas fritas en Wetherspoon's, mucho mejor de precio que el castillo. Estoy bastante destrozado. Al haber perdido mi buena oferta de un lugar donde dormir, me quedo debajo de los barcos del centro náutico, pero es un lugar expuesto en una noche fría y ventosa. Antes de acostarme se me escapa un pedo que no es pedo y me doy cuenta de que estoy un poco enfermo, probablemente un regalo de Rafa o Alba en la salida. Así que el tercer día termina con un baño desnudo en el mar para limpiarme, antes de meterme en un saco para calentarme y dormir debajo de un barco. En Dover no se lo ponen fácil a los durmientes.

Dentro del abrigo del puerto de Dover. Foto: Paul Boland

Playa dentro del puerto de Dover, despedida con la tripulación del barco de prácticos. Foto: Paul Boland | doverforum.com

Día 4 – 10 de junio

Como estaba previsto, está aullando. Un día espantosamente ventoso. Se ven a través de las entradas del puerto, cada una a más de una milla de distancia, pequeños atisbos del mar exterior. Incluso desde esta lejanía, se ven pasar grandes olas de cresta blanca. Está claro que hoy no es un día para navegar con Raceboard, pero la dificultad de observar las condiciones me inquieta de todos modos. Desde la orilla, es difícil saber qué está pasando ahí fuera. Dover es un lugar de reposo bien equipado, pero preferiría no estar aquí.

Desayuno en McDonalds, el establecimiento más madrugador que me recibe. Un hotel afirmó inicialmente que estaba abierto para el café, pero cambió de opinión al inspeccionarme más de cerca. Mis curiosos zapatos, como guantes para los pies, también atraen comentarios de los jóvenes de la zona. Más tarde me ocupo de la administración del sitio web. Quiero responder personalmente a cada oferta de apoyo. Compro una aguja e hilo para reparar la correa del pecho de mi mochila, que no funciona. Sigo sin encontrarme bien, así que un día de descanso forzado quizá no sea tan malo.

Hoy hay un pequeño grupo de windsurfistas juveniles del «Team-15» en el centro Seasports. Uno de ellos sale a navegar, pero las condiciones son realmente desagradables, así que la mayoría se queda pasando el rato. Soy objeto de curiosidad. Cuando se me pide que hable sobre la expedición, estoy encantado —aunque un poco tímido— de cooperar. El contenido del bidón sirve para iniciar una conversación. Es agradable que los niños parezcan realmente interesados y hagan preguntas. Disfruto de la charla y me distrae de estar atrapado en Dover.

La madre de uno de los niños tiene una hermana que murió de cáncer de páncreas a principios de año. La mayoría de las personas que uno conoce saben o conocen a alguien afectado por la enfermedad. Cuando la gente habla de sus seres queridos perdidos, la humanidad que llevan dentro es muy evidente. Escuchar a esta señora me hace un nudo en la garganta.

Por segunda noche consecutiva, la cena es en Wetherspoon's, seguida de una noche bajo los barcos. Esta vez no será necesario ir a nadar.

Con algunos de los windsurfistas «*Team 15*» de Dover

Día 5 – 11 de junio

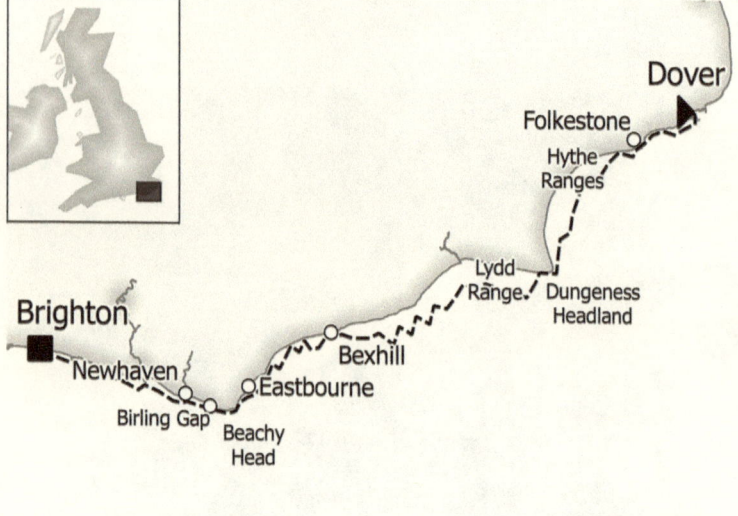

Compruebo la previsión a las 7 de la mañana y veo que ahora se prevé algo menos de viento para hoy. Por lo que puedo ver, a través de las distantes brechas de la muralla del puerto, parece que el estado del mar también se ha calmado. Sin embargo, no puedo ver lo suficiente para estar seguro, y estoy tenso mientras desayuno café casero y gachas de avena. La última vez que me lancé a lo desconocido fue una experiencia bastante angustiosa y aquí estoy dos días después a punto de hacer algo bastante parecido, o al menos eso parece. Las opciones de parada hasta pasado Folkestone son probablemente nulas y realmente no sé lo que encontraré hasta que salga del puerto.

Retraso la salida hasta que llega el equipo de Dover Seasports: en parte para saludar y en parte porque Dover no tiene servicios públicos. Después, me siento más preparado para pasar el día en el agua, me visto y llamo por radio a las autoridades portuarias para pedir permiso para salir. Esta vez no envían a ningún práctico: puedo irme.

Los días anteriores me han conmocionado y estoy nervioso mientras hago los últimos preparativos y hago los nudos para asegurar el bidón a bordo. Por fin en el agua, los 10 minutos de navegación hasta la brecha en el muro del puerto me tranquilizan un poco. El agua alrededor de la brecha está agitada y fuera hay oleaje, pero no se parece en nada al panorama de los últimos días. Además, el viento y la marea van en la misma dirección, lo que contribuye a que el mar esté más calmado. Dirijo la tabla en un largo y en pocos minutos Dover queda atrás. La navegación sigue siendo bastante física, y en una ocasión entierro la proa y me caigo, pero en comparación con hace dos días, esto entra definitivamente dentro de mi zona de confort. Recupero la confianza al pasar Folkestone y una atractiva playa de arena, confirmación de que el estrecho de Dover ha quedado atrás. Qué alivio. Siento que estoy de nuevo en camino.

Cerca de la playa de Folkestone, la aleta de mi tabla se engancha en una línea flotante no señalizada y me envía volando por delante. Afortunadamente no sufro ningún daño. Aprovecho para sentarme y recomponerme. El siguiente obstáculo es el campo de tiro de Hythe, una instalación de entrenamiento del Ministerio de Defensa con una zona de exclusión de 1,5 millas mar adentro. El límite del campo de tiro está marcado por boyas y la curva de la costa permite respetarlo sin inconvenientes.

Ahora las condiciones son ideales. El viento ha amainado un poco y su dirección noreste me permite mantener velocidades de entre 15 y 20 nudos. Zigzagueo a favor del viento bajo un sol radiante. Veo claramente mi próximo objetivo: el cabo de Dungeness. Al parecer, «ness» significa promontorio en nórdico antiguo, por lo que quizás sería más correcto decir que navegaba hacia el promontorio de Dunge.

Incluso a estas velocidades se tarda un rato en acercarse al «ness». Es un accidente geográfico importante y, a pesar de estar a poca altura, el viento acelera notablemente al acercarse. La marea y el viento trabajan juntos y el estado del mar alrededor del cabo es más animado, pero no problemático. El agua plana a sotavento del cabo facilita la parada y piso tierra firme por primera vez desde que salí de Dover.

Detrás de mí está la central nuclear de Dungeness. Al principio me parece que este enorme edificio y yo estamos solos en esta enorme lengua de guijarros, pero la compañía llega a los pocos minutos. Mi lugar de aterrizaje está muy cerca del límite oriental del campo de tiro de Lydd y una patrullera del Ministerio de Defensa ha aparcado en el límite con la proa orientada directamente hacia mí. Soy consciente de que el campo de tiro de Lydd tiene una zona de exclusión de 3 millas y reflexiono sobre la mejor manera de acercarme a este obstáculo. Me como mis bocadillos esperando que el barco se vaya, pero no se aleja.

Como táctica de demora, intento llamar por teléfono a alguien de quien tenga un número, pero nadie lo coge. Consulto mi mapa de carreteras. El molesto barco mantiene su posición.

Evito cuidadosamente mirar en su dirección y me preparo disimuladamente para zarpar. Pienso que estoy en el radar del Ministerio de Defensa, por lo que no me dispararán accidentalmente, y que probablemente no merezca la pena la repercusión política de que me eliminen deliberadamente, por lo que considero que la mejor opción es cruzar el campo de tiro. Me pregunto si al interrumpir sus prácticas de bombardeo estaré ahorrando dinero público o aumentando los costes.

He estado aquí demasiado tiempo y es hora de partir. Me subo a la tabla y el agua plana tras el promontorio me permite navegar a más de 20 nudos. Salgo por la esquina de la zona de tiro. El barco tarda un poco en responder, pero enseguida me persigue. Es divertido, hasta ahora había navegado con prudencia, pero ahora voy lo más rápido que puedo, es como el equivalente en windsurf a conducir locamente un coche robado. Aprieto a tope y a pesar de eso me sorprende que el barco de persecución se acerque. Maldita sea, ¡son rápidos! Entonces, de repente, se detienen. Me doy cuenta de que he sobrepasado el límite estatal, perdón, el límite de las 3 millas de la zona de tiro.

Navego un poco más para restablecer una distancia útil entre el barco y yo, y luego hago trasluchadas para navegar por el límite exterior. El barco me sigue unos cientos de metros hacia la costa.

Pronto salgo de su territorio y vuelvo a estar solo. Poco después se oyen explosiones procedentes del campo de tiro.

Estoy perdido desde el punto de vista de la navegación, pero las condiciones son realmente ideales y el avance es rápido. La única molestia es el remo que llevo. La pala cuelga de la parte posterior de la tabla y se engancha en las olas mientras navego sobre el mar agitado. Se retuerce y arrastra en el agua, lo que me ralentiza, y de algún modo dobla los soportes de aluminio sobre los que se asienta, haciendo que me aprieten dolorosamente en los dedos de los pies. Me detengo de vez en cuando para doblar los soportes de nuevo en su sitio y aliviar la presión sobre mis dedos aplastados. ¿De verdad quiero este maldito remo? Sigo sin estar convencido de su utilidad y lo insulto durante todo el día.

Diviso lo que parece un buen lugar para tomar un refresco y parece tener un aterrizaje fácil. En parte porque me divierte preguntar, y en parte porque es un engorro total manejar mi teléfono dentro de su bolsa impermeable, pregunto por donde estoy. Al parecer me encuentro en Bexhill. Muy bonito. Me dirijo hacia donde deben dirigirse todos los windsurfistas que pasan por allí: la Colonnade, un atractivo edificio eduardiano semicircular, en plena sol, con una excelente cafetería. Estoy empapado de sudor y de agua de mar que se ha colado por las juntas de los tobillos, así que me quito el empapado traje seco. El cálido sol es una bendición y me seca mientras como y bebo café, dos veces. Compruebo mi mapa de carreteras, cuidadosamente seleccionado, y veo que el siguiente punto de referencia —ya visible en la distancia— es Beachy Head. Dover parece tan lejano que me cuesta creer que haya estado allí esta misma mañana.

Cuando vuelvo a mi tabla, el agua está golpeando sus quillas: la marea ha cambiado y está subiendo. Literalmente, durante las próximas 6 horas, una gran masa de agua subirá por el Canal de la Mancha. Esto hará que avance más despacio esta tarde, ya que los nudos de la marea desfavorable me harán retroceder hacia donde no quiero ir. Además, el mar será más agitado. Con la dirección de la corriente y la dirección del viento ahora en desacuerdo, se rasparán entre sí para doblar la superficie del mar en formas más grandes, inclinadas y anguladas. Este efecto del viento contra la marea puede ser muy significativo, y tiene el potencial de crear estados del mar peligrosos para las embarcaciones pequeñas. Esto ocurre sobre todo alrededor de los cabos, donde las corrientes fluyen con más fuerza.

Soy consciente por el mapa de que Beachy Head es un saliente bastante significativo, pero la confianza es alta y... bueno... esto solo es verano en la costa sur y hay que avanzar. Cuando paso por Eastbourne, el mar es bastante más grande. Se engancha repetidamente a la pala, doblando sus apoyos en mis dedos ya amoratados. El viento también aumenta y la costa parece hostil para el desembarco. Ahora a mi derecha hay un acantilado que asciende hasta Beachy Head en la distancia. Tenso la vela al máximo para disminuir su potencia. Mentalmente, también, cierro las escotillas.

La navegación es de alto octanaje. Emoción teñida de miedo. El viento se acelera por la costa: una buena fuerza 5 ahora y subiendo. El mar lejano es de un azul espectacular, con una miríada de borreguillos (o «caballos blancos» en inglés): una multitud de ellos se agrupa frente al promontorio, y a lo lejos hay muchos más que corren mar adentro. Los acantilados cercanos son de un blanco brillante, y el agua que hay debajo es de un turquesa fantástico. ¡Todo es tan vívido! Me mantengo cerca de la costa acercándome al cabo. Es más llano y hay menos corriente. Navego unos cien metros más allá del faro y luego traslucho (cambio de bordo) para evitar navegar por aguas más agitadas. Planeo a tope y me dirijo por encima de una ola, una cresta que se está desmoronando, literalmente a tiro de piedra del faro, que ahora se eleva por encima de mí. Voy volando, pero ya no choco con las olas como antes; ahora todo es extrañamente suave, como esquiar en nieve polvo. Y entonces me doy cuenta de que la ola que hay debajo de mí sigue ahí, y que no estoy pasando volando, sino más bien trepando, por esta ola, que se extiende hasta la orilla y que está inmóvil. La ola se forma donde confluyen las corrientes de cada lado del cabo. Me permite mantenerme inmóvil sin esfuerzo, pero incluso planeando a toda velocidad mi velocidad es insuficiente para cruzarla. Estar suspendido en movimiento por las fuerzas naturales del viento y la marea es completamente absorbente, y siento como si el tiempo se ralentizara mientras registro cada detalle. Soy capaz de inclinar la cabeza hacia atrás y contemplar mi entorno —impresionante tanto en el plano horizontal como en el vertical— mientras me desplazo lentamente por la cinta de correr de la marea.

Unos segundos más tarde sobrevuelo la ola y lucho contra la fuerte corriente que hay más allá. El agua es plana. Pero de repente navego sin viento. Un minuto de descanso y ¡pum! —una ráfaga enorme. Luego nada y ¡pum! —otra ráfaga enorme. Esta me golpea bajo la vela. De repente me siento muy cansado: estas ráfagas son violentas y las dos millas siguientes me exigen mucho. Veo con cierto alivio que hay una playa delante. Con gratitud, entro en Birling Gap.

Hay una estructura extraña: parece ser un ascensor que baja a la playa desde la cima del acantilado, pero al mirarlo más de cerca son escaleras. Asciendo por curiosidad, y la escena es típico de los lugares del *National Trust* de todo el país: clase media y agradable.

Renuncio al pastel de nueces para rescatar mi equipo de la marea entrante. Las violentas ráfagas del cabo han arrancado casi por completo los adhesivos de la vela. Termino el trabajo y guardo la bola de pegatinas arrugada en la mochila. Hoy seguiré hacia Brighton, donde tengo el apoyo de mis amigos Rod y Louise.

Los vientos al abrigo de Beachy Head soplan desde tierra, lo que hace que el mar sea más llano pero el aire racheado. Al dejar atrás el cabo, afortunadamente las rachas son menos fuertes y, una vez más, me acomodo a una especie de ritmo. Reconozco y paso Newhaven, y me encuentro con un yate extranjero que se dirige en la misma dirección. Agradezco la compañía y la distracción, pues el cansancio se está apoderando de mí.

La costa se va urbanizando y, un poco más allá, se vuelve semiindustrial. Un poco más allá, aparece un horizonte de edificios altos que parecen de una ciudad modesta: Brighton. El avance en los últimos kilómetros es más lento, a contracorriente y solo con planeo intermitente. Y si antes estaba fatigado, ahora estoy destrozado. Llevo 9 horas navegando. El esfuerzo y los elementos, más el virus estomacal de la querida Alba, me han dejado agotado. Aún no soy consciente de ello, pero hoy he navegado más de 160 km.

Desembarco en la playa de King's Esplanade, en el paseo marítimo de Brighton. Rod y Louise, y muchas otras personas, disfrutan del sol de la tarde. Es un mundo diferente aquí en la

Birling Gap, donde los acantilados de Beachy Head comienzan a ascender

playa: totalmente benigno y sin ningún indicio de las condiciones más duras de antes.

«¿Has venido de Dover? Bien hecho, eso está bien», dice alguien del grupo de mis anfitriones.

Encontramos un sitio para la tabla y la vela en el garaje de Rod, y una amiga común —Helen— se une a nosotros. Helen y Rod son dos windsurfistas expertos y es agradable estar con gente que entiende lo que estoy haciendo y las dificultades que entraña. Contento tras el logro de hoy, disfruto de su compañía y hospitalidad.

Rod y Louise me hacen sentir como en casa, a pesar de haber hecho las maletas y estar a punto de cambiar la suya. Se mudan de piso a otro encima, ganando así mejores vistas al mar. En el garaje encontramos un sitio para la tabla y la vela. Me ducho, como y pido prestada ropa limpia mientras lavan la mía. Rod tiene un sentido del humor seco y la capacidad de mantener la compostura cuando toma el pelo a la gente. Su especialidad es la gente intolerante, y cuenta una gran historia. A menudo varias veces.

Para no perturbar más los preparativos de la mudanza de Rod y Louise, acepto la oferta de Helen de pasar la noche en un futón. Me hundo en el mullido colchón y no tardo en dormirme.

Día 6 – 12 de junio

Me despierto cansado. Ayer por la noche me tomé un Imodium, pero aún no ha hecho efecto. Me tomo a la fuerza unos copos de avena y, junto con Helen, nos dirigimos al paseo marítimo a las 8.30 de la mañana. El viento es casi inexistente y hace un día gris y melancólico. La atmósfera está cargada y me pregunto si hoy habrá truenos y relámpagos. Las condiciones y, sobre todo, mi cansancio, han agotado mi motivación para navegar.

Helen está más animada y me ofrece su piso mientras ella trabaja. Me ayuda a darme cuenta de que necesito recuperarme y de que no tiene mucho sentido navegar hoy. Es una sugerencia sensata y bienvenida, y me convence con facilidad.

Durante la mañana me pongo al día con las tareas administrativas. Ayer, en mi estado de agitación antes de salir de Dover, no inicié el localizador, por lo que la ruta no aparecía en la página web. Los que siguen mis progresos por internet se han quejado. Afortunadamente, mi falta de atención también hizo que dejara encendido el GPS, que normalmente solo lo enciendo en ocasiones puntuales para ahorrar batería. Estos dobles descuidos ahora se anulan: puedo usar el rastreo del GPS para reparar la ruta en la página web.

Estoy agradecido y me rasco la cabeza ante este improbable golpe de suerte. Google Earth muestra que la distancia en línea recta de Dover a Dungeness y de Beachy Head a Brighton es de 75 millas. La ruta del GPS muestra que la distancia navegada mientras zigzagueaba a favor del viento fue de 112 millas. Uno de mis objetivos no declarados para la expedición había sido navegar 100 millas en un solo día, así que estoy algo orgulloso de este logro. También hace que parezca bastante razonable estar tan cansado. Parece que las cosas van bien, mi estado de ánimo mejora y recupero la energía.

Más tarde, Helen y yo nos dirigimos a casa de Rod y Louise para comer una deliciosa lasaña que Louise ha preparado. Tenemos que ponernos al día en muchas cosas. El descanso me ha sentado bien y disfrutamos de una agradable y relajada velada.

Día 7 – 13 de junio

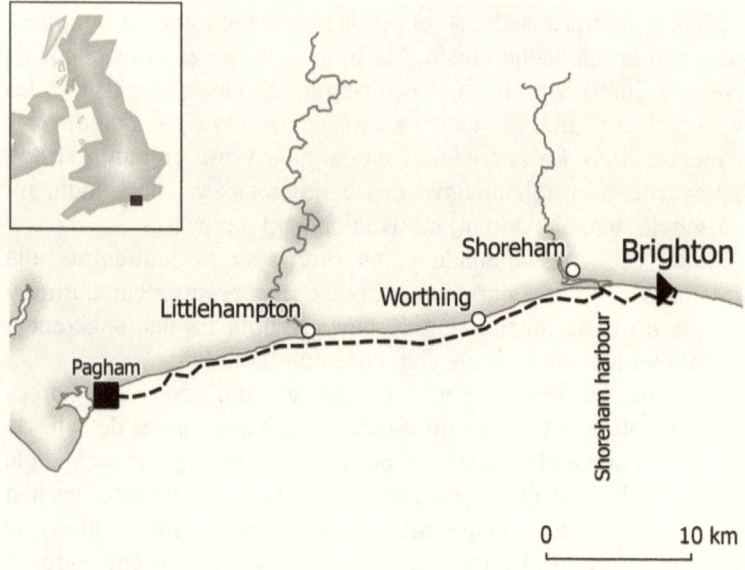

A las 8.30 estoy en el paseo marítimo. Me gustaría pasar un día tranquilo para calmar un poco los nervios, pero no estoy de suerte. Una vez más, las condiciones parecen duras. Es pleamar y sopla un fuerte viento de fuerza 5 del suroeste. La orillera va a proporcionar una salida difícil.

No me entusiasma, pero quiero salir de Brighton y pido ayuda a Helen para llevar la tabla y la vela a la playa. El viento sopla en ráfagas alrededor de los edificios y maniobrar con el equipo es un trabajo de dos personas. Nervioso, me preparo para navegar.

Me felicito por una zarpada poco elegante pero satisfactoria, y me dirijo mar adentro para ver qué encuentro. Por desgracia, hace tanto viento como parece. Aunque puedo navegar, es una batalla. Hago bordos en ceñida y la tabla recibe una paliza de las olas. Cada vez que me acerco lo suficiente a la playa para observar el crujido de la orillera me hago la pregunta de cómo voy a alcanzar tierra firme hoy. La palabra que define esta mañana es «angustiosa».

A solo 3 millas de distancia diviso el puerto de Shoreham y decido entrar. Quizá las condiciones mejoren más tarde. El puerto tiene altos muros que lo protegen del oleaje exterior y detenerse aquí es fácil.

Me aconsejo a mí mismo que no me desespere. Nunca pretendí navegar todos los días y debería disfrutar de los momentos en que no puedo hacerlo. La experiencia va más allá de la navegación.

La realidad es que me está resultando difícil, mentalmente. Llevo una semana y solo he tenido un día de navegación que no haya sido traumático de algún modo. Y todavía navego por el tramo fácil, ¿qué me espera más adelante?

Me lo quito de la cabeza y entro en Shoreham. No espero gran cosa, así que me sorprende encontrar un pequeño y atractivo centro urbano, junto a un río repleto de embarcaciones. Hay un mercado italiano, así que aprovecho para comer algo sabroso y observar los acontecimientos sentado en un banco cercano. Todo ello me ayuda a olvidarme de ese mar solitario y hostil.

Espero dos horas y después vuelvo a inspeccionar el mar. Ahora hay velas de windsurf y cometas de colores por todas partes, la marea está bajando y el rompiente es menos destructivo. Bonitas condiciones con un equipo pequeño. No conozco bien la costa sur, pero Gregg me había dicho que esto era lo habitual. No lo creí, pero puede que tuviera razón. Me paso una hora más deshaciendo un experimento para acortar las perneras de mi traje seco, que pensé que podría haber ayudado con el problema de la entrada de agua. En realidad no ha servido de nada ya que las perneras modificadas me rozaban la parte interior de las rodillas. No ha sido un éxito.

Cuando ya no puedo retrasarlo más, vuelvo a salir. La salida a nado dura 20 minutos, ya que las paredes del puerto están ahora muy por encima del nivel del agua, lo que hace que el viento se arremoline diabólicamente, y las marejadas surgen a menudo. Salir del puerto acaba siendo un trabajo duro y húmedo. Reflexiono sobre lo que pasa por la cabeza de los pescadores, que no parecen darse cuenta de que sería mejor lanzar sus sedales en cualquier otro sitio que no fuese a mí.

Comparado con esta mañana, esta vez estoy contento porque empiezo a ceñir en lo que resultará ser la ceñida directa más larga de la expedición. Mi objetivo es Pagham, a 40 km al oeste en línea recta. Tengo amigos allí. Durante la mayor parte del trayecto iré contra la marea, por lo que 50 millas para navegar es una estimación realista.

Me decepciona un poco que nadie me salude mientras navego entre la masa de velas frente a Shoreham. Pensé que alguien habría alterado su rumbo para venir a desearme suerte. Los marineros entran y salen zumbando, con la mirada fija en el tramo de agua que tienen delante. Me muevo entre ellos con anonimidad. La próxima vez, tal vez si me pongo un traje de jirafa...

Las velas se alejan. El desafío de esta larga ceñida es divertido. Utilizo el GPS para monitorizar la velocidad y el progreso, y llego a la conclusión de que el estado del agua, más que la fuerza del viento, es el factor determinante de la velocidad: cuanto más llana más rápido voy. Esta mañana, al chocar con las olas, iba mucho más despacio que ahora, a pesar de que antes hacía mucho más viento. Ahora también lucho con la marea, así que hago bordos cortos y frecuentes para evitar la corriente más fuerte de alta mar. Tantos cambios de amura también ayudan a retrasar la aparición del cansancio.

Pronto paso por el muelle de Worthing. Una vez estuve a punto de conseguir un trabajo en Worthing. ¿Estaría haciendo esto si hubiera conseguido ese trabajo? Dudo que hubiera tenido la preparación necesaria. Probablemente escapé por los pelos... Me siento muy afortunado y cada día tengo más suerte.

Sigo adelante: más allá de Goring, Littlehampton, Bognor. Nunca he estado en esos lugares y, aunque ahora ya los he pasado, todavía no los conozco. A menudo bebo agua del depósito de la mochila. Una vez que tengo el tubo en la boca el proceso es «manos libres». De vez en cuando como del surtido de geles, chocolate y barritas de cereales que llevo en los bolsillos del traje seco. Orinar sobre la marcha depende más de las condiciones: mi técnica preferida es mientras navego en ceñida y enganchado en el arnés. Hace falta una mano libre para realizar esta operación.

El viento se modera hacia el atardecer y al final se vuelve extremadamente flojo. Desde Bognor el avance es lento. También, por todas partes a lo largo de este tramo de costa, hay cabos de nasa de langosta. Al menos es interesante esquivarlos; cualquier cosa que me distraiga es bienvenida para distraer mi mente de lo cansado que estoy.

Me preocupa que el viento me abandone por completo. Qué frustrante sería estar tan cerca y no conseguirlo. Al final, no tenía por qué preocuparme. Unas cuantas viradas más, y pasados unos cuantos miles más de nasas de langosta, estoy acercándome por fin al Club Náutico de Pagham, donde me espera una pequeña e inesperada fiesta de bienvenida. Son poco antes de las 9 de la noche.

Tim, Rhona, Kat y su perro están en la playa, al igual que varios miembros del club de Pagham. Es un club muy bonito y sus representantes son amables y acogedores. Al llegar me sirven patatas fritas bien calientes y una Guinness bien fría. Una señora llamada Viv y su marido ofrecen su casa de la playa para guardar las tablas durante la noche. ¡Qué bien! Ni siquiera me hace falta desmontar la vela, muy cómodo. Viv está entusiasmada con la expedición y se ofrece a participar en la publicidad y las redes sociales. Me lo pensaré. Sé que la promoción no es mi actividad favorita, pero reconozco que es necesario generar interés para que mis patrocinadores y las organizaciones benéficas se beneficien del proyecto. Lo pensaré. Estoy seguro de que Viv haría un buen trabajo, sin duda hace buenas fotos y tiene mucha energía, pero yo soy de un estilo discreto, y creo que Viv es de las que usa superlativos.

Me hundo en el asiento del coche de vuelta a casa de Tim y Rhona. Me gusta ir con coche, o más bien que me lleven. Sentarme en un coche cómodo y que me lleven por carreteras rurales bordeadas de árboles es mi nuevo lujo. El placer supremo.

Tim y Rhona saben cómo cuidar a un windsurfista cansado. Otra vez lasaña. Perfecta después del aperitivo de patatas fritas y Guinness. Acepto un segundo plato y luego un tercero. Tim me anima a utilizar una bañera de gran tamaño, que me gusta pensar que reserva para las personas que han hecho un verdadero esfuerzo por visitarlos. Eso también es excelente. Acaba siendo una noche larga, pero ha sido un día de excelente progreso. La Isla de Wight está a la vuelta de la esquina.

Día 8 – 14 de junio

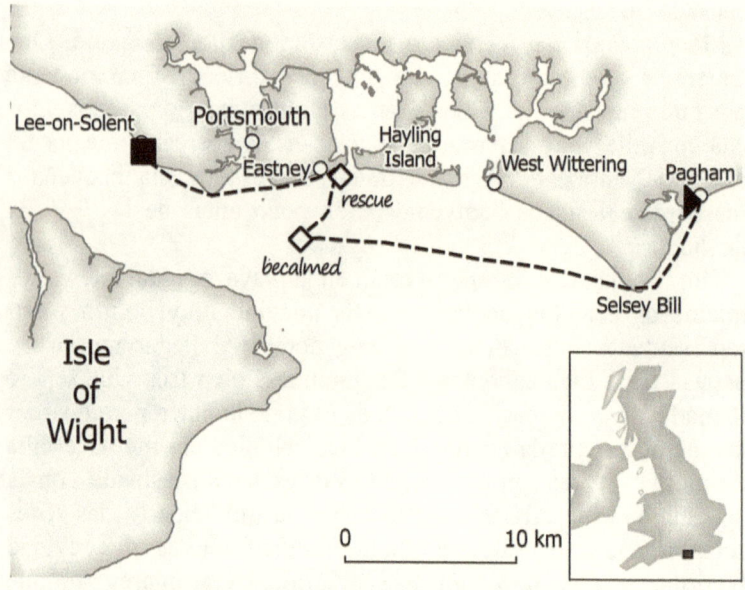

Hoy hago una salida tardía en condiciones fáciles. Qué bien que haya sido fácil, sin rompientes a los que enfrentarse y con viento suficiente para navegar con comodidad. Lo primero en la agenda es Selsey Bill, un promontorio con un rápido de marea que, con mal tiempo, levantaría bastante mar.

Hoy el rápido no muestra dientes. Llego a él hacia el final del reflujo (marea saliente) y su corriente me lleva pasado la punta, que es de terreno bajito. En algún lugar del cabo está la casa de Dee Caldwell. Dee fue uno de los pioneros del windsurf en los años 60 y se inscribió en la página web. Me habría gustado detenerme y conocerlo, pero el verano es corto y debo seguir adelante; si me detuviera en cada contacto que tengo en este tramo de costa, me retrasaría semanas.

Salto otros tres o cuatro contactos en West Wittering. No me gusta hacerlo, me parece de mala educación. Siento una punzada de culpabilidad y me gustaría poder dar las gracias en persona a todos los que me han ofrecido su apoyo. Más adelante, donde los contactos son más escasos, imagino que pararé y conoceré a más de ellos.

Navego de ceñida, el ángulo más cerrado que puedo, lo que me lleva directamente hacia el estrecho de Solent, equidistante de la Isla de Wight y de la isla de Bretaña. Entonces, una hora más allá de Selsey Bill, el viento se corta.

Hay lugares peores donde quedarse encalmado, y es precisamente para estos casos para los que tengo un remo. Estoy en aguas tranquilas, a 3 km de la orilla. Sin duda, si el remo va a demostrar su utilidad, será aquí. Hago un esfuerzo decidido, y pruebo varios métodos diferentes para intentar evitar que la vela se arrastre en el agua: vela equilibrada en la parte posterior de la tabla, sostenida por líneas de sujeción, desconectada de la tabla y sentado sobre ella, de pie sobre ella, insultándola, que es lo más satisfactorio. Una hora más tarde he recorrido 500 metros, estoy chorreando sudor y he conseguido provocar el rápido acercamiento de una lancha del *Royal National Lifeboat Institution* (RNLI).[3]

La tripulación del bote salvavidas parece demasiado abrigada para la ocasión. Hace un día estupendo y caluroso. Evidentemente, yo también parezco un poco cocido y me ofrecen una botella de agua. Me felicito al agarrar bien la botella que me tiran, y pronto estoy engullendo a un ritmo que solo beben los muy sedientos. Segundos después me arrepiento un poco de haberlo hecho: tengo agua de sobra, y me pregunto si habré puesto en peligro mi intento de una vuelta sin apoyo.

Mantenemos una charla agradable. Estoy alegre y relajado y pregunto por las horas de las mareas. Considero que ya he navegado lo suficiente para demostrar que no soy un chiflado por completo. Examino los rostros de la media docena de hombres que tengo enfrente, buscando en sus expresiones, en vano, alguna indicación que apoye mi conjetura. Tras una agradable charla, me disculpo por no encontrarme en peligro. Mis nuevos amigos se alejan a toda velocidad. En mi cabeza suena la canción de «Los vigilantes de la playa».

A unos cientos de metros diviso unos débiles rizos sobre la superficie del agua así que uso la vela para remar por el aire hacia

---

[3] El RNLI es la ONG de guardacostas más importante del Reino Unido.

ellos. La ventaja del viento cero es que con esta técnica puedes ir en cualquier dirección. En cuanto empieza a soplar una especie de brisa, vuelvo a zigzaguear para remontar contra viento. Concluyo que cualquier tipo de navegación es mejor que pelearme con el remo. Cuarenta minutos más tarde llego a la playa de Eastney. No tiene mucho sentido intentar navegar con esta brisa, sobre todo porque la corriente está ahora en mi contra, así que monto un campamento provisional sobre los guijarros y enciendo la cocinilla para el café.

Miro hacia el mar y algo raro me llama la atención. A unos cientos de metros de la costa hay una forma cónica, el tipo de forma que podría ser la proa de un barco que se hunde, orgullosamente erguida en sus últimos momentos. ¡Sí! Realmente es un barco que se hunde, me doy cuenta al ver dos cabezas en el agua. Habiendo estudiado la «apatía del espectador» y efectos similares como estudiante, decido que lo responsable ahora es alertar inmediatamente a las autoridades: 999, pido guardacostas, y la operadora me conecta con el servicio de emergencias. Por desgracia, para mí, ni siquiera soy su primera llamada. Parece que los de Eastney no son apáticos. Sugiero a la operadora que estaría bien que fuera a hacer compañía a los cabezas flotantes, pero me contestan bruscamente y me dicen dos veces y en términos inequívocos que no me involucre de ninguna manera. Claro que no. Cuelgo, pero me acerco de todos modos para ver mejor cómo se ahogan los dos tipos.

Cuando llego al lugar de los hechos, uno de los chicos se aferra a mi tabla. El otro parece un buen nadador y capaz de llegar a la playa, pero de todos modos se detiene para descansar. Reconstruyo los detalles de lo que ha ocurrido: embarcación pequeña con demasiado motor, cabo colgado de la parte trasera de la embarcación, la hélice se engancha en el cabo y hace que el motor se bloquee completamente en un lado, la embarcación vuelca, nuestros chicos salen nadando. Un error desafortunado, pero si vas a cometerlo, una soleada tarde de junio en el Solent es un buen momento y lugar para hacerlo.

Creo que los chicos estarían encantados de llegar a la orilla y olvidar todo el episodio, pero minutos después un helicóptero se sitúa sobre nosotros y les digo a la pareja de náufragos que una resolución tan discreta parece poco probable. Con el pulgar hacia arriba indico al cabrestante que descienda ya, pero probablemente esto se entiende como «todos contados y sin bajas». Lástima.

A continuación, los botes salvavidas que llegan se dirigen hacia nosotros, aunque entre ellos no hay el barco de antes. Me pregunto cuántos botes salvavidas hay por aquí. Hoy ya he visto cuatro y un helicóptero. Antes de que lleguen, nuestros héroes reanudan su nado hacia la orilla, quizá preguntándose si pueden fingir que el cono volcado que hay a menos de 100 m no tiene nada que ver con ellos. ¿Barco? ¿Nosotros? ¡Nooo! Somos nadadores. Totalmente vestidos, ¡eso es!

La tripulación del bote salvavidas se acerca a los nadadores y yo me alejo del drama hacia un trozo de mar más vacío, y luego a la playa de antes. Aliviado al comprobar que todo el episodio no ha sido una elaborada estafa para hacerse con mi equipo de expedición, vuelvo a poner el agua para ese café.

No hay mucho viento durante el resto del día, pero al final me pongo a flote, bordeando la orilla para evitar la corriente. En Southsea alguien pasa nadando en dirección contraria. Muy en forma, sin duda, pero también muy difícil de ver y por lo tanto vulnerable en un mar tan agitado. En el puerto de Portsmouth, espero con paciencia a que haya un hueco decente entre los buques y los ferris antes de cruzar. Un poco más lejos, hago playa en los guijarros de Lee-on-Solent, exactamente en el mismo lugar en el que nos detuvimos Gregg Clyde y yo en nuestra primera vuelta fallida a la Isla de Wight. No es un buen lugar para acampar bajo la vela, pero a veces lo conocido es mejor que lo arriesgado, así que decido quedarme.

Dejo la tabla y la vela en un recinto para barcas de vela ligera y me dirijo a un *pub* que debe de ser de lo peor que ofrece Lee-on-Solent. La comida es realmente mala. Mi peor decisión en ocho días de expedición. No importa: aunque de dudoso valor nutritivo, la comida es al menos combustible. Vuelvo a la playa y me alargo bajo la vela, que está enclavada en una hondonada de guijarros. Hay pescadores cercanos y mi sitio para dormir es algo público, pero cuando oscurece quito eso de mi mente. Es un sitio algo ruidoso, pero tranquilo. Reduzco mi conciencia al vaivén de las olas y pronto me quedo dormido.

Día 9 – 15 de junio

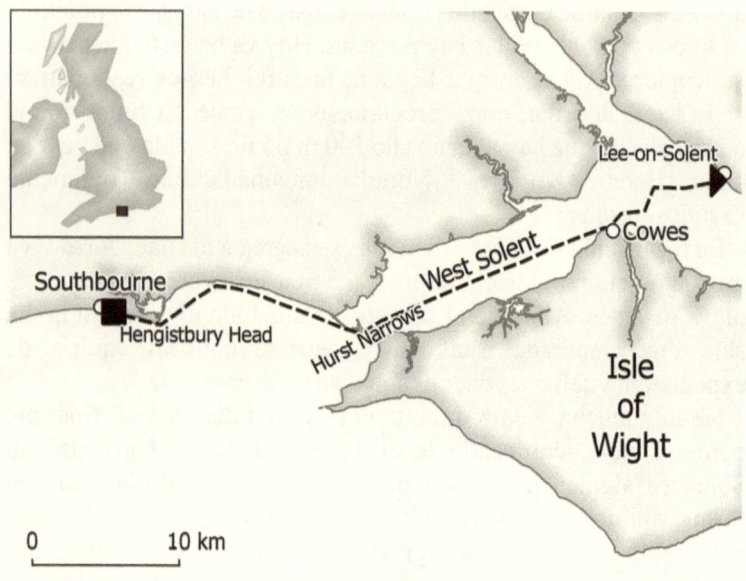

Estoy en el agua a las 8 de la mañana, después de desayunar avena y café. Me sigue una agradable brisa mientras zigzagueo hacia Cowes, en la Isla de Wight, donde he quedado con mi amiga Amanda. La parte final de la travesía está repleta de veleros, ferris y aerodeslizadores que contribuyen a agitar el mar. El tráfico es similar al de un aeropuerto, en el que la entrada del puerto es la pista de aterrizaje. Espero mi turno junto a un velero que se dirige en la misma dirección; supongo que es poco probable que lo atropellen, así que me pego a ellos. Durante una pausa en la actividad, ambos cruzamos sin incidentes.

La carretera está al lado de la estrecha franja de playa y, antes de que me dé tiempo a quitarme la mochila, aparece Amanda. No sé cómo hemos conseguido coordinarnos tan bien. Enfrente hay un hotel y Amanda es lo bastante respetable como para que nos sirvan el desayuno. Tomamos café y tostadas en un entorno de lo más agradable: tazas y platillos de porcelana en el salón matinal; por ser una expedición de recursos mínimos esto es sorprendentemente civilizado. Es estupendo ver a Amanda; en este viaje estoy disfrutando mucho cruzando caminos con amigos a los que rara vez veo.

El tiempo y la marea no esperan a nadie, como bien dice el proverbio, y después de acabar con la tostada que Amanda no se ha comido, es hora de subirse la cremallera y volver a salir. Me siento en plena forma mientras cabalgo suavemente por la corriente del Solent occidental, y menos de dos horas después me veo arrastrado por los Estrechos de Hurst. Antes de nuestros intentos en la Isla de Wight, me habría puesto nervioso ante este estrecho con sus corrientes rápidas, pero ahora que las conozco bien disfruto negociándolas. Recordarme a mí mismo que el miedo a lo desconocido es el verdadero terror me ayuda a racionalizar mis preocupaciones sobre los notorios retos de navegación que me esperan.

El viento es excepcionalmente flojo y no quiero volver a quedar encalmado y alejado de la costa, así que durante la amplia extensión de la bahía de Christchurch permanezco cerca de la costa. Las condiciones no son en absoluto amenazadoras y, por comodidad, me quito la mochila y la sujeto a la tabla. Sin embargo, no estoy del todo contento con esta disposición: incluso en estas condiciones tan tranquilas, la mochila se moja todo el rato y, lo que es más grave, me he separado de mi radiobaliza (Personal Locator Beacon), que está sujeta a la correa del hombro de la mochila. La radiobaliza está registrada a mi nombre y la llevo como medida de seguridad de último recurso. Cuando todo lo demás falla, por ejemplo en la horrible situación de quedar separado de la tabla en mar abierto, podría pulsar un botón para activar la baliza y mi posición aparecería en una pantalla del Centro de Operaciones de Guardacostas de Falmouth. Probablemente se llamaría primero a los números de teléfono que proporcioné en el momento de la inscripción para descartar la posibilidad de una falsa alarma, y luego se pondría en marcha una operación de búsqueda y rescate. Desde luego, no tengo intención de encontrarme en una situación en la que necesite activar la baliza, pero es enormemente tranquilizador tener esta tecnología a mano. Hoy estoy en terreno conocido y en condiciones fáciles, pero igualmente, navegar con el vínculo entre la baliza y yo comprometido me parece un error.

Con el calor abrasador, también navego con el traje seco desabrochado: más agradable, pero también temerario. Si me cayera, el traje seco abierto se llenaría de agua en segundos y me costaría mucho volver a subirme a la tabla.

Decido que ambos riesgos, por muy controlados que parezcan, son sencillamente innecesarios. Diez minutos más tarde, vuelvo a mi configuración estándar, más acalorado e incómodo, pero no tan vulnerable.

Los vientos flojos de hoy me dan la oportunidad de revisar mis sistemas y reflexionar sobre los cambios que hay que hacer cuando llegue a Bournemouth. Cada vez aprecio más el valor de lo sencillo. Es una virtud en la que también había insistido John: *Keep it Simple Stupid* (¡haz lo fácil, estúpido!). No me ofendí.

He decidido deshacerme del remo. Complica la navegación, lo que es potencialmente un problema crítico de seguridad. El inconveniente de no llevar un puntal para apoyar la vela para camping no es crítico para la seguridad. Mi experiencia de ayer en el Solent también (re)confirmó que remar con una vela aparejada es prácticamente imposible. Y, en cualquier caso, el propio mástil también es una especie de remo que podría utilizarse si la vela se rompiera o el palo mismo se rompiese. También sé que quiero simplificar y reforzar el soporte del bidón. Tomar estas decisiones contribuye a tener la mente asentada.

El caluroso día está creando algunas corrientes de aire térmico y me beneficio de un soplo inesperado de brisa que me lleva directamente a Hengistbury Head. A sotavento del cabo vuelve la calma y recurro a remar la vela para avanzar. Gregg se había ofrecido a recogerme en cualquier lugar cercano, pero estoy decidido a llegar a su playa local de Southbourne. Cualquier otra cosa me parecería un trabajo hecho a medias.

Me arrastro la última media milla con una brisa inexistente. Rafa y Alba están encaramados a un espigón de madera con Gregg detrás. Ellos, y yo, somos todo sonrisas, o en el caso de Rafa, que tiene solo 18 meses, nos lo imaginamos. Grubby, el querido canino de la familia, también está allí, empujando su cabezota hacia el mar como si quisiera oler el aire marino, o averiguar si realmente soy yo. No hace falta decir mucho cuando desembarco: es estupendo ver a los niños, y Gregg y yo sabemos que se ha alcanzado un hito. Podemos hablar más tarde. Por ahora solo seremos felices.

Clyde y otros amigos vienen por la noche. Es normal ver a Clyde, pero tener otras visitas es, creo, significativo. Me he convertido, de momento, al menos, en alguien de interés.

Día 10 – 16 de junio

El plan para hoy es realizar tareas de mantenimiento, algunas reparaciones, procesar las nuevas inscripciones de la página de *windsurfroundbritain*, volver a colocar las pegatinas de las vela (esta mañana han llegado unas que prometen ser de mayor adherencia), aplicar actualizaciones de seguridad a otras páginas web que mantengo, comprar comida para la expedición, introducir destinos en mi GPS y otro centenar de cosas que no recuerdo bien.

En consecuencia, empiezo el día con una misión y mis niveles de estrés aumentan gradualmente a medida que se hace cada vez más evidente que no tendré tiempo para hacerlo todo.

El interés que la expedición está recibiendo a través de las redes sociales y mi página web es emocionante y bienvenido, pero también es estresante. Aún no tengo una estrategia coherente para mantener a la gente informada de lo que ocurre. La gente comparte cosas, me envía mensajes, me deja mensajes de voz, y cuando por fin intento ponerme en contacto mis respuestas son obsoletas, las cosas han avanzado o las redes sociales me tienen tan confundido que no sé dónde encontrar lo que pretendo contestar.

La atención que he generado en internet aumenta mi sentido de urgencia para volver a navegar lo antes posible, y esto también pesa en mi mente.

A última hora de la tarde, lo único que he conseguido es reparar el portabidones. Ahora, al menos, es sólido como una roca y estoy satisfecho con el trabajo. He sustituido todos los remaches por otros más resistentes de calidad marina, y he añadido muchos más por si acaso; los mosquetones de nailon de la correa secundaria han dado paso a unos más fiables de acero inoxidable. Unos gramos de más son un precio insignificante por un bidón bien asegurado.

Al final, veo la luz y admito que me falta un día más para terminar los trabajos. Con esta decisión tomada, soy más feliz y puedo relajarme, sonreír y disfrutar de la compañía de la familia de mi hermano.

Día 11 – 17 de junio

Termino la mayoría de los trabajos restantes. Unas pegatinas «super adherentes» son pegadas a la vela. Aumento reservas de copos de avena Cuppa-porridge y barras de chocolate Snickers. Estudio el *Reeds Nautical Almanac*, un regalo de cumpleaños de mi padre que es demasiado grande para llevarlo conmigo, y me fijo en los tiempos de marea floja de Portland Bill: un cabo importante que hay que rodear en los próximos días. Encuentro una solución para llevar en la tabla en lugar de en la mochila (1) la luz estroboscópica de seguridad y (2) el pie de mástil de repuesto. Las ventajas son dobles: llevo una mochila más ligera y tengo acceso más fácil a estos objetos que espero no necesitar, pero que si los necesito, será importante tenerlos a mano.

Me siento más feliz y mejor preparado, listo para empezar más o menos temprano a la mañana siguiente.

Día 12 – 18 de junio

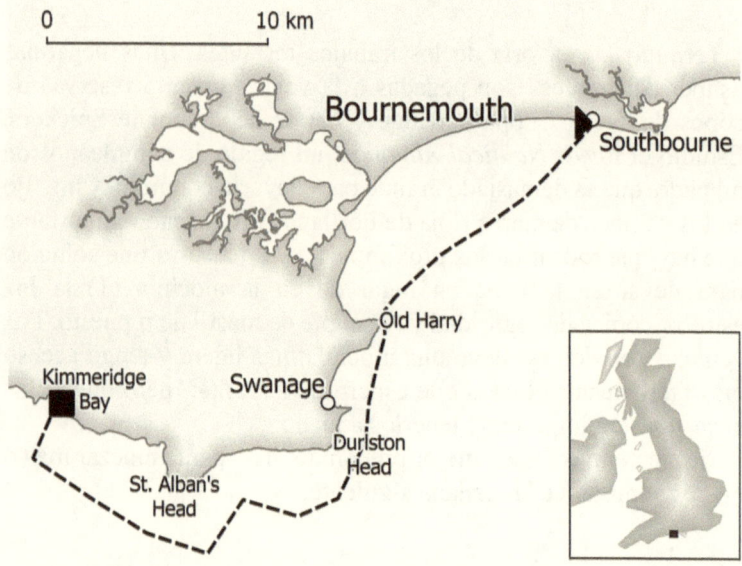

Me despierto temprano como estaba previsto para encontrar mi bandeja de entrada del correo electrónico llena de nuevas notificaciones de «Actualizaciones de seguridad disponibles». ¡Mierda! Tener que actualizar los múltiples páginas web de las que me encargo no es una buena manera de comenzar el día. Decido que lo más sensato es aplicar las actualizaciones ahora y retrasar la salida. Resulta que tengo suerte: es una mañana sin viento, las actualizaciones se realizan sin problemas y me quedo con la conciencia tranquila para reanudar la expedición.

A las 10:30 ya estoy navegando, atravesando la bahía de Poole en dirección a Old Harry Rocks. Old Harry es una columna de tiza con el mismo patrimonio geológico que las Needles, aunque de fama más modesta. El plan es hacer algunas fotos mientras navego a su alrededor. Gregg va hacia allí ahora, con Alba, Rafa y un amigo común, Colin, como refuerzo para el cuidado de los niños.

La ruta en línea recta me lleva unas cuantas millas mar adentro y me tranquiliza volver a acercarme a tierra; con estos aires ligeros, la posibilidad de quedar encalmado a gran distancia de la costa es una preocupación continua.

Decido navegar entre Harry y una de sus columnas «esposas» de las que el polígamo Harry tiene unas cuantas. Cuando salgo de la brecha entre ellas, Gregg y sus ayudantes aparecen en la cima del acantilado. Alba grita emocionada «¡Hola, Jono!» y yo le devuelvo el saludo. Harry también tiene otros visitantes, y en los suaves vientos bajo los acantilados me tropiezo con un grupo amistoso en una barca neumática. Están haciendo un picnic de aspecto apetitoso y antes de darme cuenta he aceptado una fresa. Mientras muerdo la roja y jugosa fruta, veo el destello de un objetivo largo en el acantilado: los paparazzi han captado la entrega de la fresa. Es mi segundo despiste. Si completo la vuelta, ¿seguirá contando como hecha sin apoyo? Es medio pregunta, medio broma, pero más pregunta que broma.

Dejo atrás el incidente de las fresas. Chantaje por «incumplimiento del debido cuidado de los niños» seguramente bastará para que mi hermano paparazzi borre las imágenes.

Lo siguiente es Durlston Head, cerca de Swanage. Un barco pesquero se aproxima y me pregunta si estoy bien. Estoy en una fuerte corriente de marea y, desde luego, no hay viento suficiente para ir a otro sitio que no sea donde me lleva la corriente. Estoy bien, pero el compromiso es total. Son las primeras aguas rápidas importantes de la expedición. No muy lejos hay un piragüista jugando en las olas estacionadas.

La corriente me empuja más allá del cabo y de repente me encuentro con un viento peleón: una sólida fuerza 4 en el morro, con viento en contra de la corriente, lo que levanta aún más el mar. La costa se ha vuelto vacía e impresionante. Esto se parece mucho más a hacer vela en serio. Tenso el trapo para hacer frente al viento creciente y golpeo las olas que vienen de frente durante una serie de largas ceñidas. A lo lejos se ven más aguas rápidas, cerca de St Alban's Head. Navego mar adentro para evitar lo que parece la zona más brava, pero me doy cuenta de que cuanto más navego, más se extiende la zona de aguas turbulentas.

A una milla y media de distancia, las olas rompientes no parecen tan hostiles, así que decido cruzar la zona revuelta. No es un lugar para caerse, pero está bien mientras me mantenga vertical, y tanto el sólido tirón de la vela como el ángulo de ceñida contribuyen a la estabilidad. El morro puntiagudo de la tabla atraviesa los bultos de mar con precisión y aplomo. El bidón de 10 kg proporciona impulso adicional y contribuye a una línea limpia a través de la melé. La sensación es la de ir montado en un torpedo.

Pasado St Albans Head se me une un barco del Ministerio de Defensa. Estoy animado tras la emoción del cabo y el tripulante que sale a cubierta se muestra interesado, entusiasta y servicial. Mantenemos una agradable charla. El campo de tiro que hay más adelante está cerrado, pero tengo luz verde para navegar hasta la bahía de Kimmeridge y luego seguir adelante mañana por la mañana temprano, antes de que empiecen los disparos. Ese era mi plan de todos modos, pero la confirmación de los horarios es bienvenida. Me despido de mi nuevo amigo y continúo navegando contra el viento, disfrutando de las condiciones ideales, escudriñando la costa en busca de rasgos reconocibles.

Veinte minutos después, la lancha de mi amigo vuelve a acercarse.

¿Adónde voy? Repito la pregunta para asegurarme de que la he oído bien por encima del ruido del mar y el viento. «¡A Kimmeridge!» vuelvo a gritar, preguntándome por qué estamos repitiendo nuestra conversación anterior.

«¡Pero Kimmeridge está por allí!».

Sigo el brazo extendido que señala la costa a sotavento de mí. El hombre del ministerio tiene razón. He sobrepasado una bahía que conozco bien y desde la que he navegado en varias ocasiones. Estoy mucho más mar adentro de lo que creía y he calculado mal la distancia y la escala. Kimmeridge tiene un tamaño decente, pero desde aquí no es más que una o dos puntadas en un tapiz mucho más extenso.

Pido disculpas y doy las gracias a mis interceptores, antes de emprender una serie de amplios largos para llegar a tierra. El episodio me hace comprender que estoy navegando en una franja de mar donde navegan los veleros, pero pocas veces se aventuran los windsurfistas.

Paso una tarde agradable en Kimmeridge. Clyde y su hijo Casey aparecen por la noche y hacemos una barbacoa.

Después de que Clyde se marche, monto el campamento en la luz menguante. En Kimmeridge hay una estricta política de no acampar, y un vigilante que está haciendo su ronda viene a moverme. En realidad, solo se interesa por las personas que tienen vehículos o tiendas de campaña y, tras comprobar que no tengo ninguno de los dos, me desea una noche tranquila.

Día 13 – 19 de junio

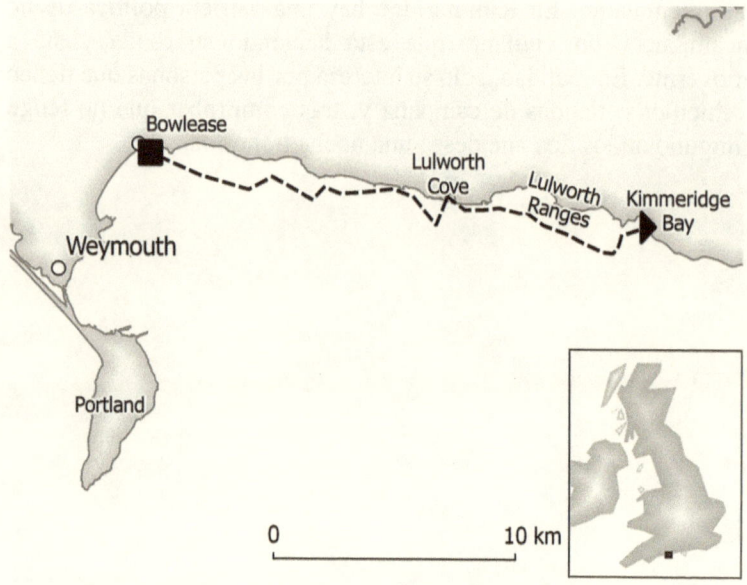

Estoy en el agua a las 7 de la mañana, lo que me da dos horas y media para atravesar el campo de tiro de Lulworth. El horario me ha obligado a salir a navegar, pero el viento aún no se ha despertado. Durante noventa minutos remo la vela para generar mi propio viento, pero la recompensa por el considerable esfuerzo es mínima. Afortunadamente, al final sopla una ligera brisa del oeste. Mi rumbo de un zigzag irregular se descomprime, y por fin empiezo a avanzar contra marea y viento. Se acerca el mismo barco del ministerio que vi ayer. Mi alegre amigo parece creer que saldré del campo de tiro justo antes de que abra.

Esa predicción es demasiado optimista: a las 9:30 aún me queda un poco de camino por recorrer. Se acerca otro barco del ministerio y me dicen que estoy en una zona peligrosa y que debo seguir adelante. Le explico que llevo intentándolo desde las 7 de la mañana. Sigo sus órdenes de quedar cerca de la costa, seguramente para que las municiones sueltas me pasen por encima, y 30 minutos más tarde he pasado el puesto de vigilancia y estoy fuera del campo de tiro.

Un poco más allá hay una brecha en la costa de piedra caliza: la entrada a Lulworth Cove. Decido entrar para hacer un descanso y me alegro de haberlo hecho, porque por dentro es espectacular. El lago resguardado de color turquesa y el brillo seco de las rocas me recuerdan a las costas mediterráneas. Paseo por el pueblo bien cuidado y compro un café y un bocadillo de beicon. Para mi sorpresa, la señora que sirve me identifica. Parece saber que alguien está dando la vuelta a Gran Bretaña haciendo windsurf. Imagino que mi fama se ha extendido, pero tal vez solo me vio llegar. Hablo con varias personas y, en general, disfruto de la parada.

Las siguientes millas son lentas. Portland Bill está a solo 16 km, pero hoy no llegaré al cabo a tiempo para aprovechar la marea. Me detengo en Bowleaze Cove, en la amplia extensión de la bahía de Weymouth, para valorar las opciones. ¿Sándwich de beicon o bocadillo de atún? Estoy intentando decidir cuando recibo un golpecito en el hombro y me sorprende gratamente volver a ver a Colin y conocer a su compañera, Donna.

Colin me explica que han intentado interceptarme persiguiendo al localizador. Acababan de perderme en Lulworth Cove. Al parecer, el retraso en la actualización del localizador y la irregular cobertura de internet móvil en la zona rural de Dorset hacen que este juego sea más divertido.

Me desconcierta un poco la animación con la que Colin describe la caza, pero sus disculpas posteriores por el acecho son innecesarias y no hay indicios de que sea un tipo peligroso. Por lo que a mí respecta, cuantos más ojos haya sobre el localizador, mejor: sin duda, es más seguro estar vigilado. Donna y Colin sugieren dar una vuelta en coche hasta Portland Bill para ver de cerca el rápido de la marea frente al cabo.

El miedo a lo desconocido es de lo más inquietante, sobre todo cuando lo desconocido tiene una reputación temible, así que agradezco la oportunidad de hacer un reconocimiento de la zona de Portland antes de navegar en ella mañana. Me alivia ver que, a pesar de que el mar se desborda y tiene un aspecto desagradable en

Portland Bill

general, hay una pista interior cerca de las rocas que parece mucho más controlada. Donna saca entonces un picnic de proporciones épicas y una variedad que eclipsa totalmente la oferta de comida de la cafetería Bowlease.

A última hora de la tarde me dejan en mi tabla y encuentro una nota metida en el *footstrap*. Una pareja que conozco de Menorca –Pat y John– también persiguieron al localizador hasta Bowlease. Su nota me desea suerte para la expedición. Es muy agradable, desde luego no se puede tener demasiada suerte.

Llamo a unos viejos amigos de la universidad que ahora viven por aquí, y acabo quedándome con Matt y Helen, a los que no había visto en 20 años.

Sus vidas están ahora un poco más limitadas, dos hijos se han encargado de ello, pero aparte de eso, no han cambiado. No creo que nuestra naturaleza fundamental cambie nunca, aunque en algunos momentos de nuestra vida intentemos, o nos encontremos, viviendo de un modo que entre en conflicto con cómo somos en realidad.

Día 14 – 20 de junio

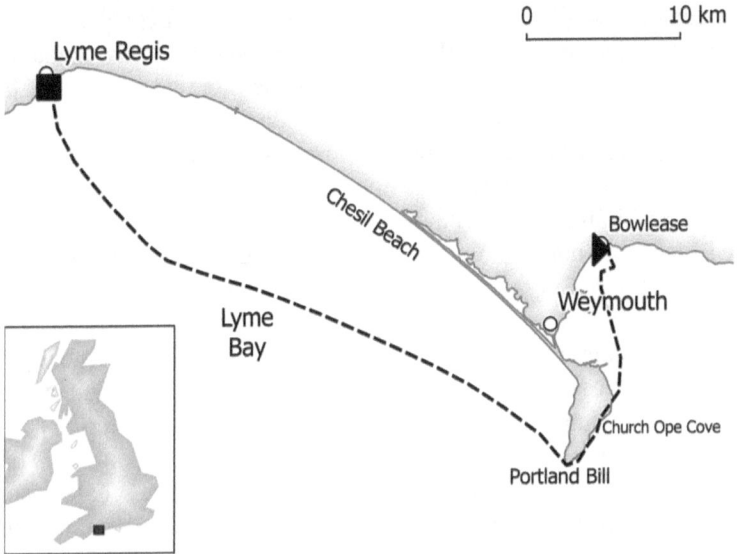

Antes de partir por la mañana, me cruzo brevemente con más amigos de hace años: Mark y Catherine, que ahora tienen tres hijos. Es estupendo ver a Mark, un tipo superpositivo. Su entusiasmo delata un apetito de aventura fácilmente reconocible.

Estoy ansioso por estar en posición para rodear Portland Bill con la marea floja, así que me despido. Una brisa empieza a soplar y me dirijo hacia Weymouth con la esperanza de encontrar un remolino en la corriente detrás del cabo. Parece que funciona y, con el viento a favor, avanzo a buen ritmo. Antes de lo previsto, llego a la playa de Church Ope Cove, un lugar muy agradable situado a una milla de la punta de la península.

Aquí mantengo una agradable conversación con unas señoras que parecen encantadas de haber conocido a un explorador. Al parecer, la semana pasada acababan de perderse a Colin Firth, pero son lo bastante generosas como para considerarme un digno sustituto.

Justo antes de la pleamar, me pongo en marcha de nuevo, bordos de ceñida con una ligera brisa. Me mantengo cerca de la costa, desconfiando de las corrientes más fuertes que podrían arrastrarme a aguas más turbulentas. La velocidad y el ángulo de ceñida se miden con el GPS y me informan del movimiento del agua.

El mar que me rodea fluye suavemente hacia el sur, hacia la punta del promontorio de Portland Bill. De momento el agua está muy llano. Pronto los acantilados bajos dan paso a rocas y el faro aparece a la vista. Veo que por el momento el «Bill» está inactivo. He acertado con la hora y las condiciones meteorológicas suaves me permitirán dar la vuelta al cabo sin problemas.

El mar está más llano, y me siento más seguro, por el interior así que continúo con las viradas cortas. En los acantilados noto que alguien corre y luego se detiene para hacer fotos. Es Colin otra vez, que evidentemente ha salido al acecho hoy también. La atención que recibo me parece extraña y exagerada; la notoriedad de la marea galopante de Portland Bill me había hecho temerlo, pero rodearlo hoy es agradable, interesante y fácil. Un poco más allá veo a Mark, que me saluda desde las rocas y me hace señales para que me acerque. Las condiciones son tales que puedo maniobrar lo bastante cerca como para que me dé un trozo de pastel. Así se resume la vuelta del cabo: «*piece of cake*» en inglés, o «pan comido» en español. Hoy, al menos, es así de fácil.

Pasado el faro se encuentra la vasta extensión de la bahía de Lyme. Sería más reconfortante continuar por la costa, pero hacerlo supondría sacrificar mi posición de barlovento por una posición que luego sería menos favorable, debido a la curva de la costa. Navegando en ceñida cerrada desde la punta de Portland puedo apuntar a... bueno... no sé adónde, pero definitivamente más al oeste. Hay mejor brisa a este lado del cabo. Meto los pies en los *footstraps*, dejo que la tabla se tumbe hasta que corta el agua con una resistencia mínima, y fijo mi objetivo en el mar abierto. Compruebo dos veces el rumbo de la brújula del GPS. Confío en que tierra firme, aunque ahora por debajo del horizonte, esté en algún lugar más adelante.

Navego sin parar y recorro 30 km en dos horas. Entonces, como si hubiera accionado un interruptor, el viento disminuye y finalmente desaparece por completo. Veo tierra a mi derecha y ajusto el rumbo en consecuencia, pero el avance es dolorosamente lento. Vuelve a soplar un hilillo de brisa, suficiente para remar a tierra desde 10 km de distancia.

La costa empieza siendo de un gris uniforme. A medida que la separación se estrecha, empiezan a distinguirse distintos colores y rasgos: campos, bosques, pueblos. Elijo un pueblo al que dirigirme. Más adelante, distingo lo que parece ser un puerto. Me alegro de estar mucho más cerca de la costa y, a continuación, me fijo en un par de barcos miniaturas, ¿serán de juguete?, en el exterior del puerto. Su rápido movimiento de cabeceo me recuerda a la forma en que las aves zancudas picotean en busca de los manjares de la costa. Otros veinte minutos y me doy cuenta de que las maquetas de barcos son barcos de verdad: su cabeceo se debe a una brisa térmica que sopla cerca de tierra y produce un pequeño chopi. Al final me acerco lo suficiente para captar también esta brisa. Ya no me siento expuesto y saboreo el último kilómetro hasta la playa.

He estado solo con mis pensamientos y mi único objetivo de volver a tierra durante la mayor parte del día. Física y mentalmente ha sido duro. Pero ahí fuera hay un mundo ordenado. Sobre todo está el orden de las olas: patrones sobre patrones. Ahora me rodea la vida normal en todo su glorioso caos: gente en la playa, en los cafés, al teléfono: hablando, riendo, moviéndose en todas direcciones. ¿Adónde dirigir la atención? El contraste es marcado.

Normalmente me concedo al menos unos minutos de tranquilidad para adaptarme a mi nuevo entorno, pero esta vez me invade el ajetreo de inmediato. Rod y Bernadette bajan a toda velocidad por la playa. Al principio no los conozco, pero ellos ¡vaya sí me conocen!

Es una bienvenida encantadora. Bernadette es divertida y excitable de una forma alocadamente artística. Este Rod (distinto del Rod de Brighton) es un amigo de Gregg que me había presentado una vez, y también transmite calidez y entusiasmo. Me llevan corriendo a una cafetería para tomar un té y unos caramelos de menta (sí, caramelos de menta). Más tarde cargamos la tabla en la baca del coche y remontamos hasta cerca de Weymouth, donde comemos en un *pub* con la madre de Rod.

Hoy ha sido un día histórico. Fuera de la zona de confort del sudeste, más allá del refugio de Bournemouth, hacia lo que para mí es lo desconocido. Tengo la sensación de que la expedición propiamente dicha ha comenzado.

Día 15 – 21 de junio

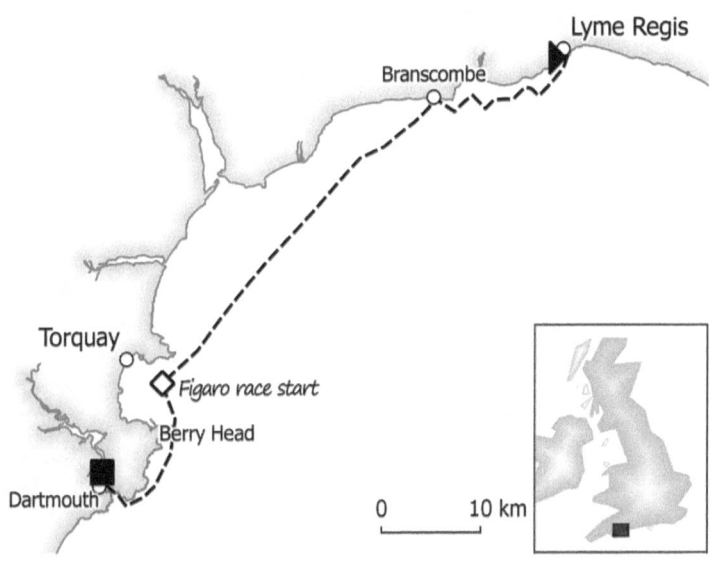

Un viento indeciso pero en contra hace que el día empiece lento. Las condiciones son fáciles, no son físicamente agotadoras, pero hay vacíos en la brisa y la dirección del viento cambia constantemente, por lo que puedo avanzar navegando tácticamente. No parece haber mucha corriente, así que me dedico sobre todo a buscar y tratar de predecir dónde encontraré más viento y/o cambios favorables en la dirección. Es una ciencia inexacta, pero logro arañar 12 km hacia el oeste en dos horas y media, antes de parar a descansar en Branscombe. No está nada mal teniendo en cuenta las condiciones.

La cafetería hace buen negocio con el tiempo veraniego. Un *cream tea* (té acompañado de bollos con nata y mermelada) me sienta muy bien. No parece que tenga prisa por seguir adelante con este viento. Hablo con dos grupos de personas que sienten curiosidad por lo que estoy haciendo. Es agradable que la gente se interese. Al zarpar, una racha tonta de viento me arrastra por encima de la vela. ¡Qué profesional!

Ahora el viento es mejor: aumenta del suroeste. Una vez más, tiene sentido apostar por navegar de ceñida cerrada, lo que me aleja de la costa, pero en dirección más al oeste. Si el viento se mantiene, acabaré tocando tierra en Dartmouth, según los destinos que he programado en mi GPS.

De Branscombe a Dartmouth hay unas 26 millas náuticas, aproximadamente 48 km. Está mucho más allá del horizonte, pero las condiciones y el progreso están mejorando de tal modo que es un objetivo razonable. Compruebo con frecuencia el GPS y hago el sencillo cálculo del tiempo restante. A 6 nudos cubriré la distancia en 4 horas y 20 minutos. Vuelvo a comprobarlo, ahora navego a 8 nudos y me quedan 24 millas: ¡sólo 3 horas a este ritmo! Las cuentas me confirman que todo va bien. Invento y cuento los hitos: la mitad del camino; queda una hora; el recuento de millas es de un solo dígito. Al cumplir los hitos, en ocasiones me doy un premio, una barrita de Snickers. Me aseguro de beber lo suficiente. Me estiro todo lo que puedo cuando detecto molestias, dolores o rigidez. La lectura del mar por delante es continua. No me aburro. El objetivo único de llegar a tierra ofrece pocas oportunidades para que la mente se distraiga.

El rumbo hacia Dartmouth me lleva hacia una isla, detrás está el barrido de una amplia bahía, pero no coincide con el aspecto que esperaba que tuviera Dartmouth. En la bahía hay navegando una flota de grandes veleros, todos inclinados a cuarenta y cinco grados. Llamo a Ben, mi amigo y contacto en el Colegio Naval de Dartmouth, para pedirle indicaciones, que vienen de una ráfaga:

«¡Muy bien, colega! Sí, entonces estás en Torquay, ¡ja, ja! No estás lejos, solo tienes que rodear el siguiente cabo hacia Dartmouth, subir por el río, pasar la ciudad, ten cuidado con los ferris de cadena. Sí, ten cuidado, porque no se paran, ¡ja, ja! El viento será una mierda, ¡sí, la marea será interesante! Tienes que seguir pasando todo lo demás, no hay pérdida, gira a la izquierda en el dragaminas, nos vemos en un rato, ¡ja, ja! Sí, la autorización está resuelta, ¡no te dispararán! ¡Esta noche, barbacoa!»

Ben habla así.

A medida que navego más cerca de los barcos, me doy cuenta de que es la salida de la última etapa de la regata Fígaro, una regata de vela oceánica en solitario que un amigo me había dicho que igual veía. Los barcos son espectaculares y tengo ganas de meterme entre ellos, pero no llego a tiempo para la salida y me quedo detrás de un barco de espectadores. Estoy más cansado de lo que pensaba y decido dejar que la flota Fígaro siga su carrera.

Desde el abrigo de Torbay se llega rápidamente a Berry Head, y después hay 8 km más de vientos racheados de alta mar hasta la desembocadura del río Dart. Las rocas y los acantilados que rodean la desembocadura son poco atractivos y navegar por el canal puede ser todo un reto. Cuestiono abiertamente mi decisión de navegar hasta aquí y la decisión de Ben de sugerirlo.

Mi malhumor dura poco. La aproximación a Dartmouth es espectacular. Los castillos vigilan a ambos lados de la estrecha entrada. Impresionantes residencias están construidas en los acantilados que bordean el estuario. El viento es una mierda, pero el agua es tan suave comparada con los perpetuos grumos de las aguas abiertas, que incluso en mi estado de fatiga la navegación por el Dart es más placentera que problemática.

Como ya me estoy acostumbrando a hacer, saboreo la aproximación final. Que la llegada a Dartmouth sea más larga de lo necesario es de agradecer. Soy consciente de que nunca repetiré esta experiencia.

En mi propio mundo, zigzagueo suavemente río arriba. Paso por delante de la ciudad. Vigilo los transbordadores de cadena, hasta el dragaminas, donde giro a la izquierda.

**

El dragaminas está en Sandquay, en el «Britannia Royal Naval College». Ben está en el muelle, de uniforme. Sonrisa familiar. Guardamos la tabla en un almacén y subimos los ciento ochenta y siete escalones hasta el Colegio.

Aquí hay una fuerte sensación de historia. La formación de oficiales navales en Dartmouth data de 1863 y el edificio del Colegio donde nos encontramos lleva en funcionamiento más de cien años. Los peldaños de madera de las escaleras están desgastados. Me pregunto qué batallas habrán visto los que han pisado estas maderas, o en cuáles habrán fallecido.

Tengo asignado un camarote. De techo alto y espartano. Los muebles son del tipo que encontrarías en un ferri: de fibra de vidrio y con bordes redondeados. Da una sensación art déco. A diferencia de los camarotes de los ferris, hay una gran ventana que se abre y

Con Ben, pasado el dragaminas

el aire huele a fresco.

Por la noche hacemos una barbacoa fuera del recinto del Colegio. Los oficiales en prácticas ahora van vestidos de paisano: camisa, pantalones y zapatos adecuados. Parecen un buen grupo, dales un año o así y me imagino que serán capaces de hacer un buen trabajo en un conflicto o una crisis. Buena suerte para ellos: puede que tengan que tomar decisiones importantes en sus carreras.

Podría ocurrir fácilmente que no viera a Ben hasta dentro de diez años. Pero aguardo con ilusión el momento en que nos volvamos a ver.

Día 16 – 22 de junio

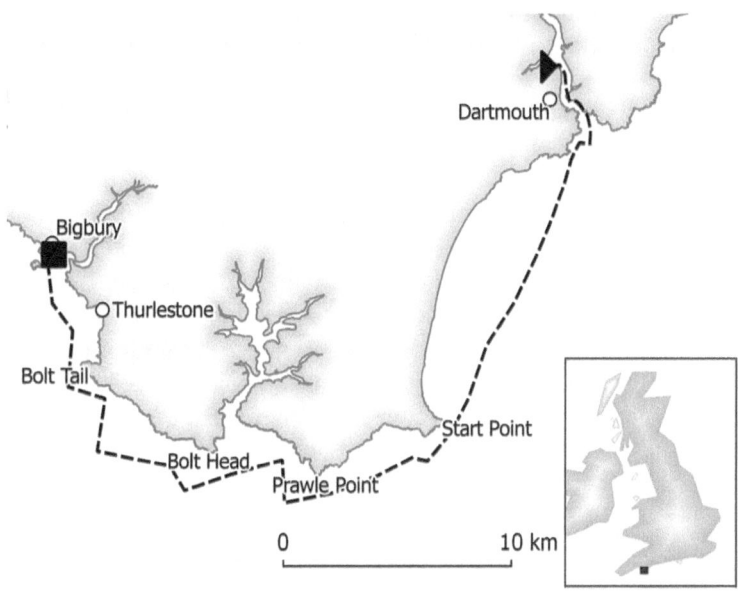

Hay nubes bajas, neblina y llovizna suspendidas en el valle del estuario. Paso silenciosamente junto a las barcas y los pontones flotantes, en ocasiones arrastrándome junto a ellos para avanzar. En el mar, las condiciones prometen poco: no hay viento y la marea está en contra, pero me alegro de estar de nuevo en camino. Al cabo de media hora, en la que he recorrido unos 500 m, encuentro una boya de trampa de langosta a la que amarrarme, lo que al menos me permite descansar sin retroceder. Me parece una oficina tan buena como cualquier otra, así que aprovecho para devolver una llamada a una periodista y enviar un mensaje de texto a los contactos con los que espero quedar más tarde ese mismo día.

Se levanta una brisa y puedo navegar directamente hacia Start Point. Admiro el faro del promontorio mientras navego. Los faros tienen algo que hace que encajen en el paisaje de un modo que la mayoría de las estructuras construidas por el hombre no suelen hacer.

Al pasar este promontorio, el viento aumenta. Los altos acantilados de las siguientes diez millas aumentan la sensación de exposición. Aunque estoy más cerca de tierra que en la mayor parte de los dos últimos días, tengo la sensación de estar más mar adentro. En cierto sentido lo estoy, pues por su inherente naturaleza saliente, todos los cabos obligan a sus navegantes a desviarse hacia aguas mar adentro.

Hay una brisa sólida y un mar agitado durante los bordos de ceñida para pasar los siguientes cabos. Se suceden rápidamente: Prawle Point, Bolt Head, Bolt Tail. Un rumbo en zigzag me lleva alternativamente más cerca de tierra y más mar adentro. La costa no es segura porque hay un oleaje considerable que choca con las rocas en la base de los acantilados. También me siento inseguro mar adentro, ya que el vínculo con la costa es insustancial. De vez en cuando me acerco lo suficiente a un velero, que también se dirige hacia el oeste, para observar con detalle la forma del casco; agradezco la compañía que me sugiere.

Pasado Bolt Tail reconozco la costa que tengo ante mí. Hasta ese momento no había estado seguro de hacia dónde me dirigía, pero a partir de este punto de inflexión la costa parece sembrada de rocas y peligros, y decido que consolidaré lo que ha sido una dura navegación atracando en Bigbury, donde sé que será sencillo parar. Media hora más tarde estoy en la playa.

Trish, un contacto local y la madre de un amigo, es la primera en interceptarme, pues me ha visto llegar desde su piso con vistas a la bahía. Me trae una empanada y un té caliente del café de la playa. El siguiente en aparecer es John Hibbard, que trabaja para la empresa local Tushingham Sails, y que se ha mostrado muy favorable con el proyecto Vuelta a Gran Bretaña desde el primer momento. John me explica que me vio rodeando Bolt Tail, y que ha estado corriendo por los acantilados saludando con la mano y explicando a los perplejos paseantes de perros el significado del punto en la distancia.

Con dos contactos locales a mi lado, no sé muy bien qué hacer. Por suerte, Trish y John son dos modelos de amabilidad y sus ofrecimientos de apoyo se hacen sin dar por sentado lo que debería ocurrir a continuación. A mí tampoco me gusta suponer, pero entiendo que alguien tiene que coger el toro por los cuernos en este caso. Sugiero que... tal vez... me quede con Trish en Bigbury esta noche, y mañana por la mañana, tal vez... visite las oficinas de Tushingham con John, antes de zarpar por la tarde, ¿si os parece bien?

Por supuesto que sí, de hecho nada es demasiada molestia. Cada día de este viaje, recibo la confirmación de que la inmensa mayoría de la gente en la vida es fundamentalmente muy amable.

Dejamos mi equipo de windsurf en la Escuela de Surf Discovery de Bigbury y vuelvo con Trish para lo que es, de hecho, una tarde libre. Me ducho. Luego disfruto de una taza de té, de la suave alfombra entre los dedos de los pies, y de una tranquila vista de la bahía de Bigbury, ahora bañada por el sol de la tarde.

Mi percepción de lo que es el mar de verdad está cambiando. He navegado en Bigbury en numerosas ocasiones, siempre asumiendo que era el verdadero mar. Pero para mí ahora el verdadero mar se encuentra más allá de los cabos. En las playas donde la mayoría de nosotros navegamos, paseamos o construimos un castillo de arena, el verdadero mar está muy lejos. Está tan lejos que cuando miramos no podemos verlo. No vemos sus olas, ni oímos su viento, ni saboreamos su aislamiento. Esta mañana, cuando navegué hacia la playa, ya había navegado a través del mar real, pero cuando llegué y me volví para mirarlo, ya no estaba.

Día 17 – 23 de junio

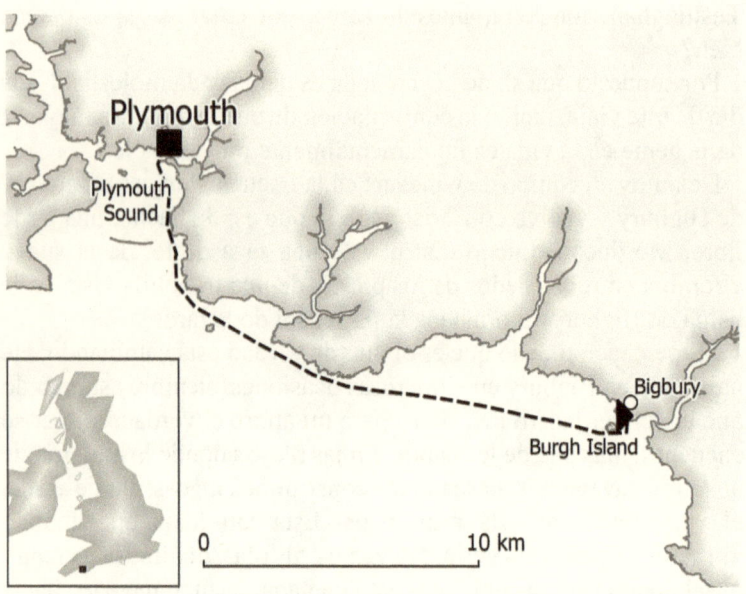

Por la mañana hay calma chicha, lo que cuadra perfecto con el plan. Me despido de Trish, que acaba de cargarme con dos enormes trozos de tarta de manzana, y salgo para reunirme con John.

John y yo nos dirigimos a la sede central de Tushingham, en un lugar no muy lejano de la campiña de Devon. Allí me reúno con el resto del equipo y la visita queda registrada con una fotografía oficial. Sus ofertas de ayuda son muy sinceras y no me cabe duda de que si me encuentro en apuros, el equipo de Tushingham hará todo lo posible por ayudar.

John sustituye un sable roto de mi vela y me proporciona un par de repuestos.

También tiene una idea para evitar que el agua entre en mi traje seco a través de las juntas de los tobillos, un problema que tengo siempre que hace viento y del que podría prescindir por razones de comodidad y seguridad. La idea de John consiste en poner el puño

La sede central de Tushingham

de un correa de surf en cada tobillo. Es una sugerencia sencilla pero brillante, y tal vez una solución al problema. De vuelta a Bigbury, nos detenemos en una tienda de surf y los propietarios están encantados de proporcionarnos un par de puños procedentes de inventos rotos.

Poco después del mediodía salgo hacia Plymouth con una suave brisa de tierra. Estoy contento de cómo ha ido la mañana y de estar progresando, pero también un poco hambriento. En cuanto que la isla de Burgh me pierde de mi vista, hago una pausa para devorar el primer trozo de tarta de manzana.

El viento es muy flojo y los 22 km hasta Plymouth me llevan casi cuatro horas. La costa del sur de Devon es realmente muy bonita y el agua maravillosamente clara. Veo miles de medusas barril que ahora son tan abundantes que la aleta de la tabla se engancha en ellas en varias ocasiones. A pesar de los vientos flojos, el mar sigue picado y, sin potencia real en la vela, el equilibrio requiere esfuerzo.

Navegar hacia Plymouth, al igual que a Dartmouth, me supone un pequeño desvío. De hecho, navegar hasta la ciudad añadirá unos 14 km a mi travesía de la Vuelta a Gran Bretaña. Cuando llego a Plymouth Sound, el estrecho de Plymouth, y giro a la izquierda, me imagino a varios amigos siguiendo la ruta del localizador en internet y observando, incrédulos y quizá algo molestos, que voy

Medusa barril

en dirección contraria. En particular, imagino a mi buen amigo Ian sacudiendo la cabeza, observando incrédulo, desesperado ante esta segunda decisión inexplicable. «¿Qué está haciendo?» Me imagino a Ian diciendo. Sé, y posteriormente puedo confirmar, que la frustración de Ian era real, y que se debía a un deseo muy sincero de que la expedición tuviera éxito.

Me dirijo a Queen Anne's Battery, un puerto deportivo situado en el centro de la ciudad, donde Tamzine, la hija de Dennis, ha dicho que me recogerá. Para refrescar la memoria de los lectores, Dennis murió a principios de año de cáncer de páncreas. No había duda de que iba a parar en Plymouth.

En cualquier caso, la navegación por el interior del estrecho es de lo más agradable. La costa está llena de vistas interesantes, de las que el agua llana permite apreciar plenamente. Aparco la tabla en un suave bosque de algas y devoro el segundo trozo de tarta de manzana. Mis piernas cuelgan en el agua cristalina y reflexiono que he recorrido un largo camino desde las turbias aguas de Clacton.

Tamzine llega poco después de que desembarque. Guardamos el equipo en Allspars, una empresa que fabrica mástiles para veleros. Luego volvemos a casa de la familia, donde me cuidan muy bien.

Día 18 – 24 de junio

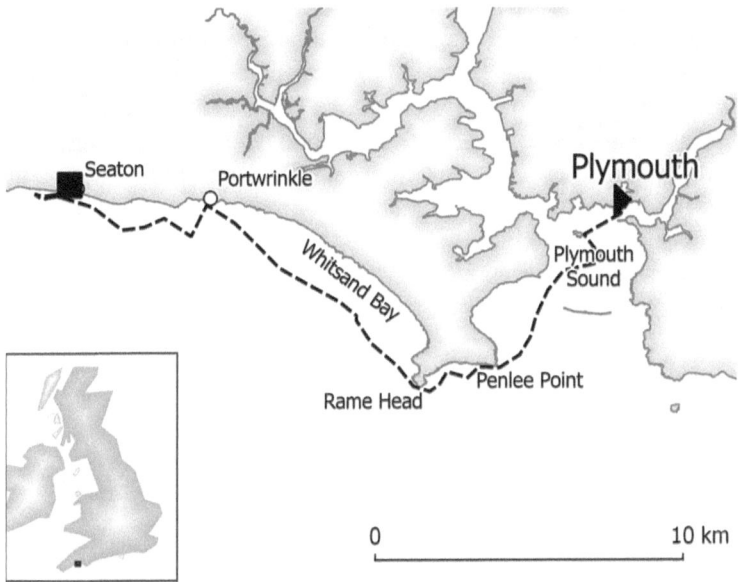

Hoy es un día tranquilo. El mar está plano como un espejo: ni un soplo de viento. Todavía no tiene sentido navegar. Disfruto de unas horas en los cafés de Plymouth, aprovechando para ponerme al día con tareas administrativas pendientes.

A mediodía empieza a soplar un poco de brisa: es hora de ponerse en marcha. En Plymouth Sound el viento sopla de cara, pero lo suficiente para avanzar poco a poco. De camino al rompeolas que protege el Estrecho, una lancha militar me echa un vistazo mientras desvía las otras embarcaciones que se encuentran en las inmediaciones. Convenientemente, no parecen considerarme una amenaza y a mí me permiten seguir mi rumbo original. Poco después, pasa un aparato muy curioso: una torreta blindada y camuflada de color caqui. Al pasar, levanta una neblina de aerosol. Hago una foto de la nave, me pregunto si un windsurfista con un bidón podría ser una amenaza terrorista, y espero a medias una reacción a mi espionaje. Hoy, por primera vez desde que salí de Clacton, la navegación en sí es un poco aburrida.

Fuera del rompeolas, la navegación se convierte en un verdadero esfuerzo. Hay que hacer múltiples zigzags para rodear Penlee Point y Rame Head. El desafío al menos reanima el interés. Las suaves condiciones continúan durante una larga pero fácil travesía por la bahía de Whitsand. Hace un día espléndido y puedo escuchar algunos podcasts para pasar el rato. Es la segunda vez que lo hago, y también la última. No solo es incómodo manejar un aparato, sino que navegando con auriculares me siento menos consciente de mi entorno. A menudo, sin embargo, una melodía repetitiva rebota en mi cabeza.

A partir de Portwrinkle, la costa gira y el viento vuelve a soplar de cara. Empiezo a subir en zigzag por la costa hacia Looe, donde tengo un amigo, Joe, que se ha apuntado como contacto. A primera hora de la tarde me faltan unas dos millas cuando el viento baja hasta casi cero, y me veo obligado a retroceder una corta distancia hasta Seaton.

No es molestia, Joe aparece con pescado y patatas fritas, y rematamos la jornada con una Guinness en el *pub* local. Es una reunión agradable. Joe se ha vuelto más de Cornualles que nunca y acaba de separarse de su novia porque ella quiere irse de allí y él no. Intento ser filosófico con Joe sobre el hecho de que a veces la gente quiere cosas distintas. Más tarde me entero de que la ex de Joe solo quería pasar un fin de semana fuera de Cornualles, y me doy cuenta de lo nativo que se ha vuelto.

La conversación pasa a la pesca y, antes de partir, Joe me regala sedal y anzuelos de pesca con plumas. En teoría, ahora puedo pescar caballas.

Por primera vez desde la Isla de Wight duermo bajo la vela. Estoy en un trozo de hierba con vistas al mar. Es mágico. Así es como imaginaba que sería la expedición.

Día 19 – 25 de junio

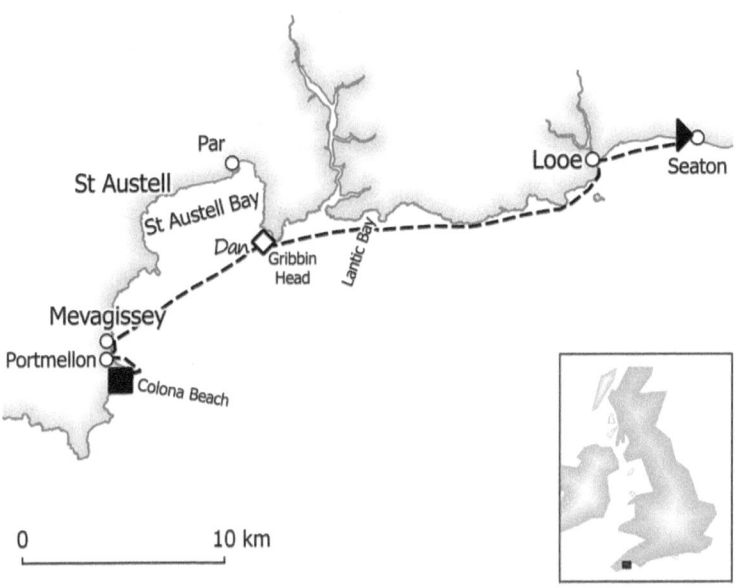

La mañana amanece sin viento. Disfruto del desayuno en la «cama» desde mi mirador en lo alto del dique.

Cuando empieza a soplar una suave brisa, navego las pocas millas que me quedan hasta Looe, y a esa hora el almuerzo ya me apetece. Paso media hora en la playa para saludar y despedirme de Joe, que me indica dónde hay una buena pastelería. En la playa me reconoce un desconocido, que me desea suerte.

No tardo mucho. Siempre pienso en lo lejos que tengo que llegar. Siempre tengo presente la posibilidad de no pasar de la costa norte de Escocia antes de que acabe el verano.

Es otro día de navegación lenta. Sin embargo, la costa es idílica. De nuevo, el agua es cristalina y hay grandes medusas barril por todas partes. Cuando el calor es demasiado, me siento sobre la tabla con las piernas colgando en el mar para refrescarme. Estoy bastante seguro de que las medusas barril no pican, pero también hay un buen número de medusas melena de león, o como las apunto en mis notas «*messy trifle*» (dulce de bizcocho borracho). Éstas tienen largos aguijones que procuro evitar.

Paso y siento la tentación de detenerme en Lantic Bay. Parece casi criminal no detenerse en algunas de las bahías por las que navego. Esta tiene una zona llena de hierba más allá de la arena dorada: una postal perfecta para dormir bajo las estrellas. Pero me queda un largo camino por recorrer, y el día tiene más millas.

No estoy lejos de Gribbin Head, donde sé que tengo que tomar una decisión: girar a la derecha hacia mi contacto, Dan, en Par, o seguir recto por la bahía de St Austell hacia Mevagissey. Dan fue uno de mis primeros contactos en el sitio web, y alguien que también sueña con dar la vuelta a Gran Bretaña en windsurf, así que me siento mal por no haberlo contactado de alguna manera. Decido llamar por teléfono y consigo hablar con su esposa.

«Dan está en el agua».

En ese momento veo una vela a lo lejos. «¡Sí!» le digo a la esposa, «¡Puedo verlo!». Hoy me toca a mí experimentar la emoción un poco inexplicable de divisar a un windsurfista lejano. Me recuerda a la emoción que sentía en mi infancia cuando veía por casualidad peces de colores. ¡Mirad todos! ¡Peces de colores!

Cuando me reúno con Dan, bajamos las velas, nos damos la mano y nos sentamos. Me conmueve mucho que haya navegado hasta aquí. Charlamos brevemente. Para mí tiene sentido seguir hacia el oeste y Dan me señala lugares que podrían ser buenos para parar al otro lado de la bahía de St Austell. Ambos sabemos que es probable que el viento amaine hasta desaparecer por la tarde, y a los dos nos espera una larga travesía, así que nos despedimos. Diez minutos después, somos dos puntos distantes en el horizonte uno del otro.

El viento se mantiene lo justo durante las cinco millas de navegación por mar abierto hasta Mevagissey. Es difícil consultar cualquier tipo de mapa en el mar, y la cartografía de mi teléfono es muy inadecuada e incómoda de leer, así que, una vez más, no sé muy bien qué esperar. Meto la punta de la tabla en el puerto de Mevagissey. El agua huele a pesca de arrastre y las perspectivas no son buenas para acampar cómodamente, así que decido probar en la siguiente cala.

Eventual lugar de acampada en la playa de Colona

Eso me lleva a Port Mellon, que tiene un bonito embarcadero, pero aún no hay un lugar obvio para acampar.

La tercera parada me lleva por Chapel Head hasta la playa de Colona, escondida en una bahía pequeña y apartada. Perfecto.

Encuentro un buen palo para apuntalar la vela y preparo un paquete de arroz, hecho más comestible por añadir mayonesa y kétchup de los sobres que he ido coleccionando. Hacia el atardecer, muchos peces se reúnen en las aguas poco profundas de la bahía y hago un intento a medias de pescar uno. Afortunadamente, no se dejan tentar por los anzuelos emplumados de Joe. Me gusta el pescado, pero no tengo medios para cocinarlo.

Día 20 – 26 de junio

Hace una mañana de llovizna, con una bruma suspendida sobre el mar que trunca los acantilados. El agua monocroma está más agitada hoy. Es difícil adivinar cómo serán las condiciones una vez que abandone el abrigo de mi bahía, la idea de navegar hacia un mundo más allá de mi vista es desconcertante.

Decido que un estómago lleno fortalecerá mi determinación y, después de desayunar avena en el campamento, camino por el sendero del acantilado hasta Megavissey, donde me sirven un excelente desayuno inglés completo. Disfruto del paseo. La niebla es suave y la humedad del agua dulce es un cambio agradable respecto a la salada.

De vuelta al campamento, el día parece estar mejorando. Es hora de salir.

La navegación proporciona un cómodo nivel de emoción y, a pesar de otro viento en contra, resulta agradable. Sucesivos salientes se revelan a través de la niebla a medida que me aproximo. Lamentablemente, el viento está amainando. Alcanzo a

Gull Island (la Isla de las Gaviotas), pero me cuesta una hora pasarla. Entonces el viento desaparece por completo y quedo encalmado.

El viento ha cesado porque el día está cambiando. Sale el sol y cuando vuelve la brisa sopla del oeste-noroeste. Esta buena suerte me permite reanudar la navegación en paralelo a la costa y en un mar más llano.

Son las primeras condiciones realmente favorables desde Brighton y, de repente, estoy ganando millas. Pronto dejo atrás Gerrans Bay y atravieso también en línea recta el estuario de Falmouth. Trazo un recorrido entre Manacle Point y las verdaderas rocas de Manacle que se alzan más allá.

No esperaba llegar tan lejos hoy y mi recuerdo de la costa que tengo por delante es borroso, así que cuando la bahía de Coverack aparece a la vista aprovecho para detenerme. Después de cinco horas en el agua, también me vendría bien un descanso. ¡Qué contraste con la mañana! El puerto está lleno de barcos de colores brillantes y el agua es de un turquesa impresionante. Dejo la tabla en la arena y subo corriendo las escaleras para llegar a la tienda del pueblo antes de la hora de cierre de Cornualles.

Como y consulto el mapa. Estoy a poca distancia de la península de Lizard, el punto más meridional de Gran Bretaña y uno de sus cabos más infames. La península y sus rocas periféricas se han cobrado muchos barcos y vidas.

Recuerdo haber navegado alrededor del Lizard en un velero, con Dennis. Las condiciones eran magníficas y la navegación estimulante mientras acelerábamos a favor del viento entre las olas. Al navegar por una zona de rápidos, la proa se estrellaba contra las inclinadas paredes y el agua caía en cascada sobre la cubierta. En un momento dado, los delfines se unieron a la fiesta. Fue la mejor navegación en velero que he conocido, aunque lo digo con un poco de culpa, pues sé que bajo cubierta Moira luchaba contra el mareo. Recuerdo con facilidad el gesto de aprobación del capitán Dennis mientras dirigía nuestra segura travesía.

El viento aparentemente fiable y la familiaridad imaginada refuerzan mi confianza en rodear ahora el Lizard. El consejo de John también está presente en mi decisión: cuando haya una oportunidad, sé audaz.

La comida y la adrenalina me han fortalecido mientras salgo de Coverack y doblo la esquina, para navegar hacia un mar más salvaje. Hay 11 km, a vuelo de pájaro, hasta la punta de Lizard. Navego contra el viento, bien impulsado, en zigs y zags kilométricos. El mar crece. El rocío y el viento silban al pasar por mis oídos. Y aunque me siento insignificante y expuesto en este entorno, también me siento bien. Sé que con esta buena brisa puedo tomar cualquier rumbo necesario alrededor de este monstruo para mantenerme alejado de los problemas.

Me mantengo bien mar adentro, al sur y lejos del refugio del cabo. El océano respira a un ritmo diferente aquí fuera. Las marejadas del Atlántico son ahora el lienzo del mar, sobre el que la sopa de esta mañana es ahora solo un detalle. La marcha de las olas no requiere esfuerzo. Su escala, anchas como campos y largas como ríos, es sobrecogedora. Desde aquí, el cabo es una mancha. Seré invisible desde la orilla. Me siento solo y vulnerable con una conexión tan débil con tierra. Viro. El nuevo rumbo me acerca. Pero las olas no tardan en levantarse y delante de mí rompen contra las rocas sumergidas. No me queda más remedio que virar de nuevo hacia la relativa seguridad de las aguas profundas. Es un oleaje realmente sólido.

Rodeo el Lizard con una milla de sobra, lo suficiente para no tener problemas. Estoy un poco sorprendido por la cantidad de oleaje, pero no me preocupa especialmente en este momento. Sigo navegando, atento a algún lugar donde desembarcar.

A medida que avanzo por la costa, observo cómo las olas chocan con los acantilados. Más adelante, bastante más, parece haber un pueblo en la ladera de una colina. Antes de llegar todo parece bastante sombrío. ¿Tendrá el pueblo un puerto en el que pueda entrar con este oleaje? El tiempo no está de mi parte. Si el viento baja, como es probable, podría tener problemas para llegar tan lejos de día. Necesito un contacto con Google Earth que comprenda la situación. Llamo a Gregg. No contesta. A Clyde. No contesta. ¡Joder! ¿Dónde hay un amigo cuando lo necesitas? Llamo a Ian. Alguien contesta. Es Bella, la mujer de Ian.

«Estoy bien, gracias Bel. ¿No está Ian? Pues vale. ¿Podrías encontrarme en el localizador, por favor? ¿Me dirijo a Penzance?»

Bel lo hace bastante bien. «Jono, probablemente no. Penzance está a treinta kilómetros. Podría ser Porthleven. Hay una gran playa muy larga antes de llegar. Buena suerte, amor».

Una gran playa muy larga suena mucho mejor que más jodidos acantilados, pero toda la costa está totalmente expuesta a este oleaje, lo que significa que un desembarco en la playa sería un último y desesperado recurso. Sigo buscando el lugar de Porthleven. Porth tiene que significar puerto, ¿no? Todo el tiempo el viento está amainando. El balanceo de las marejadas me desplaza lateralmente, bloquea el viento, me roba el ángulo de ceñida y la potencia.

Unas cuantas calas empiezan a puntuar la línea del acantilado, pero acercarse lo suficiente para comprobar siquiera si son opciones viables parece demasiado peligroso. Por fin llego a la larga playa. No queda mucha luz, así que me acerco para echar un vistazo. Tiene un aspecto horrible. 45 grados de inclinación con un rompiente crujiente que rebota hasta doblar la altura de las olas en la playa. A la mierda. Viro y continúo. La población está a solo unos kilómetros.

El pueblo parece tener una muralla. Hay olas rompientes a ambos lados. ¿Habrá alguna abertura? No parece prometedor. Veo dos cabos más adelante. Podría ser mejor rodearlos. Abandono momentáneamente Porthleven. ¡Ay dios! ¡No me queda luz, joder! Vuelvo para echar otro vistazo. Eso es una entrada. ¿Es viable en bajamar? Tomo la decisión precipitada de averiguarlo antes de que esté demasiado oscuro para ver.

Navego un poco a sotavento para preparar mi línea, espero una relativa calma en el oleaje y me lanzo a toda velocidad hacia una pared negra. En los últimos metros veo que he acertado: la pared son dos muros superpuestos para ocultar la entrada de un puerto. La boca solo tiene unos metros de ancho, pero tiene un canal profundo. Llego al abrigo del brazo protector y estoy perfectamente a salvo. Me detengo unos instantes para recuperar el aliento y dejar que la adrenalina disminuya. Un practicante de bodyboard se acerca remando desde la ola de la izquierda. Miro hacia la derecha y veo a otro surfista buscando su última ola. Y entonces me doy cuenta de por qué me resulta familiar el nombre de Porthleven. La derecha donde había estado el surfista es quizá la ola de surf más famosa de Gran Bretaña.

Me adentro en el puerto. Los altos muros protegen del viento, y hay escalones empinados hasta el muelle, sobre el que hay un pub. Me descubren.

—¿De dónde vienes, colega?

—Eh, hoy de Mevagissey.

Se acerca un paso. Repite—: ¿De dónde vienes?

—De Mevagissey.

Hace una pausa.

—Vienes de Mevagissey. ¿De Mevagissey? ¿Has venido de Meva-fucking-gissey?

—Sí, ¿alguna posibilidad de que me eches una mano para subir estos escalones?

—Claro que sí, joder, colega. Por cierto, soy Ian y necesitas un trago. —Grita a sus compatriotas—: ¡Aquí, necesitamos una mano! Este tío acaba de llegar en un puto windsurf de Meva-fucking-gissey.

Ian se lanza a dirigir un equipo de recuperación de tablas y antes de que me dé cuenta estoy en el *pub*. Langostinos y patatas fritas en una mano, Guinness en la otra. No he tenido ocasión de quitarme el traje seco y los dos estamos chorreando agua de mar.

Ian es marino. Navega con militares heridos, ayudándolos a adaptarse a sus nuevas vidas. Su calidez y humanidad son evidentes. Hablamos de mi viaje hasta ahora y del desafío de Land's End que me espera. Ian conoce bien el cabo y su preocupación es evidente. Quiere que esté a salvo. «Quieres una buena bocanada de aire, *good puff*, para Land's End», me dice.

También me dice que la playa de Porthleven es tan peligrosa como parece. Aquí se ahogaron nadadores a principios de año y mueren perros con triste regularidad. Con el oleaje de hoy, esa playa nunca fue una opción.

Porthleven es un pueblo asediado por el mar. Literalmente, construido como una fortaleza para resistir los embates del Atlántico. Es un lugar duro, y ofrece la prueba de que las personas más agradables viven en los lugares más duros. En el pueblo conozco a más gente maravillosa, como Ollie y Sophie, que me acogen en su casa, me alimentan y me ofrecen ropa seca.

Día 21 – 27 de junio

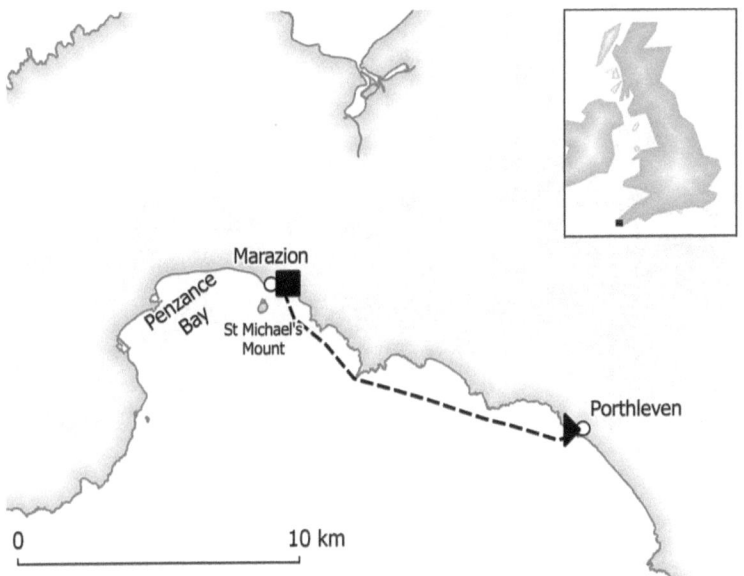

Empiezo el día con copos de avena y ropa recién lavada. El oleaje ha bajado, lo que da a Porthleven un aspecto más pintoresco que temible esta mañana. Hoy solo tengo una navegación corta, hasta Marazion, en la amplia extensión de la bahía de Penzance, la última oportunidad definitiva de hacer escala antes de Land's End.

Puede que solo quede un poco del oleaje de ayer, pero está rebotando en los acantilados bajos, creando un mar que chapotea. Esto, combinado con los vientos flojos, hace que la navegación sea incómoda, lenta y agotadora. Cada músculo trabaja para mantener el equilibrio en estas condiciones. Es un alivio llegar por fin a aguas más llanas dentro de la curva de la bahía de Penzance. Navego hasta la orilla, pasando por el Monte de San Miguel (Saint Micheal's Mount), una isla unida al continente por una pasarela expuesta durante la marea baja. El monte tiene un castillo y las flores de verano abundan en los bordes verdes.

Porthleven

En tierra se me acerca James, que ha estado pintando el exterior de su casa y ha observado mi llegada. Es un tipo acogedor y encontramos un sitio para mi tabla junto a su barca en el club náutico local, antes de dirigirnos a su casa. Aquí también conozco a Karen. Forman una bonita pareja que se está forjando una vida agradable en esta preciosa parte del mundo.

Por la tarde me invade el cansancio e intento dormir unas horas, pero el reto del Land's End me atormenta y, si duermo, es de forma irregular. Me levanto, estudio Google Earth e introduzco en mi GPS lo que parecen posibles opciones de atraque como destinos.

La previsión meteorológica indica que durante la noche habrá brisa y lluvia, que el viento se moderará y que mañana el día será más luminoso. Una previsión que mejora es ciertamente bienvenida, pero no obstante me preocupan las condiciones de viento y mar que pueda encontrarme.

Sería más fácil escuchar en este momento un «no te preocupes si necesitas quedarte un día más», pero James no parece captar mi inquietud ni considerar que podría ser problemático seguir adelante. Después de todo, hoy hace un día estupendo. Las condiciones para navegar en la bahía de Penzance parecen muy fáciles.

Estoy seguro de que James conoce el mar. Me pregunto si conoce el mar de verdad, como deben de conocerlo los pescadores de arrastre del otro lado de la bahía, en Newlyn. Es posible. Y posiblemente sea más tolerante que yo ante el miedo.

Ser un invitado significa que es más probable que me ponga en camino mañana, pues no quiero quedarme más tiempo del que me corresponde. Pero la verdadera presión para moverme es más profunda. La conciencia de tantos kilómetros por delante y la posibilidad de llegar a Escocia cuando el tiempo estival ya está acabando, nunca está lejos de mi mente.

No, solo si las condiciones son realmente malas puedo echarme atrás. Dar la vuelta a Gran Bretaña en windsurf exige aprovechar las oportunidades cuando surgen. Tendría que esperar meses a que se abra una ventana meteorológica perfecta para rodear Land's End. Me basta con que haga bueno. Si mañana hace buen tiempo, navegaré.

Durante la cena, lasaña, ideal, James cuenta la historia de cómo un amigo y él quedaron a la deriva durante tres días en un velero siniestrado en el Canal de la Mancha. El amigo lo había comprado por 600 libras en eBay, y supuso que James, un marinero de vela ligera muy hábil aunque sin experiencia previa en veleros, le ayudaría a navegarlo hasta su nuevo hogar. Durante el viaje, fallaron sucesivamente la jarcia, el motor y el sistema eléctrico, y pasaron dos noches siendo arrastrados por la marea en algún lugar al sur de Portland Bill, antes de ser rescatados. Es una verdadera historia de marineros, que merece una crónica más adecuada. Tal vez le esté dando demasiada importancia a esta vuelta al Land's End.

Día 22 – 28 de junio

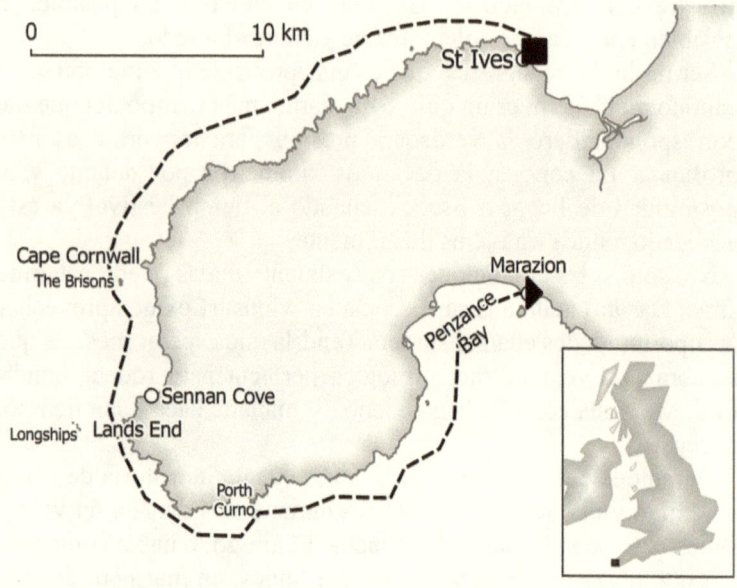

El viento y la lluvia golpean la ventana mientras no consigo dormir. Al amanecer no se oye tan mal, pero fuera hace un día horrible. El café me despierta y me trago a la fuerza unos copos de avena.

Salgo de casa antes de que James y Karen se levanten y me dirijo al recinto del barco con mi equipo. La visibilidad es escasa. El otro lado de la bahía de Penzance está perdido en la niebla. No me apetece navegar, pero no se me ocurre otra alternativa. La mente racional se sobrepone a las objeciones guiadas por las emociones: no necesito cielos azules para navegar alrededor de Land's End. Como me aconsejó Ian, necesito viento y hoy hay viento.

Preparo el aparejo sombríamente y con cuidado, y me visto en los servicios públicos, que al menos están seco. El día no tiene color. Llevo la tabla por la empapada playa hasta llegar a la orilla de la marea baja. Cuando vuelvo con la vela y el bidón, el agua se ha retirado otros 50 metros. La arena mojada se pega a todo. Arrastro el equipo los últimos metros hasta el mar, esquivo las rocas y pronto estoy navegando en agua profunda y transparente.

La niebla cuelga baja mientras avanzo en zigzag contra el viento, saliendo de la bahía de Penzance. Los zigs me alejan de tierra, que con la distancia se disuelve en la niebla. Los zags me acercan, revelando finalmente un contorno y pistas sobre mi posición.

A continuación vienen una serie de cabos. El contorno de cada uno de ellos se revela al acercarse al promontorio anterior. Cuanto más avanzo, más evidente se hace la energía del mar. Más adelante, un trozo de arena asoma por una brecha en los acantilados: probablemente Porth Curno. La playa parece escarpada y un borde de espuma sugiere que no sería un lugar prudente para meterse.

He navegado con comodidad hasta ahora. Me doy cuenta de que el estado del mar ha pasado gradualmente a ser animado. La tabla golpea las olas y ahora voy más rápido, arrastrado por una corriente que antes no existía. El velo de niebla blanca se ha disipado y las rocas son visibles mar adentro. Me doy cuenta de que estoy metido en ello. Esto es Land's End.

Las rocas, Longships, tienen un faro. El mar que las rodea tropieza consigo mismo en todas direcciones. Instintivamente, no quiero ir allí. La ruta costera parece menos peligrosa. Elijo mi camino con cuidado. El mar se vuelve más escarpado y las olas que hay delante se desmoronan. Soy consciente de que, si me caigo, reemprender la marcha en este mar tan confuso será difícil. Además, las olas podrían romper fácilmente el mástil o la vela. No tengo miedo, pero mi concentración es intensa. Me pillo a mí mismo murmurando, con determinación: «¡Tú querías esto, amigo!».

A medida que la costa se curva, el ángulo que necesito para navegar se vuelve más abierto. En las primeras olas puedo apuntar más hacia el viento y atravesarlas, pero a medida que las olas se hacen más grandes y el ángulo cambia, modifico mi estrategia, controlando la velocidad para evitar los bultos más escarpados, que de otro modo podrían quitar la tabla en un barrido. Esquivo una palmada, consiguiendo pasar por los pelos a un pico derrumbado que golpea a la tabla y el bidón.

El viento se vuelve muy flojo a medida que avanzo alrededor del cabo. El poco viento que hay viene de detrás de mí. Todo mi esfuerzo y experiencia son necesarios para mantenerme sobre la tabla. Tuerzo los cabos del arnés para evitar enganchones accidentales. No hay tiempo para mirar a mi alrededor, pero tengo la vaga conciencia de que he pasado junto a un edificio tipo faro.

Esta zona de mar horriblemente confusa es donde confluyen las corrientes del Canal de la Mancha y del Canal de Bristol. En mi navegación hacia Land's End había un mar típico de la costa sur, generado por el viento soplando durante la noche. En la costa orientada al oeste ahora puedo apreciar que hay un gran oleaje atlántico. En el mismo Land's End, tanto el mar de la costa sur como el oleaje de la costa norte se han combinado. La vorágine resultante es aún más desagradable por el encuentro de las corrientes.

Ahora, en la costa norte de Cornualles, el mar es más suave, pero mis problemas distan mucho de haber terminado. La navegación es muy difícil. Una vez pasado el peligro inmediato de Land's End, me detengo para evaluar la situación.

Con una regularidad de metrónomo y un silencio espeluznante, pasan enormes marejadas. En la separación entre cada protuberancia del océano cabría un campo de fútbol, tal vez dos.

Y el viento es flojo. Horriblemente flojo.

Tenía la esperanza de que una vez en la costa norte podría colarme en el puerto de Sennen, pero sin potencia tengo cero confianza de que pueda acercarme sin que las olas me lleven a las rocas periféricas y que allí me hagan pedazos. Casi sin viento aquí, sé que donde rompen las olas el viento será inexistente, así que tampoco podré llegar a la playa. Acabaría batido por las olas en la zona de impacto. Con toda mi desgarbada mochila y mi equipo de expedición encima podría quedarme ahogado en el intento.

De momento la corriente me lleva a lo largo de la costa, en la dirección correcta. ¿Pero por cuánto tiempo? Con este viento, ¿seguiré avanzando cuando cambie la corriente? ¿O me arrastrará de vuelta a Land's End y al horrible mar que acabo de atravesar? Por primera vez en la expedición temo de verdad por mi seguridad personal. No hay ninguna duda sobre la situación. No hay opciones de parada, debo llegar a St Ives, a 30 km de distancia, y debo evitar el lugar donde el oleaje se está convirtiendo en olas que golpean la costa.

Vacío el agua que se ha colado en mi traje seco, antes de reanudar la lucha por sostener mi vela en el aire sin vida.

El ángulo se hace más amplio, y la navegación más difícil, cuanto más avanzo. El viento no ofrece ninguna ayuda para mantenerme erguido mientras la tabla es empujada hacia delante y luego hacia atrás por las marejadas fantasmales.

Tengo la sensación de no ir a ninguna parte. Solo la aproximación gradual a una isla, en realidad a las rocas de los Brisons, me confirma que avanzo. Es tan difícil navegar que incluso llevarme el tubo para beber a la boca es una operación complicada.

La superficie del agua hace cosas extrañas. A veces se agita y el mar se convierte en un campo de puntas temblorosas. En otras zonas hay afloramiento de las profundidades. La superficie del mar está viva. Respira al ritmo del oleaje. Cambia de aspecto como por reacción emocional.

Me dirijo a mitad del paso entre la isla y el siguiente cabo, Cape Cornwall. En la aproximación, estudio el canal y de vez en cuando veo agua blanca. ¿Hay alguna forma segura de atravesarlo? Un gran conjunto de olas entra y se vuelve blanco. Tomo la decisión tardía de no averiguarlo. Golpeo la orza hacia abajo y giro a ceñida, apuntando tan alto como puedo: mar adentro y lejos de las islas. Pero la corriente sigue llevándome hacia el norte y el viento es tan flojo que me cuesta dejar atrás las islas antes de que me arrastren. Veo y oigo cómo las olas se descargan en los arrecifes de las islas, mientras a mi alrededor las boyas de pesca, pequeños flotadores con cañas de tres metros de largo, se arrastran bajo el agua por el oleaje. Llego más allá de donde las olas se levantan inestables, pero sigo apuntando hacia el mar, atento a cualquier serie de olas que amenacen con romper más lejos.

Dejo que la corriente me lleve más allá de la isla. Luego vuelvo a navegar lo más abierto posible, el ángulo es más agotador en estas condiciones.

La niebla se ha disipado, pero sigue siendo un día monótono y gris. La rareza del agua es espeluznante. El implacable ruido blanco de las olas sobre el acantilado es un compañero

Mirando hacia atrás a Land's End, el caótico oleaje anterior sustituido por un potente mar de fondo

desagradable que me habla continuamente, recordándome el peligro de la costa. A veces la navegación es tan difícil que me veo obligado a navegar más cerca del viento para tener más estabilidad. Incluso entonces las sacudidas del mar pueden ser tan fuertes que soy incapaz de sujetar la vela.

En una de esas caídas me detengo para descansar. Llamo a Gregg. Él no puede hacer nada más que confirmar lo aún sabido, pero compartir mi situación es una ayuda. Hago una foto. El vaho, el sudor y el agua del mar gotean por mi cara. El miedo asoma en mi expresión atormentada. La forma compacta de un frailecillo pasa planeando. Su pico pintado tiene el único color que he visto en todo el día.

Hora tras hora navego por la costa.

Para comprobar mi GPS primero tengo que agarrarlo y sujetarlo con fuerza para evitar su violento vaivén. Los kilómetros que faltan van bajando. Me doy cuenta de que en las bajadas de las marejadas mi velocidad aumenta y llega a unos seis nudos, mucho mejor de lo que había pensado, y en las subidas casi me deslizo hacia atrás, haciendo solo dos nudos. El esfuerzo necesario para seguir navegando es intenso, pero al menos sé que estoy progresando.

Casi he llegado a St Ives cuando me doy cuenta de que lo conseguiré. Una lancha a motor que viene desde dirección St Ives se acerca a verme. Sus ocupantes me hacen fotos y yo me muestro alegre, quizá demasiado. Mis modales no encajan con la dura prueba de la que estoy saliendo. Hablo con despreocupada confianza, como si hoy fuera un día más, como los anteriores.

Navego hacia el puerto de St Ives. La playa de arena que hay bajo el paseo marítimo está llena de gente. Por fin el sol se abre paso entre las nubes. Para la mayoría de la gente es un día más.

Durante un tiempo me siento en mi tabla en la playa. Un tiempo después, me desnudo hasta los pantalones cortos y me meto en el agua. Me tumbo boca abajo, absorbiendo el frescor, descansando con los ojos cerrados.

Siento que necesito comer, así que busco una cafetería, una que esté vacía. Apenas puedo hablar cuando pido un *cream tea*. Voy a la mesa del rincón y espero, cabeza entre las manos. Estoy agotado. Cuando levanto la cabeza, hay una bandeja con bollos y una tetera. Reúno fuerzas para servirme una taza de té. No tomo azúcar, pero hoy pongo dos terrones. Me doy cuenta de que estoy temblando.

Al principio soy incapaz de beber. Necesito más fuerza de voluntad para dar ese primer sorbo que la que he necesitado en todo el día. Solo necesitamos fuerza de voluntad para actuar cuando tenemos opciones distintas. Beber té es una opción. No había otra alternativa que abrirme camino hasta St Ives.

El dulce líquido actúa como un desencadenante. Las lágrimas empiezan y no paran. Corren por mis antebrazos hasta el mantel de papel, volviéndolo translúcido. Ahora soy el único cliente en el interior. Pido más té y aseguro a la camarera, que tiene cara asustada, que estoy bien. Al final de la segunda tetera, al menos superficialmente, lo estoy.

Día 23 – 29 de junio

Mi equipo se quedó en la playa anoche. Me recompuse lo suficiente como para enviar un mensaje a Ed, que se había inscrito en la página web hacía unos meses. Al parecer, yo le había enseñado a hacer windsurf en 1998. Afortunadamente, la memoria de Ed es mejor que la mía.

No estaba muy seguro de que me apeteciera estar con gente, pero Ed, su mujer, radiantemente embarazada, y el amigo visitante, James, son tan desenvueltos y agradables que puedo estar allí sin sentir ninguna presión por entretenerlos. Son personas ocupadas y felices. La normalidad de la situación doméstica es un tónico. La cena, un curry para llevar a última hora.

St Ives es como un país exótico. Sale el sol. La gente va o viene de la playa con tablas de surf, porque todavía hay un oleaje decente. El jardín cerrado de Ed es como un oasis. Plantas que no te esperarías, y una ducha exterior para despertarse o lavarse la sal después de un chapuzón. La puerta batiente vertical proporciona la suficiente modestia. Todo está muy bien pensado.

Sé pronto que necesito un día de recuperación y se lo comento a Ed. No hay ningún problema.

Me había dicho a mí mismo que visitaría la Tate Gallery, y así lo hago. No me sorprende que el arte me decepcione y que me impresione más el edificio. Una entrada semicircular amplifica el sonido de las olas y los paneles de cristal reflejan la escena de la playa. Es muy envolvente y supongo que totalmente deliberado. La cafetería de la azotea también es muy agradable. Desde ella se pueden ver focas nadando junto a las olas que aprovechan los surfistas.

Al final del día me siento ansioso. No puedo precisar la causa. El trauma de ayer es el candidato obvio, pero la ansiedad era una característica de mi última relación, y también ha habido contacto en ese frente, enturbiando las aguas recién calmadas. O puede que la angustia sea simplemente mi habitual preocupación auto-

La playa de St Ives desde la azotea de la Tate Gallery

infringida por no navegar un día navegable. Aún queda mucho por hacer.

James está a punto de sacar a los perros. Intuyo que a mí también me vendría bien un paseo y le pregunto si puedo acompañarlo.

Caminamos por un sendero verde. Las cacas de los perros se recogen en bolsitas de plástico. Más normalidad, qué bien. Luego llegamos a la senda costera, con acantilados que se extienden en la distancia. Soy consciente de la hierba suave pero firme bajo mis pies y me siento seguro. Sentirme seguro es estupendo. Disfruto del paseo y del paisaje. Ayer los acantilados eran grises y amenazadores, no tenían nada de la belleza que veo hoy.

Si tuviera una vida lo bastante larga para hacer todas las cosas que quisiera, una de ellas sería dar la vuelta a Gran Bretaña a pie.

Una pizza y una cerveza con vistas a la playa de surf redondean el paseo, y el día.

Día 24 – 30 de junio

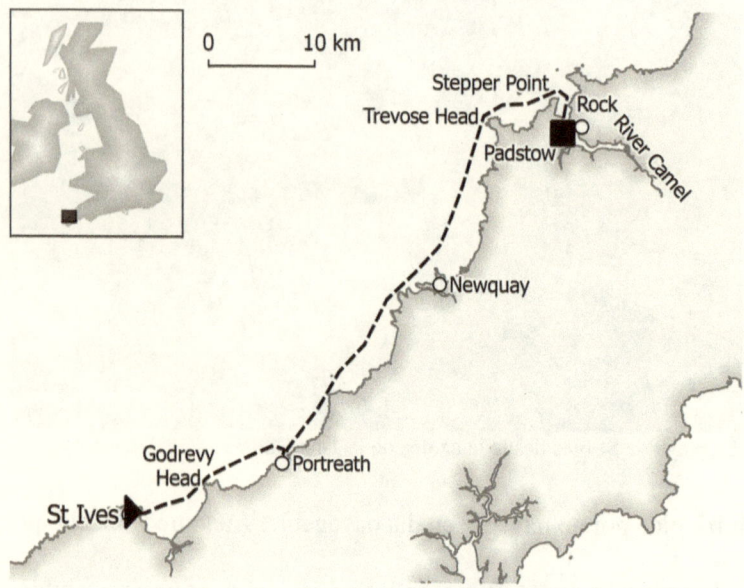

Ed me deja en la playa a las 7:30 de la mañana. Se me comunica que no puedo dejar aquí la tabla por la noche. Eso no es un problema.

Tiene buen aspecto para navegar. Soleado. El viento del sureste sopla mar adentro. Cerca de St Ives corre una ligera brisa veraniega, aunque los lejanos borreguillos sugieren que por fuera el día tendrá un carácter diferente.

Me alegro de estar en camino, pero pronto me encuentro en el límite para navegar cómodamente. En lugar de atravesar la bahía de St Ives, me mantengo junto a la costa en busca de menos viento. Esto me coloca para un largo muy abierto y rápido entre Godrevy Head y el faro de la isla, a trescientos metros de la costa. Grandes focas flotan tranquilamente en el agua a mi paso.

Más allá del cabo me golpea más viento. Intento convencerme de que no pasa nada, de que en realidad no hace tanto viento como parece y de que solo estoy afectado por los días anteriores. Pero es una farsa. Mi vela está totalmente tensada para descargar potencia y aún tengo que agarrar con fuerza la botavara para controlarla. Navegar en través con el ángulo requerido, noventa grados respecto al viento, es muy difícil. Intento navegar más cerrado y luego más abierto, un zigzag sin cambiar de bordo, que evite el ángulo de través simple. Cerrado lo consigo, pero navegando el largo abierto voy demasiado descontrolado. Más cerca de la costa la fuerza media del viento es menos, pero las rachas son feroces y doblemente agotadoras.

Un atisbo de desesperación entra en mi mente. La batalla, al parecer continua, contra las condiciones complicadas es una tensión que me está afectando. ¿Dónde están los agradables días veraniegos que había imaginado?

Hablo conmigo mismo. Es una tontería forzarme y forzar el equipo en estas condiciones. Es probable que el viento amaine más tarde y pueda avanzar por la tarde. Otra fuerte ráfaga decide el asunto. Directamente a barlovento hay una playa. Un zig y un zag más tarde y ya estoy en ella.

Al abrigo del viento, es un día muy caluroso en Portreath. La playa y el pueblo están repletos de veraneantes. Entre ellos hay un marciano. Se quita un traje de supervivencia y sus capas protectoras, y los coloca en la hierba junto a su extraña tecnología. A continuación, toma un desayuno, un *all day breakfast*, en el café de la playa. A continuación, protege su delicada piel marciana con una toalla de viaje que bloquea la radiación terrestre y se duerme al sol.

A las 14 h me siento lo bastante seguro de que el viento se ha moderado y me apresuro a prepararme para partir, consciente de que hay kilómetros por delante. El objetivo es Newquay, como mínimo. La salida es potencialmente complicada, ya que las olas han subido con la marea, pero una ráfaga oportuna me permite salir con seguridad.

Afortunadamente, las condiciones han mejorado mucho: mar adentro hay viento estable para navegar a casi 20 nudos. Además, navego directamente hacia donde tengo que ir. Sin zigzagueos. En poco más de una hora llego a Newquay, donde por fin veo un delfín. El avistamiento ayuda a reforzar mi confianza. Ahora estoy menos perturbado y acepto mejor la variabilidad del viento. Los valles y las colinas canalizan o bloquean el viento. Son efectos locales.

Pasado Newquay, a veces planeo a toda velocidad y otras veces avanzo lentamente. Puede que el viento sea así de variante, pero lo más probable es que simplemente sea diferente en distintos lugares. Con un punto de partida y de llegada diferente cada día, mi apreciación de los efectos locales se ha agudizado. Pueden convertir unas condiciones fáciles en una lucha, y viceversa. Las condiciones rara vez son las mismas a medida que avanzo por la costa.

Me aproximo y paso Trevose Head. Una vez pasado el promontorio, llega la familiar sensación de estar muy mar adentro y en una zona de aceleración del viento. Me giro hacia barlovento para acercarme a tierra. Luego hay algo de protección en Stepper Point. Y después de este promontorio, el viento vuelve a soplar con más fuerza desde el río Camel.

Los tradicionales barcos camaroneros de Cornualles me dan la bienvenida al entrar en el estuario. Las velas rojas se inclinan con la brisa mientras el fuerte oleaje levanta y asienta la embarcación. Me impresiona la destreza de las tripulaciones. Navego con cuidado entre la flota para no estorbar. Los camaroneros se toman en serio sus regatas: ni siquiera un gesto de saludo.

No sé dónde detenerme. Más arriba, las aguas tranquilas hacen que la navegación sea agradable. Una vez más, disfruto de la llegada.

Primero aterrizo en Rock. Un paseo por los alrededores y algunas llamadas telefónicas me convencen de que debería estar al otro lado del río, en Padstow. Me cuesta vencer a la marea y cuando llego veo que el agua casi ha desaparecido del río. Diez minutos más tarde y habría tenido que cruzarlo a pie.

Emily, una cara amiga que conocí en Menorca el año anterior y que me había enviado un mensaje ayer, aparece cuando estoy desmontando el aparejo y elaboramos un plan sobre la marcha. Mi tabla acaba bien guardada en el Club de Remo, ¡gente amable, gracias!, y nosotros llegamos a The Old Custom House para empezar el serio asunto de la rehidratación.

Día 25 – 1 de julio

Esta mañana charlo de táctica con Gregg. Con tan pocas opciones de parada segura, esta costa del norte de Cornualles es realmente un lugar difícil de navegar. Una vez más, el problema es el mar de fondo. Con una previsión de 6 a 9 pies en Bude, a 40 km en dirección hacia donde voy, hoy es otro día complicado. Gregg comprueba *Reeds* y Google Earth y confirma que tendré que recorrer 75 km costa arriba antes de encontrar un lugar donde pueda alcanzar tierra con seguridad. Además, el viento es muy flojo. Estoy muy poco dispuesto a navegar con mucho oleaje y sin viento, y no necesito mucho para convencerme de que me tome un día libre.

Resultó ser una de mis mejores decisiones. A pesar de que se ha registrado como el día más caluroso del año, batiendo récords de temperatura en Wimbledon, aquí hay una bruma que se cuelga sobre los márgenes costeros.

Visual y fónicamente apagado, es un día sin animación que se pasa sin ponerse en marcha.

Libre de sentido de culpa, porque hoy no he podido navegar, disfruto de un paseo hasta Stepper Point. Más tarde me interceptan Moira y unos familiares, que están de vacaciones cerca.

Día 26 – 2 de julio

    Hace otra mañana sin viento. Hoy la charla de táctica es con John. Él opina que debería probar el famoso *fish and chips* (pescado y patatas fritas) de Rick Stein, el chef de la tele.
    Voy más allá y me convierto en un auténtico turista al visitar el criadero de langostas. Es un proyecto interesante. Los huevos de las hembras de langosta capturadas localmente se incuban en viveros y las larvas se crían hasta que tienen más posibilidades de sobrevivir. Los mismos barcos que pescaron a las madres devuelven las crías de langosta a los mares donde fueron capturadas. Todo suena muy sostenible.
    El pescado y las patatas fritas están bastante sabrosos pero, al no haber navegado en un par de días, realmente no los necesito. Al acabar la bandeja me siento demasiado lleno y concluyo que el dinero de la entrada al criadero de langostas fue mejor inversión.
    Emily y sus compañeros de casa trabajan largas jornadas como socorristas de surf, así que los veo poco.
    A última hora de la tarde ya estoy harto del bullicio de Padstow. El mar me llama. Con solo una pequeña marejada prevista para mañana, mi ansiedad sobre opciones de parada se ha reducido mucho. Me reúno con Tamzine y Moira en el paseo marítimo para tomar una cerveza de despedida. Nos sentamos en las piedras lisas del muro del puerto, que han estado calentándose todo el día al sol, con las piernas colgando sobre el agua. El suave movimiento de los barcos amarrados es un tónico contra el estrés de circular en lentas corrientes de humanos.

Día 27 – 3 de julio

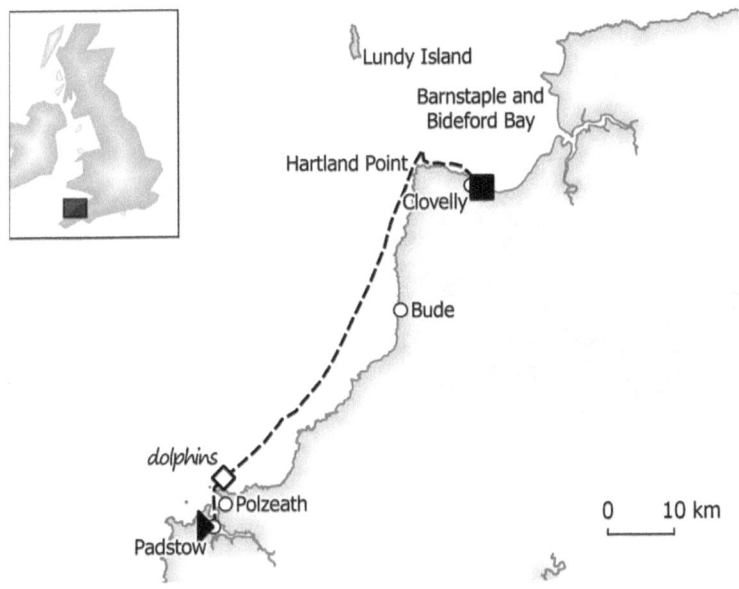

Las calles de Padstow están desiertas cuando bajo al club de remo a las 5 de la mañana. Otro horario, otro mundo. La pleamar de primera hora de la mañana me ha obligado a salir al amanecer, no me quejo.

Al salir a navegar, observo que la playa de Polzeath está desprovista de oleaje, lo cual es tranquilizador. El agua calmada del río se convierte en un ligero chopi en el estuario. Más hacia el mar sopla una brisa perfecta para navegar y el agua del océano se vuelve un azul intenso.

Diviso delfines mulares. Grandes animales, trabajando en equipo, criando peces. Es evidente que están demasiado ocupados para sentir curiosidad por mí y no se me acercan, pero este prolongado avistamiento queda registrado en mi cabeza como mi primer auténtico avistamiento de delfines. Entrever e imaginar su caza es una forma especial de empezar el viaje de hoy.

Delfines cerca de Padstow

Veinte minutos después, de la nada, se me une una manada de delfines comunes. Sin duda han venido a buscarme. Cuatro o quizá cinco individuos nadan a corta distancia, flanqueando la tabla, rompiendo periódicamente la superficie para respirar. Me inclino sobre el océano. Los delfines se turnan para nadar directamente debajo de mí, rodando sobre sus costados. Mirándonos a los ojos, nos estudiamos mutuamente.

Luego, tan repentinamente como llegaron, desaparecen.

Me permito acumular significado sobre la visita de los delfines: sobre el mensaje que transmitieron. Cornualles ha sido dura conmigo, pero en mi último día en sus aguas ha venido a hacer las paces. Entiendo que se me ha concedido el paso. O al menos esa es mi interpretación. Durante los próximos dos meses veré delfines casi todos los días, y cada vez que los vea me levantarán el ánimo, pero hoy es un día único por tener una interacción tan cercana.

Saco fuerzas de la experiencia y afronto bien el reto mental del resto del día. Estoy encallado en algún lugar de unos acantilados. ¿Dónde? No estoy seguro. Una hora más tarde llega un viento del sudeste. Avanzo los siguientes 40 km como un salto de cabo a cabo, navegando lo suficientemente lejos de la costa como para perder todo detalle de la misma. A veces hace bastante viento, así que tenso más el cunningham para despotenciar el aparejo.

Lundy se vislumbra. Hoy parece una navegación fácil. Pero hoy no tengo intención de navegar hasta Lundy. Mi estrategia para cruzar el Canal de Bristol se decidirá cuando haya consolidado la etapa de hoy.

Más allá de Bude, una línea directa me acerca a la costa. Mar adentro y cerca de los acantilados, el viento es suave. Cornualles se convierte en Devon a medida que avanzo hacia Hartland Point, que se ve bañado por el sol.

Hartland Point es un cabo potencialmente difícil, así que reduzco la velocidad a propósito en la aproximación final, para dejar que lo peor de la marea termine su reflujo. Por delante, un velero, algo raro durante los últimos días, pasa junto al promontorio. La embarcación está inclinada por el viento que allí tiene libre recorrido, y se arrastra hacia el oeste por la fuerte corriente que sale de Barnstaple y la bahía de Bideford. Es un indicador útil. Me mantengo muy mar adentro, resguardado del flujo de la marea saliente, aprovechando una contracorriente para acercarme al cabo.

He observado que una curiosidad de los grandes cabos es que la corriente tiende a salir al mar por ambos lados, independientemente de que la marea esté bajando o subiendo. Una corriente más fuerte se encuentra en el lado de aguas arriba, y una «contracorriente», más débil, sube por el lado de aguas abajo. El significado práctico de esto es que las contracorrientes pueden facilitar el acercamiento a los cabos, pero que también, próximo a los cabos, hace que sea fácil ser arrastrado mar adentro.

Me acerco a Hartland Point en una suave contracorriente y disfruto de su rodeo. El faro es el más bonito que he visto. Pasado él, me encuentro en una corriente feroz que me empuja hacia el oeste. Tras dos largos zigzags solo he ganado un puñado de metros. Cambio de táctica. Acercarme mucho a la costa y virar con regularidad me permite remontar poco a poco el litoral. La corriente pierde intensidad a medida que me alejo del cabo. Y, afortunadamente, el viento sopla con una buena bocanada que me permite ceñir con potencia. Identifico posibles lugares donde

El faro de Cabo de Hartland

detenerme en caso de problema y, apuntadas las opciones aceptables, considero la vuelta del cabo consolidado.

Unos kilómetros costa arriba está Clovelly, donde tomo tierra. Este diminuto y pintoresco puerto es el primer refugio decente al norte de Padstow. Con oleaje no existe otra opción. Me siento bien por haber dejado atrás Cornualles.

Llamo a Ian y a Bella. Poco después estamos en su casa, donde también aparecen Gregg y su familia.

Y hay un paquete, de Gul: un traje seco de la talla correcta.

* * *

He estado troceando mi viaje.

Si de Clacton a casa de Gregg era la etapa uno, y de casa de Gregg a casa de Ian era la etapa dos, entonces la etapa tres es el resto de Gran Bretaña. Este pensamiento me hace reflexionar. Más aleccionador aún es que tengo que empezar esta etapa cruzando el Canal de Bristol.

Básicamente tengo dos opciones para llegar a Gales: desde aquí vía la isla de Lundy en dos saltos; o más arriba por el canal de Bristol en un salto.

Mi preferencia es vía Lundy, sobre todo porque me ahorrará varios días de navegación, pero también, quizá, por vanidad. Prefiero no rajarme de la ambiciosa travesía.

La previsión meteorológica complica la situación: se esperan vendavales dentro de unos días. Las dudas invaden mi cabeza. ¿Tendré tiempo de cruzar antes de los vendavales? ¿Hará el ángulo del viento que la travesía sea más larga de lo previsto? ¿Podré soportar el estado del mar y la fuerza del viento? ¿Serán problemáticos los rápidos de la marea? Detrás de todas las preguntas existe el miedo, avivado por mi imaginación.

Está el miedo a las condiciones meteorológicas extremas fuera de la vista de tierra. Imagino a Frank Dye y Tim Brockhurst en su bote Wayfarer durante su «Summer Voyage» (Crucero de Verano) de 1964. Navegaron de Escocia a Noruega pasando por las Islas Feroe. Enormes mares volcaron su barco y tuvieron suerte de sobrevivir. El vídeo de su expedición está disponible en YouTube. Es a la vez inspirador y escalofriante.

Mi enfoque es diferente: para mí no es un viaje largo. Más bien una carrera rápida aprovechando una ventana meteorológica favorable, y de vuelta a un lugar seguro antes de que empiece a hacer mal tiempo. Algo parecido a lo que hacen los alpinistas de velocidad en las montañas. Pero a veces los alpinistas se ven sorprendidos, y quizá yo también lo estaré.

También está el miedo al fracaso. Quiero, con todo mi alma, evitar convertirme en una estadística de rescates.

La previsión meteorológica se actualiza cada pocas horas con sutiles variaciones. Lo mejor sería dejar de preocuparme, comprobar la previsión mañana y hacer un plan entonces. En lugar de eso, permanezco serio y preocupado, rumiando las posibilidades.

Día 28 – 4 de julio

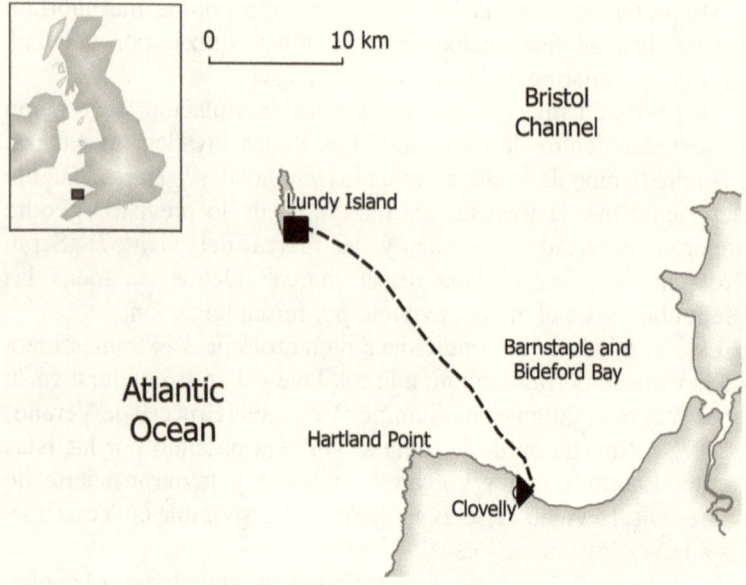

Las previsiones han cambiado poco. Sigo sin tener ni idea de cuál es mi plan para hoy.

En cambio, una dolorosa indecisión se ha alojado en mi mente. ¿Lundy ahora, Lundy después, o seguir hacia el este?

A medida que se alarga la mañana, mi angustia se intensifica. Más comprobaciones de las previsiones. Decisiones a medias que no son vinculantes, por lo que se deshacen tan rápido como se toman.

La agitación interior es insistente, ineludible, agotadora. Ansío aliviarme, a punto de derrumbarme. Suplico a mis propios pensamientos: por favor, dejadme.

Todos los presentes, excepto el pequeño Rafa, perciben mi sufrimiento. Su preocupación es evidente. Los gestos de amabilidad desencadenan lágrimas que ruedan en silencio.

Hay algunas distracciones bienvenidas. Me pruebo el nuevo traje seco. El ajuste es bueno y las juntas se agarran a mis tobillos. Eso añade confianza. Al menos, si acabo nadando en el Canal de Bristol, no me llenaré de agua.

Y también unas botas de neopreno adecuadas. Fue un error salir de Clacton con zapatillas. Unas botas adecuadas se superpondrán a las juntas del traje seco. Una barrera adicional contra la entrada de agua.

Pido prestado a Ian un juego de cuerdas de arnés de repuesto y las coloco en mi botavara. Allí están listos para usar inmediatamente en caso de que se rompa uno de los existentes.

Estoy cubriendo todas las bases.

Llega la previsión del mediodía y es hora de tomar una decisión. No hay grandes cambios. En teoría, debería estar bien. Voy a Lundy ahora y mañana temprano salgo hacia Gales. A salvo en tierra para cuando lleguen los vendavales.

Como la indecisión ya no es una opción, me resigno a la elección que en el fondo ya había tomado hace tiempo. Es la confirmación de lo conocido. Con una previsión tolerable, hay que salir.

Mi mente se tranquiliza y se centra. La preocupación no ha desaparecido, pero el alivio de la indecisión es tangible. Se necesitan pocas palabras mientras Gregg y yo cargamos rápidamente el coche.

En Clovelly sopla viento de mar adentro. El agua está plana, salvo por una pequeña ola que rodea Hartland Point. Esto parece tranquilo y apacible. Soy consciente de que unos kilómetros al norte habrá mar de fondo.

Un abrazo especial a mi sobrina, dos besos a María, un saludo al cámara Gregg, y me voy.

Más allá de Hartland Point se convierte en una estimulante navegación bajo el sol y los colores vibrantes. Olas altas y apretadas llegan desde el oeste. La corriente, que fluye en la misma dirección, ayuda a evitar que el mar se ponga aún más grumoso. La tabla planea en un través veloz. Busco una línea suave, pero no puedo evitar los bultos ocasionales. La tabla pasa por ellos como un arpón disparado. Me empapa de refrescante rocío. Necesito concentración y mi mente se libera por fin de las preocupaciones de esta mañana.

Me planteo a medias saltarme Lundy y continuar hacia Gales. Demasiado tarde para eso, Jono. Me aconsejo a mí mismo que permanezca responsable.

El rumbo navegado me ha llevado justo al este de Lundy. Para las últimas millas cambio a modo ceñida. La tabla sube del valle hasta cresta de cada ola. Sienta bien dominar estas condiciones. Y como ya he estado antes en Lundy, sé adónde voy. La confianza ha vuelto. Me siento en control total.

Pasado el extremo sur de la isla, el agua se aplana y se vuelve más turquesa. La resguardada playa de desembarco es tan pintoresca como la recordaba. En la aproximación final tengo que soportar algunas ráfagas de viento y luego estoy en la playa.

Primera etapa de la travesía, 25 km completados. Quedan 55 km.

Me quito la cremallera y el traje seco. No ha entrado ni una gota de agua salada. Tal vez sea un detalle menor, pero refuerza mi sentido de estar preparado para navegar en mar abierto.

**

Emily y Mike, que trabajan en Lundy, me están esperando. También habían cuidado de Ian y yo cuando navegamos a la isla en primavera. En aquella ocasión nos dieron una bienvenida de héroes. Nosotros también nos sentíamos como héroes: los primeros windsurfistas que hacían el viaje sin apoyo.

En esta ocasión, Lundy es solo un escalón, pero la isla, de un verde exuberante, sigue siendo un lugar especial. Disfruto de un paseo por el extremo sur. Se respira una auténtica calma al estar atrapado en esta roca, medio oceánica medio costera, que aguanta firme contra la oleada de la marea, dos veces al día, todos los días. A pesar de su aislamiento, da una sensación de enorme solidez.

Más tarde me reúno con Emily y Mike en la Marisco Tavern. Vuelvo a estar distante. Las preocupaciones por el mañana vuelven a invadirme y soy un compañero apagado. La ayuda de Emily y Mike es de lo más sincera: sé que estarán deseando que cruce. Compruebo el parte meteorológico y llamo a John para confirmar la táctica. Tomo una buena comida y vuelvo a mi tienda de campaña antes de que anochezca, preparado para madrugar mañana.

Día 29 – 5 de julio

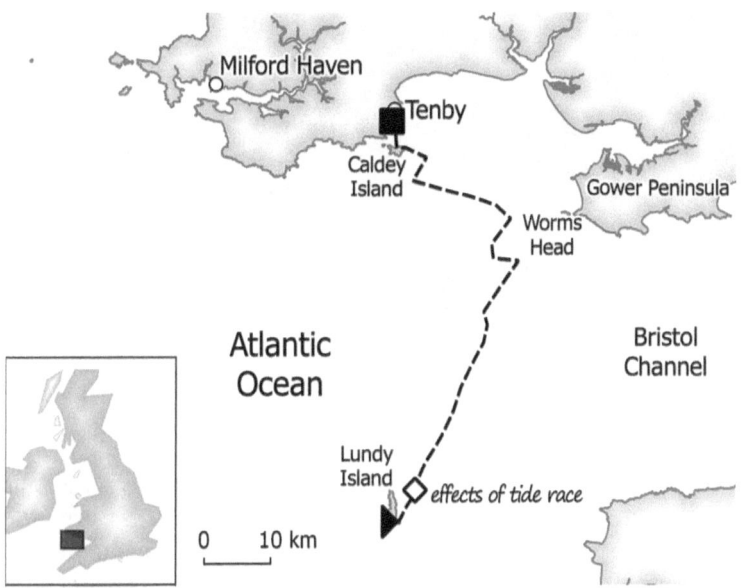

La alarma de las 04:15 confirma que ha llegado la mañana. Preparo un café fuerte y caliente y dejo que su aroma y textura me ayuden a despertar de verdad. Menos apetecible, pero más importante desde el punto de vista nutricional, es la taza de avena que completa el desayuno.

Es maravilloso estar despierto a esta hora. La bandera sobre la iglesia ondea suavemente al viento. Ha llegado el momento de escabullirme. Desciendo por la senda que conduce a la playa de desembarco orientada al este. El sol se eleva sobre el horizonte y pinta el mar de naranja.

Me pongo en marcha. El mar y el viento vienen hoy del sur. Ambos me empujan hacia Gales. Pero el ángulo del viento significa que mis rumbos de navegación a sotavento son aproximadamente al noroeste y al noreste. No es imposible navegar directamente a favor del viento, pero es difícil y lento.

Salida al amanecer desde la isla de Lundy

Excepto con viento muy flojo no es un rumbo que se pueda navegar. Hoy navegaré en zigzag a favor del viento. Zigs y zags muy prolongados. Con pocas trasluchadas.

Surfeo las olas confusas del norte de Lundy. No hay suficiente brisa para usar el arnés, lo cual me cansa durante las primeras millas. Luego navego en olas más ordenadas. Los abultamientos son inusualmente regulares. Estoy a más de 3 km de la punta de la isla, pero sin duda esta es el rápido de la marea del norte de Lundy. Más cerca de la isla las olas estacionarias podrían ser problemáticas, pero aquí el rápido es tranquilo, más divertido que amenazador. Más allá de esta zona, el mar es un campo de agua suave y por fin hay viento para planear. La velocidad de la tabla se duplica, el nivel de comodidad se cuadruplica y Lundy se aleja en la distancia.

La llanura posterior a los rápidos dura poco tiempo. Lo sustituye un mar que ha crecido más deprisa de lo que se ha organizado.

Pruebo ángulos tanto a babor como a estribor. Ambos me acercan al objetivo. Me decido por estribor, que me llevará más rápidamente a tierra. La fuerza del viento es ideal para planear a toda velocidad por las crecientes marejadas. Me esfuerzo por navegar más abierto en cada oportunidad. A veces aprieto demasiado, y la tabla clava a la espalda de la ola por delante en vez de pasar por encima de ella. Intento evitar esto para no estresar el equipo pero cuando clavo la proa la sensación de solidez que me transmiten los pies es tranquilizadora. El bidón se siente sólido como una roca. Mi tren exprés se mantiene en marcha.

La necesidad constante de escrutar las olas hace que no haya tiempo para mirar hacia atrás, por lo que ignoro hasta dónde navego antes de que Lundy desaparezca de mi vista. El mar que me rodea ahora está vacío.

No me detengo por nada, pero de vez en cuando opto por un rumbo más cerrado para una navegación menos frenética, lo que me permite una especie de descanso. Con una mano libre puedo comer, beber, comprobar el progreso en el GPS, y mear.

Mi combustible preferido en el agua es la chocolatina Snickers. Mis bolsillos están bien abastecidos para picar algo con regularidad, más o menos cada hora. Las provisiones también se reponen fácilmente. Para una navegación especialmente importante, como la de hoy, mis provisiones de bolsillo también aumentan con una Clif Bar, más satisfactoria como comida.

Unas dos horas y media y 30 km después de salir de Lundy diviso tierra. Reconozco inmediatamente Worms Head, en la península de Gower. Conozco bien la costa desde mis tiempos de estudiante. Sigue estando a 20 km de distancia, pero un punto de referencia familiar es una rareza bienvenida. Tener un punto de referencia facilita mucho los controles de navegación.

Mi línea me lleva al oeste de Worms Head, por lo que un aterrizaje en Gower sería una elección más forzada que elegida. Sin embargo, la proximidad de tierra reduce la exposición, así que continúo hasta que el cabo está a solo unos 10 kilómetros, lo que hoy me parece suficientemente cerca.

Traslucho y navego en babor durante un rato. El ángulo en el que puedo navegar es demasiado al oeste e insuficientemente al norte. No hay tierra en esta dirección. Permanezco en amura de babor el tiempo suficiente para que mis grupos musculares de la amura de estribor se recuperen. Luego vuelvo a trasluchar: objetivo Gales del Sur.

Cuando las costas más bajas y distantes empiezan a poblar el horizonte, lo intento de nuevo amurado a babor. Esta vez mis comprobaciones de navegación sugieren que me dirijo en la dirección correcta hacia Milford Haven. Tendría garantizado una parada fácil si llego hasta allí, y es un largo camino hacia el oeste. Me siento bien navegando y otros 50 km parecen alcanzables. Establezco en el GPS la entrada natural del puerto como mi objetivo.

A lo largo de la mañana, el viento ha ido aumentando gradualmente, más o menos en paralelo a mi nivel de confianza en manejarlo. Pero cuando estoy a la altura de Tenby, tengo que navegar más ceñido al viento para reducir los choques. Se está convirtiendo en un viaje muy mojado. Y hacia el oeste el cielo se oscurece. Un brusco aumento de la fuerza del viento me lleva a tomar la decisión de cambiar de plan. Es hora de consolidar.

La isla de Caldey está ahora a solo 5 km a sotavento de mí. Vuelvo a trasluchar a estribor, izo toda la cunningham para despotenciar la vela, y pasando por dentro o por encima de las olas encuentro ruta para acercarme a la costa. Detrás de mí se acerca el cielo oscuro. Llegan manchas de lluvia. En cuanto el ángulo parece bueno para Caldey, traslucho de nuevo, dispuesto a enfrentarme al cielo en una carrera hacia la isla. La negrura se extiende ampliamente pero mi ventaja se mantiene. Embisto mar adentro hasta donde la isla bloquea el oleaje, y luego el viento, momento en el que sé que lo he conseguido de verdad.

A los pocos minutos de desembarcar, caen goterones de lluvia, más números con cada ráfaga que pasa. Los truenos retumban en lo alto. La tierra firme galesa, a solo dos kilómetros, se pierde de vista temporalmente. Cierro los ojos y miro hacia el aguacero, saboreando el momento. El agua fresca elimina la sal y el estrés de los últimos días.

* * *

Después de la tormenta, doy una vuelta por Caldey, que tiene una vegetación exuberante y un monasterio. Un tablón de anuncios informa a los visitantes de que los monjes pertenecen a la silenciosa Orden del Císter. Tal vez los monjes estén rezando, o simplemente no les guste el tiempo. No veo a ninguno. Por lo poco que sé, también podrían ser nocturnos o arborícolas.

Llamo por teléfono a un excompañero mío que vive en Swansea. Matt decide inmediatamente dejarlo todo para venir a recogerme. Quedamos en encontrarnos en Tenby.

Hay una fuerte corriente para vencer en la navegada hasta la playa oriental de Tenby. La recompensa por los 3 km de navegación es un desembarco fácil. Al llegar a tierra firme, la travesía del Canal de Bristol está oficialmente completada.

El club náutico de Tenby es un hervidero de actividad. Disfruto viendo a los jóvenes navegantes en el agua, iniciando sus carreras náuticas como yo lo hice hace más de 30 años. Espero a que llegue un momento tranquilo para guardar temporalmente mi equipo, probablemente durante un día o así, hasta que amainen los vendavales previstos.

Día 30 – 6 de julio

Matt y Clare me cuidan bien, y es divertido pasar tiempo con sus monstruos pequeños Ffion y Owen.

Vigilo mi árbol de referencia, visible desde la ventana de la cocina. Se balancea bastante. Definitivamente hay más viento del que quiero para navegar. No hay duda. Ni culpa ni indecisión. Tomo prestada la bici de Matt y me voy de compras. Aleluya. Normalidad.

Mis compras se hacen con sumo cuidado. Un gorro de forro polar, un top y unas mallas térmicas de lana merina, un top adicional de forro polar fino, una funda impermeable para los mapas, un saco impermeable como forro suplementario para mi mochila impermeable, un nuevo cartucho de gas, una básica brújula de mano para sustituir a la de mi tabla, que destrocé de alguna manera, además del habitual Cuppa-porridge y los multipacks de barritas Snickers.

La ropa debería haberla comprado antes, previendo que la mayor parte de Gran Bretaña es más fría que Essex. Aun así estoy muy satisfecho con mis compras. Qué bien funciona la terapia de ir de tiendas.

Llega un nuevo juego de cabos de arnés, cortesía de la marca Neil Pryde. Envío los cabos de Ian de vuelta a Devon y echo a la basura los míos ya que no les queda nada de vida.

Día 31 – 7 de julio

Más ventoso y lluvioso hoy. Sin duda, otro buen día para permanecer en tierra.

Mi mente se centra en los días venideros. Sigo mirando al viernes 10. Las previsiones señalan un viento moderado del sur o del sureste. Parece posible un paso por Irlanda. La previsión a más largo plazo es de vientos del oeste, lo que significa que el viernes es mi única oportunidad. Para entonces tengo que estar en posición.

Planificar con tanta antelación es algo nuevo. Calculo las distancias de cada día para confirmar la viabilidad, programo destinos en mi GPS y, en general, me vuelvo bastante militar. Hablo del plan con Matt en persona y con Ian por teléfono. Ambos coinciden en que, si es posible, tiene sentido cruzar. Experimento un familiar estrechamiento de los ojos que viene de tener en mente un objetivo claro y consumador.

Con Gregg y su familia soy menos sincero. Con ellos hago hincapié en la improbabilidad de que se produzca el cruce y hablo de las posibles alternativas. No tiene sentido preocupar todavía a mi madre o a mi padre por algo que podría no ocurrir. De todos modos, Gregg probablemente no necesite que se lo diga, y es capaz de averiguar por sí mismo mis intenciones.

En algún momento el viento se moderará mañana. Matt me dejará en Tenby por la mañana y, cuando parezca seguro navegar, empujaré hacia el oeste.

Día 32 – 8 de julio

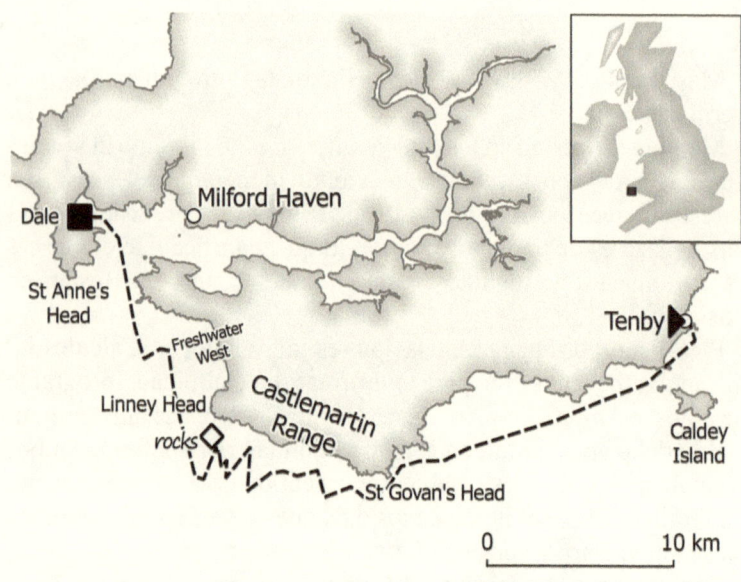

Es una mañana ventosa, fría y húmeda en el sur de Gales. Mar afuera parece revuelto, ventoso y, en general, desagradable. Las condiciones mejorarán más tarde, así que prefiero retrasar la salida.

Por delante está el campo de tiro de Castlemartin, otro obstáculo del Ministerio de Defensa. Ayer, cuando miré en Internet para comprobar los horarios de los disparos, vi que había actividad programada para hoy. Una parte de mí no quería saber las horas exactas, así que no llamé para averiguarlo, prefiriendo mantener la opción de pasar navegando y afirmar ignorancia. Pero las condiciones me ponen nervioso y busco razones para retrasarme, así que llamo al campo de tiro. «Despejado para pasar a partir de las 16.00 horas», dicen. Calculo que tendré paso libre si salgo de Tenby dos horas antes.

Tomo un segundo desayuno de la panadería Greggs. Luego, para entrar en calor, camino hasta la biblioteca a las afueras del pueblo, que por desgracia está cerrada los miércoles.

Cuando vuelvo al casco urbano, el sol se está abriendo paso. Aporta un calor bienvenido al banco que adopto en el jardín de la iglesia.

Tomo un tercer desayuno, que a estas horas podríamos llamar almuerzo, y luego me dirijo al club náutico, deseoso ya de emprender el camino.

Es una navegación de ceñida en zigzag; agua plana hasta Caldey, pero al oeste de aquí la tabla golpea contra un mar respetable. Al principio me siento bastante expuesto, pero las condiciones siguen moderándose y la costa se suaviza, lo que me permite relajarme y disfrutar de las condiciones.

A partir de St Goven's Head, la costa está más expuesta hacia el oeste. Me meto en aguas resguardadas antes de rodear el cabo para tomar un descanso de un minuto. Habiendo salido tan tarde ahora no puedo permitirme ir más despacio.

Pasado el cabo, el agua se vuelve desordenada. La velocidad de la tabla en el agua parece buena, el canto se levanta y navego rápido, pero la velocidad sobre el fondo es poco impresionante. Hay una fuerte corriente en mi contra. Los 10 km de ceñida hacia Linney Head se me hacen muy largos. Me acerco a los acantilados con la esperanza de que la marea sea más débil y pueda avanzar mejor, pero me veo obligado a alejarme de la costa cuando ésta se vuelve más rocosa.

A medida que la tarde se acerca al atardecer, el viento empieza a amainar. El avance contra la corriente es ahora muy lento. Por fin llego a la altura de Linney Head, pero la corriente es demasiado fuerte, y después de otros tres o cuatro zigzags no estoy más cerca de rodearla que hace una hora. No puedo pegarme a la costa para escapar la corriente a causa de las rocas. Me acerco tanto como me atrevo, pero la vela tira poco para salir de un posible apuro, y con una gran marejada alrededor acercarme más sería temerario.

No es una buena situación: incapaz de avanzar, sin opciones cercanas de parada hacia atrás, marejada, y con la noche acercándose. Es hora de cambiar de táctica. Me dirijo mar adentro en un intento de escapar la aceleración de la corriente por la zona del cabo. A tres millas y con el sol ahora muy bajo en el cielo, viro de nuevo. El GPS me indica que esta vez avanzo y cuarenta minutos más tarde ya he pasado el cabo.

A sotavento se encuentra Freshwater West, una buena playa de surf que sin duda ha visto buenas olas hoy. No es una opción para tomar tierra. No cuando falta la potencia necesaria para recorrer los últimos cientos de metros hasta la playa. Debo seguir hacia Milford Haven. Mi objetivo es entrar en el puerto antes del anochecer. Una vez dentro, el agua estará lo bastante en calma como para navegar los últimos kilómetros en la oscuridad.

Las olas que se mueven debajo de mí se han vuelto vidriosas con la brisa que amaina. Un gran número de aves marinas se posan en la superficie del mar, donde descansarán hasta el amanecer. Siluetas negras en un océano de reflejos plateados.

Soy afortunado. El flujo de aire atlántico, aunque suave, sigue su viaje al este, permitiéndome trazar los ángulos para progresar hacia el oeste. Después de otros cuarenta minutos el resplandor del horizonte se ha apagado por completo, pero he llegado a Milford Haven.

La bocana del puerto natural tiene mejor brisa y agua llana. Permanezco alerta por si hay embarcaciones mientras cruzo el canal, pero el mar está vacío. Estoy solo, como la mayoría de los días que navego.

Dentro del puerto, el agua es tan plana como en un embalse y hay tierra por todos lados. La tensión de la exposición se libera. Hay una deliciosa tranquilidad mientras me deslizo por la penumbra hacia Dale, donde pasaré la noche.

El Griffin Inn está abierto, sin clientes, y llego demasiado tarde para cenar. Pero es cálido, seco y tiene asientos cómodos. Sentarse me viene bien. Dos pintas de Guinness y los restos de un bocadillo de Tenby constituyen la cena.

El camarero cierra el local a mi alrededor. Me dirijo a la comodidad de mi saco y en pocos minutos me quedo dormido.

Día 33 – 9 de julio

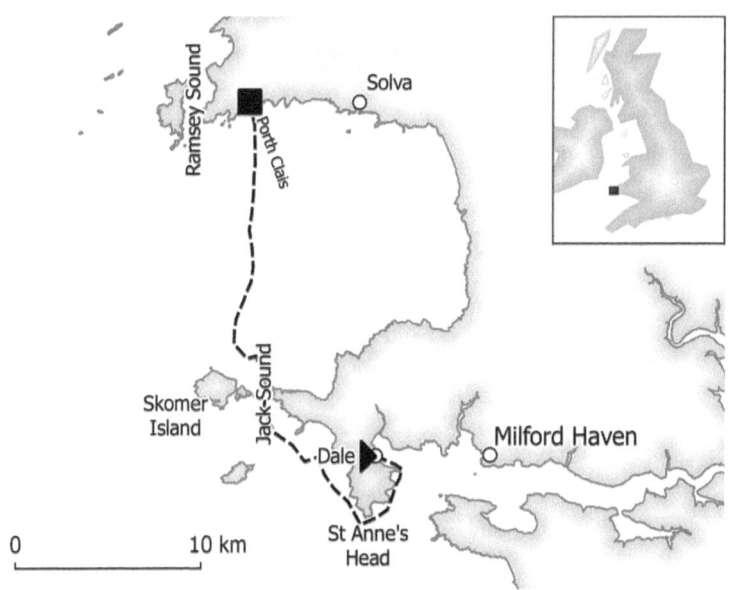

Me levanto relativamente temprano, ya que hay mucha actividad en Dale y mi cama junto a la carretera es algo pública. El desayuno es el café y la avena habituales. Me acerco al *pub* para conectarme a su wifi. Se prevén vientos muy flojos: casi en calma. Y, afortunadamente, no hay oleaje, lo que me hace sentir más relajado por salir y no saber adónde llegaré.

Por delante hay dos rápidos de marea de los que John me ha alertado: Jack Sound y Ramsey Sound. Me esperan fuertes corrientes, así que preferiría llegar a ellas cerca del repunte de marea, para luego aprovechar la corriente que se dirija hacia el norte. Hay dos pescadores cerca preparando su barco, que supongo que podrán aconsejarme.

«A la una», según sus cálculos.

Doy las gracias a los pescadores, pero me inquieta su consejo, que no coincide con mis propios cálculos. De vuelta a mi tabla, las piezas que faltaban en el rompecabezas encajan. Los pescadores me aconsejaron llegar al repunte de pleamar, lo que está bien si tienes motores o mucha potencia, pero no es bueno para mí en un día como hoy. Necesito que la corriente cambie de dirección y me lleve hacia el norte, en lugar de que cambie de dirección y me lleve hacia el sur. Necesito el repunte de bajamar, que es ¡joder! ahora mismo.

Me apresuro con mi rutina de preparación y estoy navegando a las ocho y cuarto de la mañana. La brisa es patética. Voy a tardar horas en llegar al Jack y para entonces la corriente estará a tope.

Tras 90 minutos de ceñida remando la vela, llego a los límites del puerto de Milford. St Ann's Head es bonito sin ser impresionante. Más allá de este promontorio me encuentro por fin con la corriente que va hacia el norte. Puedo tomar un respiro de remadas y dejar que la cinta transportadora de la marea me lleve hacia el Jack.

Al acercarme al estrecho, estoy en alerta pero no demasiado preocupado. Abundan los frailecillos de aspecto amable. La estrecha separación entre la isla de Skomer y el continente tiene aguas blancas visibles, pero la escala es pequeña. ¿Rápidos? ¿Rocas? Ni idea, intentaré evitar lo peor. En casi ausencia total del viento, mi aproximación determinará mi línea. Igual que en un juego de *poohsticks*. Intento colocarme para un pasaje sin choques.

La corriente se acelera y la proximidad de tierra bloquea por completo la brisa. Se forman pequeñas olas muy juntas. Más adelante éstas rompen continuamente. Pierdo el equilibrio y caigo sobre la vela, pero rápidamente me pongo en pie para levantarla de la corriente arremolinada. Mantengo la vela izada a media altura del agua, lo que ayuda con la estabilidad.

Así es como atravieso el Jack Sound. Soy un pasajero en mi *poohstick* de 3,8 metros y disfruto del paisaje. El paso es más agradable que aterrador.

Medio kilómetro más adelante, la corriente casi desaparece.

Ahora estoy en la bahía de St Brides, en calma. El Ramsey Sound, al norte de la bahía, está a 15 km. Las playas del interior de la bahía están a una distancia similar hacia el este. Por ahora, solo me gustaría poder llegar a tierra.

Voy a ninguna parte o en círculos durante un rato, antes de que una ráfaga de viento aleatoria me vea navegar en dirección a Skomer. Intento acercarme a la isla, pero contra la corriente el intento es inútil.

Un descanso más tarde y llega una brisa de lo más tenue. Hay dos petroleros amarrados en la bahía. Me dispongo a navegar hacia el primero de ellos.

El acercamiento es glacialmente lento.

Un tiempo después se acerca una barca semirrígida (una RIB, o *Rigid Inflatable Boat*), desde la dirección de Skomer. El barco se acerca y hablamos. Me habían visto navegando, flotando, arrastrado por el Jack Sound y los ocupantes de la embarcación han venido a comprobar si estoy bien. Han visto las pegatinas de *windsurfroundbritain.co.uk* en mi vela y se han quedado boquiabiertos, me han felicitado y me han hecho preguntas sobre la expedición. Qué gente tan amable. Me sorprende su interés amistoso y sin prejuicios. Se dan cuenta y se implican, haciendo que la vida sea mejor.

¡Yo debería ser más así!

Los ocupantes del barco comparten mi opinión de que no llegaré al Ramsey Sound antes de que cambie la marea, así que hoy no pasaré. Como alternativa no muy alejada de la ruta, sugieren Porth Clais, justo al este del estrecho.

Paso por delante del primero de los petroleros anclados. Aquí hay aparcamiento barato.

Más adelante aparece un barco gris plomo de la Patrulla Pesquera. Se acerca con cautela. Esta vez puedo decir adónde me dirijo, pero como no sé muy bien dónde, pregunto a qué parte de la costa tengo que ir. No han oído hablar de Porth Clais, pero al fin pueden confirmar que existe en una dirección general, hacia allí. Es tranquilizador que haya gente que sepa que estoy por aquí, y además disfruto de su visita.

El segundo petrolero lo dejo bien a estribor.

Avanzar es costoso en términos de esfuerzo y tiempo. Porth Clais podría estar en cualquier parte de la franja de costa a la que me acerco con suma lentitud. Llamo a Gregg y juntos ideamos una forma de calcular el rumbo que necesito. No es un sistema hábil, pero en esta ocasión me convence de que debo seguir dirigiéndome hacia lo que parece ser un acantilado deshabitado.

El acantilado deshabitado va creciendo poco a poco. Los atributos del acantilado se definen mejor. Pero una hora después de llamar a Gregg, y habiéndome acercado a menos de cien metros a una de las múltiples entradas candidatas, mi objetivo sigue pareciendo un pedazo de acantilado deshabitado.

Me detengo y reflexiono. ¿Debo navegar hacia el este o hacia el oeste en busca de mi «porth» (puerto)? Después de seis horas y media en el agua, estoy cansado.

Y entonces, de lo que parece ser un muro continuo de acantilado, sale una canoa de color amarillo brillante.

La diminuta entrada, con un acantilado a un lado y una pared de piedra al otro, es casi invisible. Avanzo a golpes por la pared y aterrizo en la rampa que hay detrás, mientras se lanzan más piragüistas a mi alrededor.

* * *

Imagino que necesito comida y no pierdo tiempo en demoler unos raviolis de paquete. A pesar de tener contactos en la zona, no espero recibir ninguna ayuda aquí. Al fin y al cabo, me he desviado mucho del camino.

Estoy perdido en mis pensamientos. En este momento no creo que pueda emprender la travesía a Irlanda. No he atravesado el Ramsey Sound. No he aterrizado cerca de ninguna tienda o fuente de alimentos. Ni siquiera tengo cobertura de móvil.

Después de dos días agotadores, me he quedado corto.

* * *

Dos hombres vadean las aguas poco profundas entre la playa y el varadero del acantilado.

Les presto poca atención hasta que se acercan. Dave se presenta. El otro hombre es Andy, su padre. Este último luce una sonrisa traviesa. Dave está registrado en la página web como contacto y ha seguido el localizador para encontrarme aquí. Si no tengo otros planes, puedo quedarme con Andy y su mujer Margaret en Lower Solva. Me prepararán lo que necesite para la travesía a Irlanda de mañana.

—¡Para que no te ahogues! —añade Andy.

Me sorprende su llegada y su amabilidad proactiva. Aunque todavía no me he dado cuenta de la importancia del apoyo que me van a prestar.

***

Detrás del muro está el río Solva. El jardín es un oasis verde y una auténtica solana. Mi mente se adapta a la noticia de que salir de Porth Clais a Irlanda es posible. Una cerveza y una silla cómoda ayudan en el proceso.

La previsión meteorológica se mantiene para mañana. Sur sureste fuerza cuatro, quizá cinco a veces. El ángulo es un poco abierto, pero sin duda suficientemente bueno. Las previsiones perfectas no existen.

Andy es un irlandés que vive en Gales. Es evidente que aprecia a su patria y que le gustaría verme cruzar el mar mañana. Él mismo ha hecho el viaje en un velero. Habla de ello sin misticismo. Una navegación más.

Las cartas náuticas se despliegan sobre el césped. Se estudian los peligros. Consultamos el *Piloto de la Costa Oeste de Inglaterra,* la sexta edición, ¡del año 1910! Cuando llegamos a comer, ya tengo un plan firme para mañana.

Andy continúa con sus suaves bromas. Bromas sobre rescates en helicóptero y cosas por el estilo. Pero al final siempre me tranquiliza y en su acento irlandés acaba con un suave «Estarás bien», dirigido a nadie en particular.

Tengo mariposas en el estómago por lo de mañana, pero no experimento la ineludible inquietud y la desgarradora indecisión de antes de cruzar el Canal de Bristol. Me siento preparado y capaz. La adrenalina de la anticipación se acumula en mi interior.

Antes de dormir, vuelvo a empaquetar cuidadosamente el bidón, la mochila y los bolsillos del traje seco. Coloco el equipo de seguridad más accesible. Cumplo estrictamente la rutina practicada.

Día 34 – 10 de julio

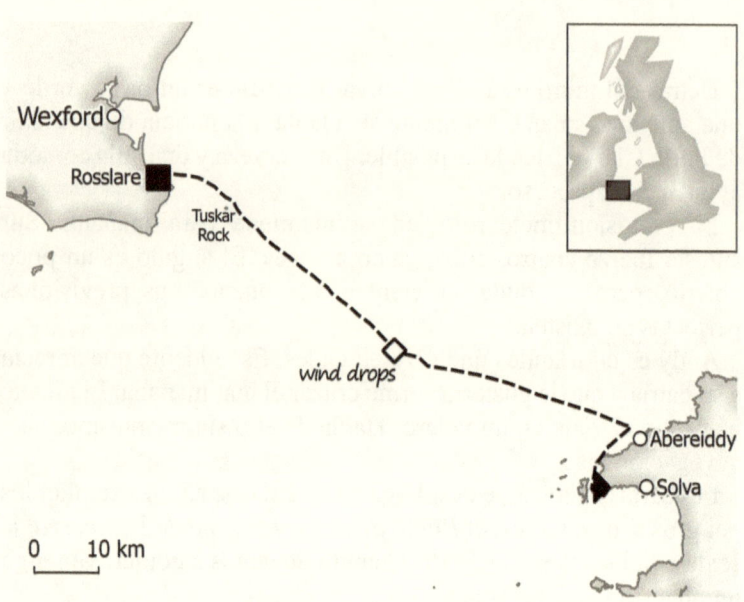

Me agacho para ver el día desde las bajas ventanas de la vieja casa. El cielo está cubierto de nubes. Aún se prevén vientos moderados del sudeste. Un delicioso desayuno frito llena el depósito y es hora de partir.

Paramos a comprar más barritas Snickers y llegamos a Porth Clais con los bolsillos del traje seco llenos.

Mar adentro parece bastante ventoso. Salir por el barranco parece complicado. Durante los últimos preparativos, Dave me da unos euros, «para comer algo cuando llegues».

La entrega del testigo. No podría haber pedido un equipo de relevos mejor.

Esquivo la pared del puerto para llegar al mar. Dos viradas rápidas hacia aguas navegables, antes de iniciar una ceñida en zigzag hacia el Ramsey Sound.

Se supone que el estrecho será complicado, pero con buena brisa supero sin dificultad la corriente que fluye hacia el sur. Unas rocas denominadas «The Bitches» quedan a babor. Tras ellas, utilizo toda la anchura del canal y encuentro buen viento para planear. Las condiciones son fantásticas. Atravieso el estrecho en dos largos bien abiertos. Ya en mar abierto, mi plan es remontar la costa galesa hasta que el ángulo sea el adecuado para llegar a Irlanda en un solo largo. Si traslucho demasiado pronto, mi rumbo me llevará al sur del objetivo.

El viento tiene vigor, pero su ángulo desde la costa conserva el agua relativamente plana. No hay mar de fondo ni oleaje. Avanzo en paralelo a la costa bajo un sol radiante. Una vez a la altura de Abereiddy, a unos 2 km de la costa, me detengo para realizar las comprobaciones finales en estas aguas relativamente protegidas.

Más lejos, las condiciones serán más intimidatorias. Si el viento aumenta otra fuerza es probable que empiece a tener problemas, y si el mar se pone bravo será aún más complicado.

Beber. Barrita de Snickers. Mear. Fijar el GPS a Rosslare, Irlanda. Compruebo que el bidón esté bien sujeto. Un selfie para

Comprobaciones finales y repostaje antes de cruzar el Mar Irlandés

documentar el momento.

Salgo en amura de babor a toda máquina. Mi rumbo va justo al sur de Rosslare porque el ángulo de viento no da para más al norte. Si la previsión es correcta, el viento va a girar más al sur, lo que me permitirá navegar directamente hacia tierra. Prefiero esta estrategia a navegar ahora más arriba por la costa galesa, lo que añadiría distancia innecesariamente si el viento vira como se prevé.

La tabla repiquetea sobre las olas. Más lejos de tierra, las ráfagas son menos fuertes. Mis temores de no poder hacer frente a las condiciones se disipan. Me siento cómodo y me esfuerzo para navegar lo más abierto posible, empujando la tabla hacia un rumbo con tierra por delante.

Busco la velocidad y un ángulo de navegación profunda que me lleve hacia Irlanda. Al cabo de casi una hora, Gales está desapareciendo del horizonte oriental. Las colinas más altas se convierten en islas aisladas. Al final, estas también desaparecen. Me rodea un mar vacío por todos lados, salvo por los «caballos blancos» que nacen y mueren en una voltereta.

Surfeo las olas para navegar más a sotavento. Repaso los cálculos en mi cabeza. Una hora transcurrida y un tercio de la distancia recorrida. Quedan 3 horas de travesía. Mi mente divaga. Parece demasiado fácil. Esto hará que sea un aburrido reportaje en el blog. Registro un parpadeo de decepción.

Y entonces, en cuestión de minutos, la complexión del día cambia. El viento se suaviza y, para mantener la velocidad, mi ángulo de navegación se desplaza hacia el sur. Se suaviza aún más y ya no soy capaz de mantener el planeo de la tabla. Desplazo mi peso hacia delante, y empujo el carril del mástil hacia delante, cambiando de modo para adaptarme a las nuevas condiciones. Ahora sostengo una vela flácida y sin vida. La tabla se asienta como un corcho en el agua, y es golpeada por todos lados por el chopi que aún no se ha enterado de que se ha acabado la fiesta.

En modo no planeador la marcha es lenta y tambaleante, pero con esfuerzo puedo navegar en cualquier ángulo a favor del viento. Agradezco cualquier viento que haya. Mientras sigo avanzando, debo seguir navegando. El GPS indica que aún camino a algunos nudos.

Los ordenados borreguillos que me habían acompañado antes se convierten en un recuerdo lejano. Aquí el mar descuidado se tambalea con la elegancia y la decisión de un borracho. El cielo y el horizonte carecen de rasgos. El aire que me rodea está en silencio. La torpeza de la navegación proporciona un indicador aproximado de rumbo, pero es fácil encontrarme treinta o cuarenta grados desviado. Debo vigilar continuamente el GPS para mantener el rumbo deseado.

Vuelvo a calcular el tiempo restante en función de las condiciones actuales. Todavía no es preocupante, pero esta vez hay salvedades. Si el viento amaina un poco más, o vira para venir de proa, la situación podría complicarse sustancialmente. Me mantengo alerta a cualquier cambio en esta voluble brisa.

Tuerzo los cabos del arnés para evitar que se enganchen por accidente. Remar la vela con suavidad me proporciona estabilidad y unos décimos de nudos más. Pienso en la franja verde-naranja de los mapas meteorológicos en internet de esta mañana. Me había preocupado el exceso de viento, pero no había ningún indicio de que pudiera verme encalmado. Reflexiono también sobre la cómica ironía de mis pensamientos prematuros sobre una travesía fácil.

En medio del Mar de Irlanda hay dos arrastreros faenando con sus redes. No quiero convertirme en presa, así que paso a cierta distancia. ¿Me pueden ver? ¿Se preguntarán qué hago aquí?

Más allá de los pesqueros, durante una bajada de la brisa, me detengo para descansar. Mi rutina habitual. La barrita Snickers y un breve descanso restablecen mis niveles de energía. El progreso resulta un poco más fácil cuando se reanuda la navegación.

En el horizonte se ve lo que decido que parece una vela, a la que me acerco. ¿Un velero? Decido que también debe de dirigirse a Rosslare, ya que su ángulo no cambia. Mantener el rumbo es más fácil con un objetivo a seguir.

Entro y atravieso las rutas marítimas. El único barco que veo está muy lejos, y se aleja aún más.

La vela del velero de antes no parece del todo correcta. Me doy cuenta de que me dirijo hacia un faro. Me alegro, ya que supongo que esto significa que hay tierra cerca.

El placer se convierte en inquietud cuando me doy cuenta de que el faro está en mar abierto. Más tarde me entero de que se trata del faro de Tuskar Rock. La planificación de la navegación de ayer se había centrado en el principio y el final, y no había registrado este obstáculo en ruta. Durante unos instantes considero que puedo estar terriblemente desviado.

Cerca del faro veo agua grumosa que se extiende bastante hacia el norte: una fuerte corriente que corre por aguas poco profundas. Cuestiono mi decisión de dirigirme hacia un faro, dado que éstos suelen avisar de peligro. ¿Qué idiota apuntaría a un faro? Ajusto el rumbo hacia el norte.

El día está nublado. ¿Por qué no veo tierra aún? El horizonte permanece lejano pero vacío. Mi inquietud se ve amplificada por el tiempo que se aproxima. Una nube gorda cuelga su oscuro vientre sobre el mar y se acerca desde sotavento. Es comportamiento de nube de tormenta. De su interior emanan gruñidos de truenos. Gruesas gotas de lluvia atraviesan el mar y el viento desciende hasta desaparecer.

La marea me ayuda a tirar hacia el norte, lejos de la sombra opresiva, y agradezco doblemente la brisa, débil pero constante, que vuelve al pasar la nube. Cruzo el agua grumosa junto al faro.

Ya está anocheciendo cuando diviso tierra. Resulta que el sudeste de Irlanda tiene muy poca elevación y por lo tanto solo es visible a cinco o seis millas desde mi posición a nivel del mar. Acercarse lleva su tiempo. Noto una mejora en el estado del mar cerca de la costa. Una navegación más fácil es bienvenida tras ocho horas a flote.

Me permito saborear la última milla. Una agradable brisa me lleva hacia el puerto de Rosslare. Por detrás aparece un transbordador de Gales, que acorta rápidamente la distancia que nos separa, aunque también reduce su velocidad en la aproximación final. A la entrada del puerto, cruzo por delante del barco para dirigirme a un fondeadero más pequeño al norte. Me deslizo a través de la abertura sobre un espejo de agua plana. Pequeñas embarcaciones se alinean en la orilla y no se ve ni un alma. La aleta se posa suavemente en el fango del pequeño puerto.

Entrando en el puerto justo antes del ferry Fishguard-Rosslare: los vientos flojos desde la mitad de la travesía hicieron que la mía fuera una travesía lenta

* * *

Camino una milla tierra adentro hasta la carretera principal de Rosslare. En el cruce hay un *pub* con ambiente alegre. La cena tiene un sabor fantástico y, en celebración del cruce, está regada con dos pintas de Guinness.

Me doy cuenta de lo lejos que he llegado. Hace menos de dos semanas estaba en la costa sur de Inglaterra. No parecía que hubiera conseguido gran cosa. Ahora me encuentro en mi tercer país, con cruces decisivos a mis espaldas.

Saboreo la liberación del estrés acumulado. El trauma de Land's End y las travesías a Gales e Irlanda ahora son algo que puedo recordar y, con el tiempo, procesar en lugar de temer.

Sustancias químicas agradables bañan mi cerebro.

Día 35 – 11 de julio

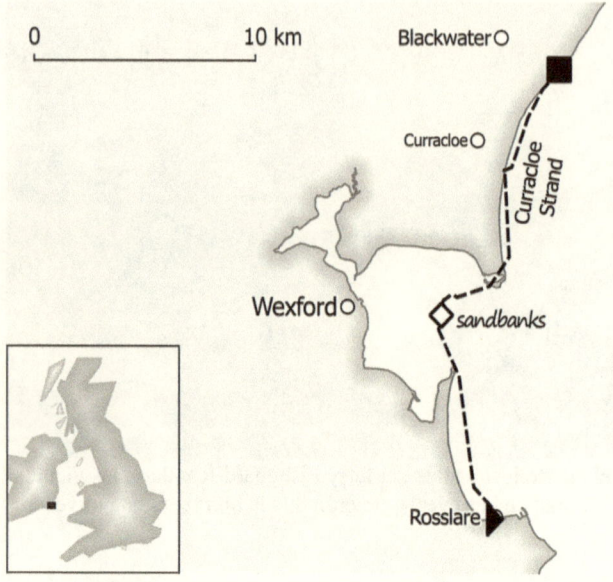

La previsión es de brisa contundente del sursuroeste. En las costas occidentales sería un día complicado por el oleaje, pero aquí, en la costa este, la tierra bloquea su paso y en su abrigo hay mar plana. Es la recompensa por cruzar el Mar de Irlanda.

Estoy listo temprano para empezar mi viaje hacia el norte. A punto de despegar recibo una llamada de mi ex. Quizá no se haya enterado de que el tiempo y las mareas no esperan a nadie. Quizá no soy muy bueno comunicando que no es el mejor momento. Es una llamada larga. Al final de la conversación unilateral, está claro que el viento se ha levantado más de lo normal.

Ligeramente irritado, salgo. El fuerte viento de tierra cruzada y la ausencia de olas hacen que la navegación sea muy rápida. En veinte minutos he zigzagueado a sotavento hasta una lengua de arena en el lado sur de la bahía de Wexford. La desembocadura del estuario tiene 5 km de ancho y un laberinto de bancos de arena complica la ruta hacia el otro lado. En condiciones menos feroces, me dirigiría mar adentro para evitar los obstáculos, pero ya voy muy pasado de vela y navegar más lejos me pondría en una posición demasiado expuesta. Decido permanecer dentro de los bancos.

Navego por los canales entre cordilleras de arena, muy consciente de la poca profundidad de las aguas que me rodean. Encallar a gran velocidad podría provocar una fuerte caída en catapulta.

Además de bancos de arena, la boca del estuario parece tener vetas de rocas bajas. Parece que puede haber focas descansando en ellas. Los canales de aguas profundas que sigo me llevan más cerca. Hace viento nuclear, pero los bancos de arena que me rodean me proporcionan una sensación de seguridad. Siento curiosidad por ver las focas de cerca. Cuando estoy al alcance, suelto la vela y decido dejarme llevar por el viento.

Me doy cuenta de que las rocas son, en realidad, focas. Cientos, quizá miles, de estas curiosas criaturas se agrupan en el banco de arena a unas decenas de metros de distancia. Muchas se deslizan en el agua e me investigan de cerca. Grandes ojos oscuros sobre rostros bigotudos me rodean por todas partes. Las focas que se acercan por detrás, fuera de mi vista, se aproximan más. Cuando me giro para mirarlas, desaparecen en chasquidos de *spray*, y docenas más emergen de donde yo había estado mirando antes.

Paso veinte minutos enteros siendo arrastrado por el viento paralelo al banco de arena. La tierra de verdad, la que no cubrirá la marea, está a kilómetros de distancia, y el viento aúlla junto a mis oídos con una fuerza seis; pero la experiencia es tan cautivadora que las incómodas circunstancias de la navegación no me preocupan. Me siento bendecido por haber vivido esta experiencia.

La multitud acaba por dispersarse y vuelvo al trabajo que tengo entre manos: cruzar el estuario. El canal principal serpentea hacia el mar. Intento tomar un atajo, pero acabo en otra orilla en aguas poco profundas, con la aleta atrapada en la arena. Aborto el intento de cruzar el banco con mi equipo. Tomándome un respiro en mi caminata de regreso, veo un pequeño velero entrar en el canal. Me complace verlo bien inclinado y con solo un poco de foque a la vista, lo que confirma que hace viento de verdad y no se trata solo de que yo haya perdido los nervios.

Sigo el canal, y luego mi intuición, hasta llegar a la orilla norte del estuario, bordeada de árboles. La arena blanca vuela por encima de la playa. El rocío se desprende del dorso de las pequeñas olas que rompen. La proximidad a la orilla me protege un poco del viento, pero las ráfagas siguen siendo bastante salvajes. Me siento incómodo en estas condiciones, tambaleándome al borde de una fuerte caída.

Busco algún lugar donde pueda permanecer unas horas. Quizá el viento se modere esta tarde. A los pocos kilómetros hay una playa con gente, donde me detengo.

Se trata de Curracloe Strand. Más famosa, según Wikipedia, por ser donde se filmó el desembarco de Normandía para la película *Salvar al soldado Ryan*. La costa aquí es ciertamente larga, recta y arenosa. Junto a la playa hay una cafetería, a la que entro, pero poco más. Me dirijo hacia el interior, al pueblo principal. Aquí encuentro algunas provisiones para comer, pero no hay cajero automático, que es lo que realmente buscaba, ahora que me quedan pocos euros.

No me apetece pasar la noche aquí.

De vuelta a la playa, encojo la cara al viento. En realidad no se ha moderado. De todos modos, decido dirigirme costa arriba. Mientras haya playa escapatoria, no parece demasiado arriesgado.

En el agua voy super pasado. Navego en bordos cortos, para mantenerme al abrigo de la tierra. No hay forma de que navegue lo suficientemente abierto como para conseguir un avance significativo a sotavento. No es sensato navegar así. Después de añadir tres millas me detengo otra vez, esta vez para acabar el día.

Aquí tampoco hay gran cosa. Ni siquiera un topónimo en Google Maps. Pero me gusta. Sale agua fresca de un pequeño arroyo y hay un acantilado medio derrumbado que me sirve como lugar de acampada. Elijo el terreno menos abultado que haya. Luego busco un palo con el que apoyar mi refugio de vela contra el viento aullante.

Hace viento, frío y es incómodo. Entonces empieza a llover. Bastante fuerte. Me siento un poco deprimido. Decido buscar un bar. Me vuelvo a poner el traje seco sobre la ropa normal y chapoteo 3 km por los charcos hasta Blackwater. ¡Buenas noticias!

Hay un pequeño supermercado, abierto y con cajero automático, y dos bares. El segundo de ellos incluso me servirá comida.

    Calentito, bien alimentado y sintiéndome mucho más positivo, vuelvo caminando bajo una lluvia ahora más ligera a mis dos metros cuadrados de hierba seca. Ahora que estoy totalmente hecho polvo, duermo con facilidad.

Día 36 – 12 de julio

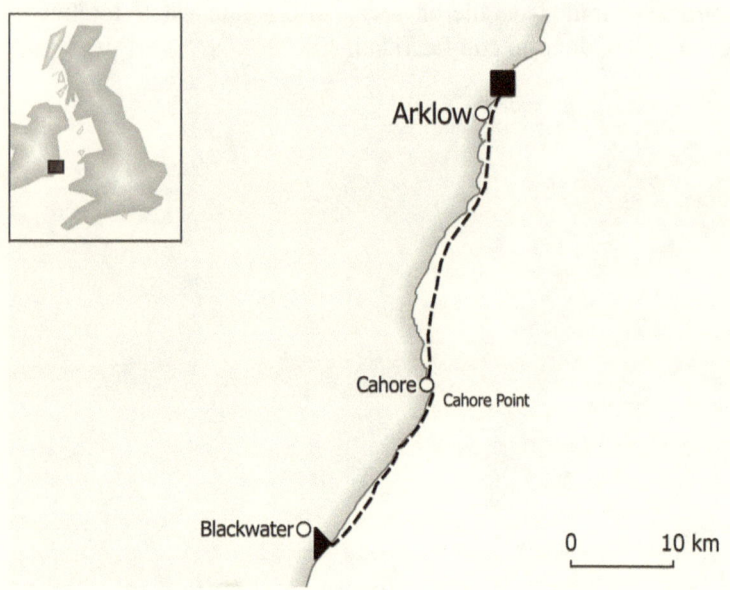

Agua llana, cielo azul despejado y una suave brisa a favor. Navegar y no sentirse expuesto, vulnerable, es un alivio bienvenido. Ninguna dificultad psicológica. Gracias, dioses del tiempo.

Con la marea en contra, el avance es lento. Pero no pasa nada. La tabla chapotea en el agua a un ritmo aparentemente decente, aunque el progreso real, medido en relación a los puntos de referencia de la orilla, es lento. La navegación es tan poco exigente que puedo llamar a Clyde para desearle un feliz cumpleaños.

Aquí la playa no tiene fin. Tardo toda la mañana en llegar a una saliente de la orilla. Hay un pequeño pueblo detrás de Cahore Point, donde me detengo a comer.

Cahore es un lugar agradable. Hay mucha actividad en el agua y sus alrededores: kayakistas pescando, unos cuantos veleros, bañistas, gente que pesca cangrejos desde el muro del puerto, lanchas rápidas que parecen diseñadas más para lagos que para el mar. Se detiene una furgoneta de helados. El conductor y operador de Mr Whippy es auténticamente gruñón. No devuelve ni un atisbo de sonrisa mientras entra dinero en la furgoneta. Es extraño. ¿Tendrá el cerebro mal conectado o la vida le está yendo de verdad tan mal?

Charlo con una pareja que tiene una pequeña embarcación. Me ofrecen un lugar donde quedarme. Es tentador, pero con la marea a punto de cambiar el día debería ofrecer más millas, así que con cortesía declino la oferta. Igualmente, me traen una taza de té, que es muy bienvenida.

Sí que el día tiene más millas. Navegando con la corriente, añado otras veinte a la cuenta del día. La costa se vuelve más variada, pequeños promontorios y bahías con colinas hacia el interior. Paso por delante de la ciudad semi grande de Arklow, y finalmente me detengo unas millas más al norte, donde el camping tiene buen aspecto.

Los juerguistas anteriores han dejado la playa algo sucia, lo que es una pena. Aparte de eso, es un lugar muy pintoresco.

Encuentro un sendero que sube por el acantilado y llega a una carretera. Me pregunto si habrá algún bar cerca. No lo encuentro, ni me apetece explorar mucho, así que me retiro pronto a mi saco de dormir. Para la cena hago macarrones con queso de lata. Saben bastante bien y también significa que mi bidón será más ligero mañana. Me gusta navegar con un bidón ligero. No tener que volver a casa andando desde el bar es otra ventaja.

El suelo está lleno de baches y cubierto de vegetación espinosa, pero estoy lo bastante cansado para que me dé igual. El arrullo de las olas me adormece.

Día 37 – 13 de julio

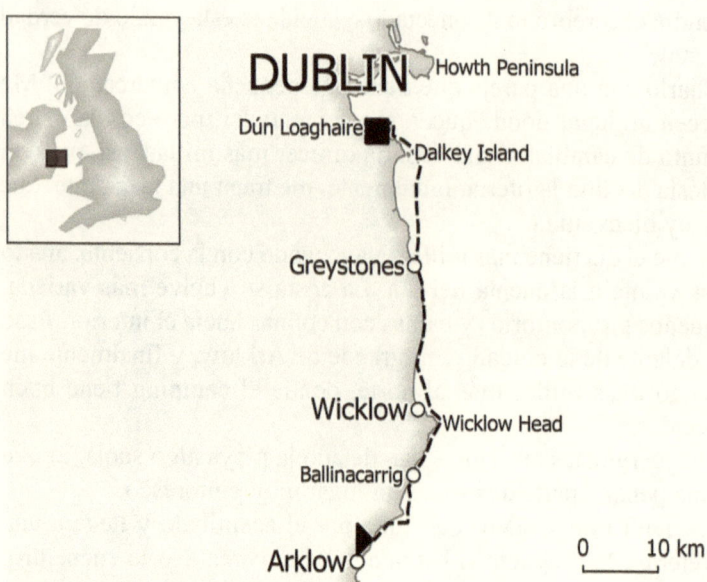

Ha llovido durante la noche. El viento parece bueno y ciertos nervios antes de la salida me acompañan de nuevo. Vuelta a la normalidad.

Avena y café. Rutina de recogida. Salida.

Planeo enseguida con los pies en los *footstraps* de atrás. Parece que voy rápido, pero la corriente otra vez va en mi contra, haciendo que los rumbos hagan un zigzag comprimido. Pero aun así el progreso es razonable y la navegación agradable. Cuando el viento baja un poco, cambio a modo sin planeo y me pongo cerca de la costa para escapar la corriente.

Con los suministros al mínimo, me vendría bien un poco de agua. Doy la vuelta a un pequeño cabo, Ballinacarrig, y veo lanchas neumáticas en el agua. Al fondo de la playa hay un club o centro náutico. Quizá sea una probable opción de reabastecimiento.

Los jóvenes instructores de vela están ocupados con sus grupos. Este es un mundo que conozco. Me dirigen al edificio. El equipo de la oficina es cálido, hablador y entusiasta. Es agradable que parezcan ilusionados con mi viaje hasta ahora. Tomamos un té y se disculpan por la falta de galletas, ofreciéndome en su lugar una manzana. Compruebo las cartas de la zona y obtengo una previsión actualizada.

Aparentemente, estoy en una playa privada, o al menos el acceso es privado, a menos que te acerques por mar. Este es el privilegio de viajar en windsurf. Bono tiene una casa en algún lugar indicado por donde se menea un dedo. Supongo que aquí todo el mundo lo sabe.

Podría quedarme por aquí cotilleando más tiempo, pero eso no me ayudará a dar la vuelta a Gran Bretaña.

Las largas y rectas playas han quedado atrás y la costa se vuelve acantilada. Wicklow Head es mi primer promontorio irlandés importante. Su imponente faro vigila los rápidos que se extienden mar adentro. Navegar junto al cabo es estimulante. En sus proximidades me mantengo cerca para aprovechar la contracorriente y permanecer en aguas más planas. Cuando salgo del abrigo del faro, y ayudado por una aceleración del viento pasado la punta, estoy planeando —surfeando— sobre las olas estacionarias. La sensación es estupenda.

En Wicklow mismo ni hago parada. El ángulo del viento es incorrecto. En cambio, navego en una línea más abierta y rápida, y vuelvo a conectar con tierra 8 km costa arriba. Hay un buen viento que baja de las montañas de Wicklow.

Sigo avanzando a buen ritmo y la costa ahora es más allá de donde he estudiado. Necesito consultar el mapa y también comer algo. Aterrizo donde veo a un tipo paseando a un perro. «Aquí no hay mucho», me dice, «pero unos kilómetros más adelante está Greystones, que es un pueblo medio grande».

Casi acaba conmigo subir el pesado equipo por la inclinada playa de guijarros de Greystones. Salgo en busca de comida, y me siento atraído por un café junto al muelle. Puede que cualquier *fish and chips* me hubiera sabido así de bien, pero el *fish and chips* del Harbour Café pasa a mi diario de expedición como algo realmente excepcional. Intento comunicar mi satisfacción al dueño de la cafetería, añadiendo que como pescado y patatas fritas casi todos los días, en todo tipo de establecimientos, así que hablo con cierta autoridad. Intuyo que el propietario sospecha que estoy zumbado, pero de todos modos acepta los comentarios con amabilidad.

Me vendría bien una siesta después de comer, pero las condiciones son demasiado buenas para quedarme parado.

El viento sopla sobre los acantilados y el terreno elevado que hay detrás. En busca de una brisa más constante, me alejo un poco más. El avance sigue siendo constante y me doy cuenta de que hoy llegaré a Dublín, más allá de donde he memorizado la costa. Navego a vela cerrada y con buena potencia hasta pasar el faro de Dalkey. A 10 km está la península de Howth. Considero el promontorio y me acuerdo de Portland Bill. Sería una apuesta arriesgada dirigirme allí a última hora del día, sin saber lo que me pueda encontrar. Decido avanzar haciendo una parada en Dublín.

Con la ayuda telefónica de Gregg, consigo hablar con mis contactos y hacer unos preparativos mientras sigo navegando. Aquí tengo el lujo de dos opciones. Desde luego, no me importa dónde acabar, pero el destino me pone en contacto con Des, que

Al llegar a Dublín parecía un día importante

me dirige a la zona de lanzamiento de windsurfistas del puerto de Dún Loaghaire.

Navegar hacia una ciudad es emocionante. Veo grandes infraestructuras, edificios impresionantes, tráfico marítimo. La escala es diferente a todo lo que he visto recientemente. Me siento del tamaño de una pulga. Una inmensa bandera irlandesa ondea desde un brazo protector que envuelve el puerto. El blanco y el vibrante naranja y verde contrastan con los colores de la ciudad que hay detrás. Estoy agradecido a Dublín por aceptarme. Parece muy correcto que me detenga aquí.

Des me recoge y volvemos a su casa. Está muy ocupado con su joven familia y con cientos de cosas más, pero Anne y él me hacen sentir increíblemente bienvenido. Me doy la primera ducha desde que llegué a Irlanda. Disfruto de un curry estupendo y de una cama cálida y cómoda para dormir. Incluso mi ropa maloliente pasa por la lavadora.

No sé cómo agradecer lo suficiente a mis anfitriones. Ellos me ayudan a mí, un desconocido total, solo porque sí. También siento verdadera admiración por ellos, por cualquiera que críe a niños pequeños. Es un trabajo duro. ¿Dar la vuelta a Gran Bretaña haciendo windsurf? Eso no es duro. En comparación, eso son unas vacaciones.

Día 38 – 14 de julio

Des me deja en Dún Loaghaire de camino al trabajo. No hay viento significativo y Howth Head parece estar muy distante, y demasiado hacia barlovento con respecto al poco viento que hay. La idea de estar a flote rodeado de grandes barcos, y sin la maniobrabilidad para evitarlos, es poco apetecible.

La brisa floja es una suerte, porque mi ex (o puede que es mi ex ex, pero no hemos acordado ningún cambio de estatus y ahora no lo sé) ha quedado para visitarme. Vuela a Dublín, de camino a Londres, y llegará a mediodía. No es especialmente sorprendente que la hora de llegada final se acerque a las tres.

Surgen emociones familiares y volvemos a los viejos papeles. La atracción sigue ahí, pero no me siento a gusto. Es más probable que eso tenga que ver más conmigo que con ella. Puede que no sea casualidad que sea yo quien esté dando la vuelta a Gran Bretaña con windsurf.

***

Tengo una muy buena amiga, Helen, que vive a unos kilómetros al norte de Dublín. Hay planes para que la ex y yo vayamos a casa de Helen esta noche. Los miembros de la *Irish Nacional Sailing School* se muestran muy amables y cuidan de mi equipo mientras cogemos el tranvía y el tren que nos llevará a Skerries.

Helen llega con los neumáticos chirriando al aparcamiento de la estación. Es la misma de siempre: acogedora, positiva y llena de energía. En casa, nos reunimos con los hijos de Helen y su pareja, Henry.

El coche de Henry lleva el emblema de Newstalk Radio, la emisora para la que trabaja, en el lateral. Veinte minutos después, me entrevistan en la playa mientras el sol se pone detrás de Skerries.

Es un hogar muy animado. Helen y Henry están bastante chiflados y es muy fácil que te caigan bien. También son granadas

Newstalk Radio con Henry Mckean

de mano en las redes sociales. Le enseño a Henry una foto con mi cámara de las focas de Wexford. En cuestión de minutos, la foto está en Internet y empiezan a llegar tuits, *#wsroundbritain* con argumentos a favor y en contra de los simpáticos animales que también compiten con los pescadores profesionales y dificultan su trabajo.

Agradezco la lección en las redes sociales. Un mejor uso de los medios sociales quizá resulte en más donaciones y apoyo a lo largo de la ruta. Una parte de mí piensa que yo mismo debería ser más activo en este ámbito. Pero otra parte de mí simplemente no encaja con la comunicación en este formato tan rápido e incesante. Me lo pienso demasiado. Quizá la verdadera lección es no tomarse las redes sociales, ni la vida, demasiado en serio.

Helen prepara una comida estupenda y todo el mundo se lleva bien.

Fuera del guion, no se aclara nada sobre el tema de las relaciones con mi ex.

Se prevé viento muy flojo para mañana, así que es probable que pasemos el día en los alrededores de Skerries.

Día 39 – 15 de julio

Cero brisa es exactamente lo que sucede. El momento de esta pausa en el viento es realmente muy conveniente, como una bendición. Últimamente he tenido algunos pensamientos espirituales.

Tener un día despejado ayuda a seguir evitando el tema. Ninguno de los dos intenta discutir cuestiones de pareja. Dadas las circunstancias, entre amigos, quizá sea comprensible. Lo más probable, es que, al menos en mi caso, lo esté evitando. No lo tengo claro. Además, soy reacio a los conflictos. Temeroso de los asuntos de la vida real.

En su lugar exploramos Skerries, un pequeño lugar muy agradable.

Helen y Henry tienen que trabajar, así que tenemos unas horas para nosotros por la tarde.

Nos separamos durante una hora y nos encontramos en una cafetería más tarde. Ella está allí charlando con un ciclista que viaja, animados y relajados los dos. Es un tipo simpático y yo también me siento a gusto. El ciclista habla de lo mucho que le gusta conocer gente antes de partir, a cualquier parte, donde sea... Lo comprendo. ¿Habría yo podido decir lo mismo hace un mes?

Es probable, imagino, que ambos estemos más relajados charlando con el ciclista que conversando entre nosotros.

Al final del día vuelvo a pensar en la logística. Cómo volver a Dún Loaghaire, vía el aeropuerto, dejándome tiempo suficiente para salir y dar la vuelta de la península de Howth. Estoy deseando volver a estar solo. Retomar mi vida sencilla, de un solo objetivo. Una vida que sé manejar.

Ahora no recuerdo qué cenamos, pero Helen cocinó, así que estaría bueno. De hecho recuerdo que estaba bueno.

Día 40 – 16 de julio

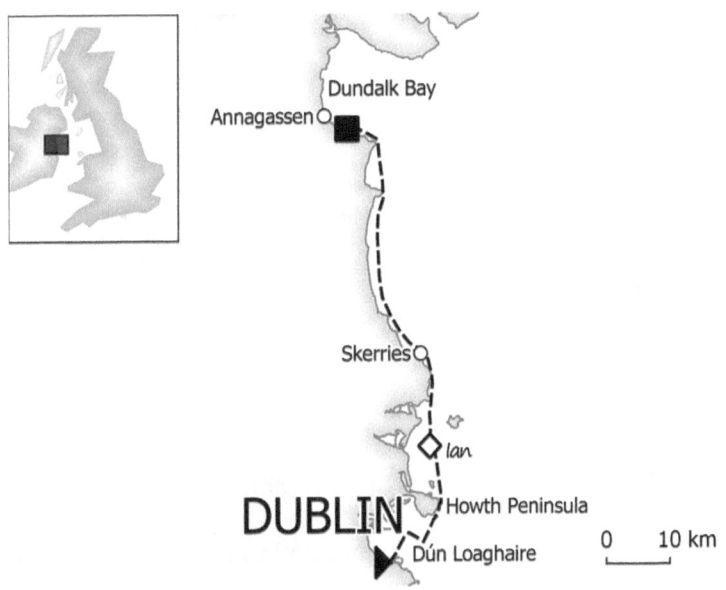

Helen nos deja a ambos en el aeropuerto de Dublín mientras el reloj de su coche marca todavía las cinco y pico. Le damos las gracias y nos dirigimos a salidas. El vuelo de Londres ya está embarcando, así que no hay tiempo para incómodas despedidas prolongadas.

Todo ha ido extraordinariamente bien.

Tomo el tren a Dún Loaghaire. Hay brisa en el agua. Recojo mi equipo y estoy navegando poco después de las nueve.

Es una larga navegación por la bahía de Dublín, contra el viento. Hacia Howth están las rutas marítimas. No es fácil decidir si pasar por delante o por detrás de estos gigantes de acero. Utilizo las boyas del canal como refugio: es poco probable que los buques choquen con ellas. Estoy entre las boyas cuando una embarcación de prácticos altera el rumbo para interceptarme.

Un tripulante sube a cubierta, su actitud es tensa.

—¿Adónde te diriges?

—Por ahí. —Señalo hacia Howth. El tripulante sigue mi dedo. Luego mira hacia la derecha, hacia un enorme carguero, que se mueve con la misma certeza que una placa tectónica. La isla de acero empuja una suave ola de proa.

—Ahí hay un barco.

No se puede discutir la observación. Estoy de acuerdo. Espero con paciencia una explicación.

—Será mejor que pases a popa.

Dejo pasar la nave. La lancha de prácticos permanece en mi proximidad. Me indica que cruce la siguiente nave por la proa. El claro consejo es bienvenido, reconfortante. Cuando la tripulación se da cuenta de que soy lo bastante capaz como para no ser un problema se relajan. Un teléfono móvil apuntándome desde arriba graba los últimos momentos de nuestro encuentro.

El viento alrededor de Howth es particularmente débil. Las aves marinas descansan sobre un mar descuidado que rebota en los acantilados. Me mantengo cerca de las rocas, donde la corriente contraria es menos fuerte, pero sigue siendo una verdadera lucha pasar la península.

Cuando vuelvo a tener algo de brisa, el avance tiene más éxito. Cerca de la costa de Malahide me siento un poco culpable por no haberme desviado más hacia la costa. Tengo un contacto allí que me ha ofrecido todo tipo de ayuda. Entonces veo una vela a lo lejos, inconfundiblemente una vela de windsurf, solo puede ser mi contacto.

¡Menudo esfuerzo! Ian ha navegado tres millas para interceptarme. Nos detenemos para charlar y darnos la mano. Dos minutos después, Ian iza la vela para iniciar su maratón remada hacia la costa. Un encuentro brevísimo, pero que me hace sonreír cuando lo recuerdo.

Empieza a llover. Navego la distancia que queda hasta Skerries con la capucha del traje seco puesta. Me mantiene caliente y seco, pero me desorienta. La navegación parece segura ahora que estoy cerca de la orilla.

Desembarco en Skerries, por fin he llegado aquí de verdad. Helen me espera con la merienda preparada: es la mejor. Nos resguardamos de la lluvia y bebemos té caliente. Aparece un reportero para tomar unas fotos. Las condiciones, actuales y previstas, son pésimas, pero sé que debo continuar.

Estoy contento cuando lo hago. Hay más viento al norte de Skerries. Parece que se ha reanudado la verdadera aventura. La tabla coge un semi-planeo y viajamos en paralelo a la costa. Ahora, con la corriente a favor, el avance es bueno.

La visibilidad sigue deteriorándose, pero no hay motivo para detenerse. Gracias a los mapas en mi teléfono consigo saber más o menos dónde estoy.

Llego a la bahía de Dundalk, donde encallo repetidamente en aguas poco profundas antes de conseguir pasar la punta que marca su límite sur. La bahía tiene ocho millas de ancho y se adentra en la tierra una distancia similar. Atravesarla en línea recta tiene sentido desde el punto de vista de la navegación, pero a última hora del día y con tan poca visibilidad no me entusiasma.

En su lugar, intento seguir la costa. Las aguas poco profundas me obligan a ir mar adentro. Estoy fuera de la vista de tierra debido a la desorientadora medio lluvia medio niebla que se hace, y se acerca la oscuridad. Aun así la aleta se clava al fondo. Estoy navegando hacia una trampa. Toda la bahía se está vaciando y pronto estará seca. Si continúo me quedaré a kilómetros de la orilla, de noche, sobre arena que volverá a inundarse dentro de unas horas.

Había presentido el peligro por lo que tengo memorizado el último lugar de parada seguro. No me queda más remedio que dar media vuelta y regresar. Hay más pendiente en la playa cerca de la punta y puedo acercarme lo suficiente a la orilla como para que sea factible arrastrar mi equipo sobre las arenas secas.

Así es como acabo en un tramo deshabitado del dique de la bahía de Dundalk.

Es un lugar terrible para acampar. Me paso media hora cortando la vegetación para hacer sitio a mi vela-toldo, consciente de los fuertes vientos previstos que harán todo lo posible por hacer volar mi refugio durante la noche.

Pero tendrá que valer. Una vez atrincherado, salgo a caminar con el traje seco bajo una lluvia torrencial. Objetivo: encontrar un *pub*.

El pueblo de Annagassen está a solo 3 km. Además, hay un bar que sirve comida. No cabe duda, he tenido suerte.

La lluvia sigue cayendo cuando me meto en mi saco de vivac esa misma noche.

Día 41 – 17 de julio

Hace viento por la noche. La vela quiere trasluchar sola. No hay espacio suficiente para colocarla en un ángulo que la mantenga bien sujeta al viento. El mar llega hasta el banco de vegetación sobre el que estoy encaramado.

De madrugada, el viento ha virado mar adentro. La vela se sacude y el mar se ha inundado de borreguillos. Demasiado viento para navegar significa una oportunidad para descansar sin culpas. La dirección del viento se adapta mejor al ángulo de mi vela.

Me dirijo a Annagassen a última hora de la mañana. Compro pan y alubias para cenar esta noche. Luego me instalo en el *pub*.

Como bien y me tomo mi Guinness reglamentaria del día. A última hora de la tarde estoy harto del *pub* y vuelvo a mi vela, esta vez por la ruta directa sobre las arenas mojadas.

Me acuesto temprano.

Las arenas de Dundalk Bay

Día 42 – 18 de julio

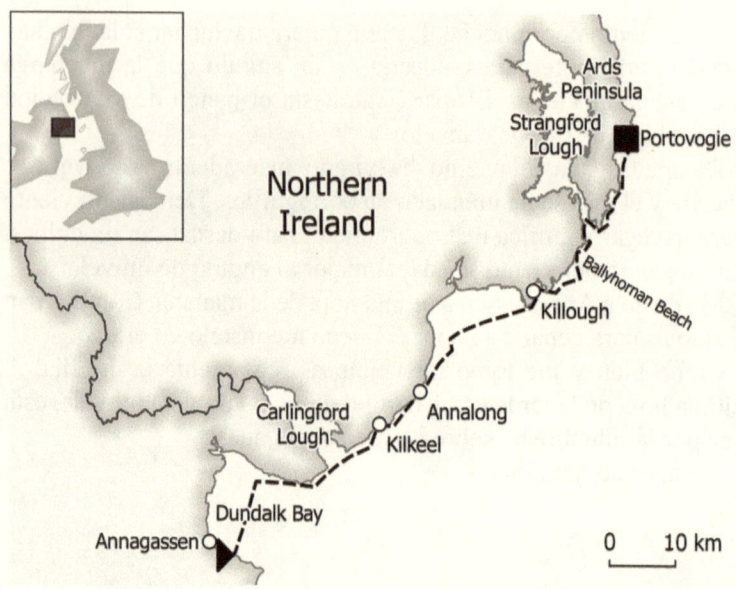

Ya es de día. Tengo muchas ganas de irme de aquí.

Hago una larga caminata para llevar primero la tabla, luego la vela y el bidón hasta la orilla del agua. Todavía sopla un viento mar adentro hacia las montañas, al otro lado de la bahía de Dundalk, a 10 km de distancia. Tiene pinta de ser una navegación dura.

Empiezo un largo planeo en aguas llanas que se vuelven picadas y luego algo onduladas. Cuando me acerco a las montañas, también me estoy acercando a mi límite de viento. Demasiado viento, con rumbo demasiado abierto, demasiadas desaceleraciones desgarradoras. Rocío suficiente para justificar un tubo de snorkel.

Una pequeña punta marca el final de la bahía. Una playa escondida a su sotavento está lo bastante resguardada como para permitir una parada. Recupero el aliento y me como una muy necesaria barrita de Snickers.

Sigo adelante hasta la entrada de Carlingford Lough, donde el viento se modera brevemente. Más allá, vuelve a arreciar. Me siento maltrecho y desmoralizado por la dureza del día. Busco un lugar donde pasar unas horas. El pueblo de Annalong parece prometedor. Subo mi equipo por la playa de guijarros y me dirijo en busca de un bocadillo de beicon.

El puerto protegido es pintoresco pero está casi desierto, aparte de los llamativos araos negros.

Pregunto cómo llegar y me dirigen a la población principal. El duro acento de la mujer me sorprende, me pone ligeramente nervioso. Esto es Irlanda del Norte. Más arriba ondean banderas de la Unión, lo que también acentúa mi estado de alerta.

No tengo ni idea de por dónde he cruzado la frontera. El mar no respeta las fronteras nacionales.

Los bordillos están pintados alternativamente de rojo, blanco y azul. Algunas paredes están pintadas con murales.

Las banderas de Annalong no dejan lugar a dudas de que esto es Irlanda del Norte

En el pueblo encuentro una cafetería. La decoración es espartana, pero está impecablemente limpia. Las camareras me hacen señas para que entre a pesar del agua de mar que gotea de mi traje. Son abrumadoramente acogedoras. El bocadillo de beicon y el té son fantásticos.

Me entero de que las banderas son restos del desfile del 12 de julio. A las camareras no parece importarles ni el desfile ni las banderas. Les sigo su ejemplo.

Caminando de vuelta a la orilla, reflexiono sobre lo predispuesto que había estado a desconfiar de esta gente. Los acentos norirlandeses que me rodean suenan ahora más amistosos que ásperos.

El viento también se ha suavizado. Aprovecho para despachar la bahía de Dundrum con unos 20 km en línea recta, punto a punto. Hago una parada rápida en Killough para tomar una excelente sopa de brócoli y queso *stilton*, y vuelvo a hacer kilómetros.

Pasa una banda de lluvia. Me dirijo a la playa de Ballyhornan. Aquí hay una isla que me protege del mar agitado, por lo que es un lugar fácil para desembarcar.

Desde la playa veo agua blanca hacia el norte. Está lejos. Que pueda verla blanca significa que hay olas grandes. Llamo a Gregg para que me ponga al día sobre la navegación, pero ha salido a pasear al perro.

Consigo abrir un mapa en mi teléfono y veo que más adelante, alrededor del siguiente promontorio, está la entrada a Strangford Lough. No me gusta nada el aspecto de las aguas bravas, pero decido continuar con precaución a pesar de todo.

A ras del promontorio, la vista que tengo ante mí es aterradora. La marea está en pleno reflujo y el agua sale de Strangford a una velocidad que jamás habría creído posible. Este torrente de agua arremete contra las olas del mar que se aproximan. El resultado son unos rápidos con olas de varios metros de altura, que rompen y se extienden hasta donde alcanza la vista. No tengo la menor intención de navegar en ellas.

Me acerco. Donde el mar es como un río, con tierra a ambos lados, el agua es llana. Si puedo vencer a la corriente y navegar río arriba hasta donde la desembocadura es más estrecha, podré cruzar. Lo que debo evitar es desviarme hacia donde el agua corre con toda fuerza y seré impotente para impedir que me arrastre hacia la vorágine de afuera. Eso sería desastroso.

La orilla es rocosa. Me mantengo a la menor profundidad posible y la aleta a veces choca con las piedras. La corriente pasa a toda velocidad junto a un saliente. No sé si conseguiré pasar, pero creo que es seguro intentarlo. Si me empujan hacia atrás, la retirada sigue siendo posible.

Incluso con viento a favor, la corriente iguala la velocidad de la tabla. Poco a poco voy avanzando, medido por mis puntos de referencia: rocas, y formas constantes en la superficie del agua donde pasa por encima de los obstáculos submarinos. Alcanzo el nivel del saliente. El agua pasa a toda velocidad. Hay que ganar cada metro. Con el saliente de las rocas a popa, cambio sutilmente de rumbo, y moviendo como si fuera en cámara lenta llego a las corrientes más débiles de las aguas menos profundas. Empiezo a avanzar con más confianza. Lo he conseguido.

Con mayor distancia de los peligrosos rápidos, me vuelvo más confiado. La navegación técnica es divertida y el paisaje es precioso. Me dirijo contracorriente hasta donde se estrecha la bocana de la ría. Cuando la distancia a la orilla norte es inferior a 1.000 m, me siento confiado en que dispongo de margen seguro para cruzar. Ahora que ha dejado de llover, el viento es más fiable. No quiero que me abandone ahora.

Preparo la tabla para cruzar a cuarenta y cinco grados, navegando en ángulo hacia la corriente. La fuerza del agua es asombrosa. Me arrastra de nuevo hacia el viento, transformando una fuerza Beaufort 2-3 en una sólida 4. Con un tercio del canal cruzado la tabla planea a tope, pero con respecto a los puntos de referencia en tierra estamos siendo barridos hacia atrás y hacia el mar. El movimiento hacia la orilla del norte es lento, lateral, como de cangrejo. En el último tercio vuelvo a ser capaz de mantener la posición respecto a tierra. Finalmente, pegado a la franja rocosa de la costa, la corriente es menos fuerte y el desvío casi completado.

Me dejo llevar por la corriente de vuelta al mar. En algunos lugares, el agua tiene una pendiente visible. A la primera oportunidad, me alejo de la cinta transportadora saliente, asegurando de agarrar la costa en mi viaje hacia el norte.

Me pongo en contacto con Diane, mi contacto de Bangor, y quedamos en encontrarnos en Portovogie, que es un trayecto considerable para ambos.

La costa de la península de Ards es remota, escarpada y espectacular. Algo es diferente, me doy cuenta de que estoy «al norte» en términos de las islas británicos. Me invade un ligero vértigo cuando pienso en los kilómetros hacia el norte que aún hay que recorrer.

Portavogie es un pueblo pesquero. Islas y rocas protegen su puerto. Desembarco en una playa mojada por la bajamar. Nuestro plan improvisado se pone en marcha. Diane se ha puesto en contacto con un pescador de la zona, Robin, que ofrece su jardín para guardar la tabla. Tres desconocidos colaboran. Un poco de cariño fluye entre nosotros. Confiar en el destino ha permitido que las cosas salgan bien.

Día 43 – 19 de julio

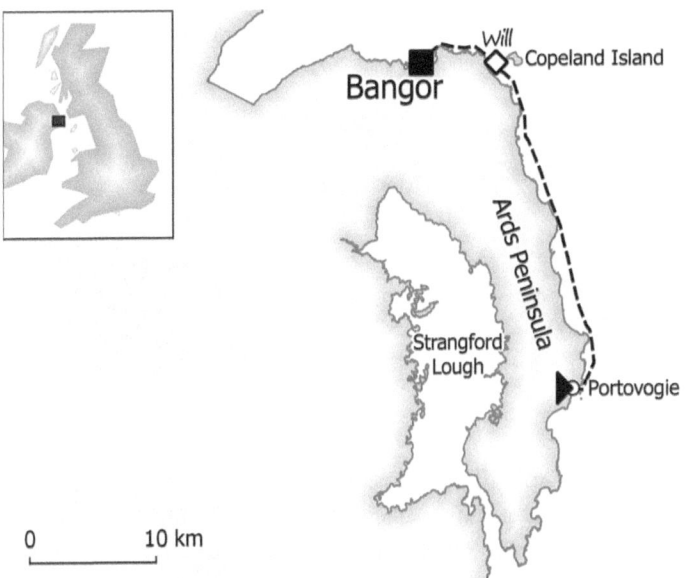

La mañana está tranquila. Diane me lleva a conocer Bangor. Hacemos una parada para tomar un desayuno inglés completo. Le estoy cogiendo gusto a estos.

Confío en que una brisa llegará. Regresamos a Portovogie a primera hora de la tarde, para coincidir con la pleamar y el comienzo de la corriente hacia el norte.

Los patos de Robin vigilan la tabla. La playa está justo al otro lado de su puerta trasera.

La navegación hasta Bangor requiere cuatro horas y media, y el sol brilla de principio a fin. Una ligerísima brisa de popa acaricia el agua. Escocia es visible en la lejana distancia mar adentro.

Navego entre arrecifes rocosos que dan protección a playas de arena dorada. Las algas se extienden hasta la superficie del agua clara. Miro la vida que hay debajo de mí. Esta es la navegación con Raceboard en su versión más relajante.

A punto de partir de Portovogie en un día felizmente agradable. Foto: Diane Burgess

La gente me había dicho que tuviera cuidado con las corrientes que se forman en la isla de Copeland, pero cuando llego no las hay. Un practicante de paddleboard que se llama William se acerca para saludarme de manera rápida y luego se aleja remando de nuevo.

Hay un poco de corriente en los últimos kilómetros hasta Bangor, pero nada preocupante. Después de la experiencia de ayer, tengo una nueva confianza para afrontar estas condiciones.

Desembarco en el Club Náutico de Ballyholme y me reúno con Diane.

Algunos windsurfistas más se acercan para saludarme, y algunos navegantes de velero me aconsejan sobre la travesía a Escocia. Una suave pinta de Guinness cae especialmente bien.

Cenamos comida india para llevar. Vienen los amigos de Diane. Escucho atentamente cómo Maia me indica todos los lugares en los que puedo parar cuando suba costa arriba.

Día 44 – 20 de julio

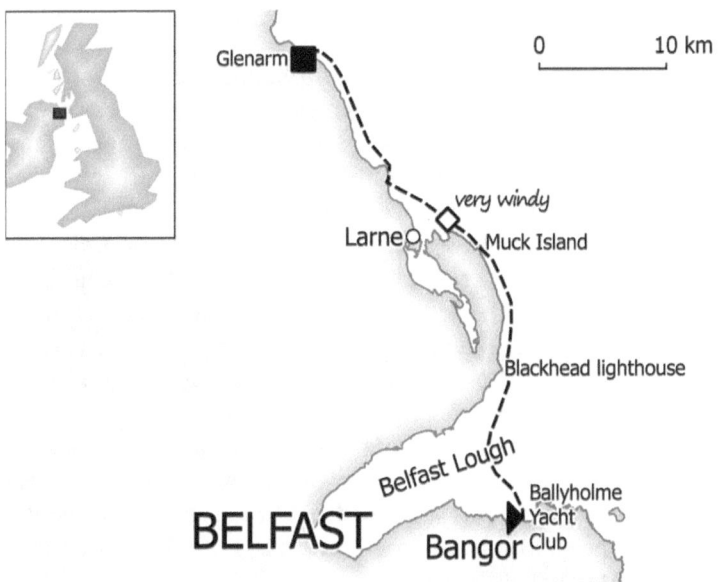

Me he dado cuenta de que la tira de goma flexible que sella alrededor de la orza ha empezado a despegarse. Puede ser un problema grave. Incluso una pequeña abertura aquí compromete seriamente el rendimiento. Y una vez que los labios empiezan a despegarse, una pequeña brecha se convierte rápidamente en una más grande...

Me encuentro en un lugar ideal para las reparaciones. Compro un poco de pegamento epoxi y un par de otros tipos de pegamento como alternativas de reserva. Afuera está lloviendo, pero en el club náutico han montado una carpa que puedo utilizar como taller. Preparo meticulosamente la operación y pego los labios, luego utilizo piedras pesadas para mantener todo en su sitio mientras el epoxi se endurece.

Es un día algo inquietante. Perdido en la niebla está el otro lado de Belfast Lough. La costa en dirección norte está bordeada de acantilados durante 20 km. Una de las previsiones que compruebo habitualmente pronostica vientos de fuerza 6-7, pero de momento no hay mucho viento, y otras previsiones que miro no coinciden.

Almuerzo avena y meto comida extra en el barril, sin saber dónde tendré la próxima oportunidad de repostar en condiciones. ¿En Escocia? ¿Oban?

Los chicos y los instructores del Club Náutico de Ballyholme me saludan y luego se los traga la niebla. Sigo el GPS hasta el corredor marítimo. Saltar de boya a boya parece la estrategia más segura. Un buque saliente ignora por completo dicho corredor.

El faro de Blackhead marca el comienzo de mar abierto. Las olas rebotan en los acantilados y crean un estado de mar desordenado, desagradable y agotador. Me habían dicho que estos acantilados tienen una pasarela espectacular, restaurada de la época victoriana, pero apenas puedo distinguirla en la escasa visibilidad. Me detengo entre una concentración de pardelas, distracción temporal de la incomodidad de la navegación.

Estoy aprendiendo a que me afecten menos estos tiempos difíciles. Estoy desarrollando una aceptación filosófica de que siempre acaban. Con toda seguridad, al final se produce un cambio de condiciones. Paso por el interior de la isla Muck. El agua en su abrigo está felizmente en calma.

Más allá, la costa se curva hacia el puerto de Larne, que me deja a unas millas de la costa. Una brisa de tierra despeja la bruma. Por encima de las colinas se han hinchado unas nubes espectaculares. En el agua, puedo ver el viento mucho antes de que me golpee.

Giro la tabla para ceñir a tope, tierra adelante a cuarenta y cinco grados, preparado para la batalla con la armada de «caballos blancos» que se aproxima. En los últimos momentos antes del su llegada, tenso al máximo el cunningham y el pajarín.

El viento golpea con fuerza. En cierto modo tengo suerte. Con este vendaval, cualquier otro rumbo que no fuera ceñida sería impensable. No necesito virar y delante hay tierra donde puedo parar. Me quedan unos 5 km para navegar. Un agarre en la botavara super ancha, y empujando como un burro con el brazo de delante, evita que la vela me aplaste hacia barlovento. Menos orza y mi postura ancha sobre la tabla controlan el canteo y evitan que la tabla vuelque por sí sola.

Los músculos me arden. La distancia a tierra se reduce a la mitad, y otra vez se reduce a la mitad, y finalmente llego a la orilla. ¡Qué buena suerte que no se rompió nada!

No vuelvo a navegar hasta pasadas unas horas, receloso de un nuevo castigo. Cuando salgo, el viento se ha moderado sustancialmente. No navego lo suficientemente lejos de la costa como para tener viento constante. Es preferible el planeo ocasional que arriesgar otra lucha por volver a tierra.

Llego a Glenarm a primera hora de la tarde. Unas cuantas viradas me llevan a un pequeño puerto deportivo. Un velero también navega casi todo el trayecto, pero lo remolcan para la parte final. Un fallo del motor. Los espectadores del rescate no parecen darse cuenta de mi llegada. Coloco con cuidado mi tabla en la grada de hormigón.

Resulta que sí me han visto.

Busco un sitio para acampar. Un hombre se acerca. Con rostro arrugado y curtido. De la edad de mi padre o por ahí.

Entrecierra los ojos para saludar, y luego se vuelve para observar el grupo de gente junto al velero siniestrado, y a su salvador. «¿Son tus amigos?» Las voces de los tripulantes del velero suenan excitadas; están de buen humor tras haber resuelto con éxito la crisis del motor. Le explico al hombre nuestra llegada sincronizada.

Su curiosidad se traslada. Se gira para considerar mi vela, mi tabla, mi barril.

—¿Y dónde te alojarás?

Le indico una zona verde que hay detrás de la rampa.

—Allá, probablemente.

Levanta la vista, sus ojos azules y claros miran hacia el mar. Hace una pausa antes de dirigirse a nadie en particular.

—Sí, ya lo veremos. —Sus palabras flotan en la brisa. Luego, otra pregunta—: ¿Y qué vas a comer?

—Arroz de sobre probablemente. O tal vez iré al *pub*. —Aún no conozco las posibilidades del lugar.

Más palabras se sueltan en la brisa.

—Sí, eso también lo veremos.

Veinte minutos después estoy en una cabina cálida y seca. Un plato de carne y patatas suelta un humeante vapor ante mí. Me han

Bienvenida a bordo de David y Maureen

acogido David y Maureen, que viajan en convoy con otro velero, de la familia de su hija, que se encuentra amarrado al lado. Son gente encantadora. No podría haber tenido mejor suerte.

***

Estoy a un salto de Escocia. Mi plan original había sido dirigirme primero a la isla de Rathlin, pero las mareas no me lo permiten. Lo hablo con David y Maureen, que también se dirigen a Escocia, y también llamo por teléfono a John. Las segundas y terceras opiniones son reconfortantes. Empezaré temprano y me dirigiré a Cushenden, a contracorriente. Eso me dejará tiempo para una parada rápida, para recargar baterías, antes de salir con la marea saliente para volver a cruzar el Mar de Irlanda, con destino a algún lugar de la península de Kintyre.

Día 45 – 21 de julio

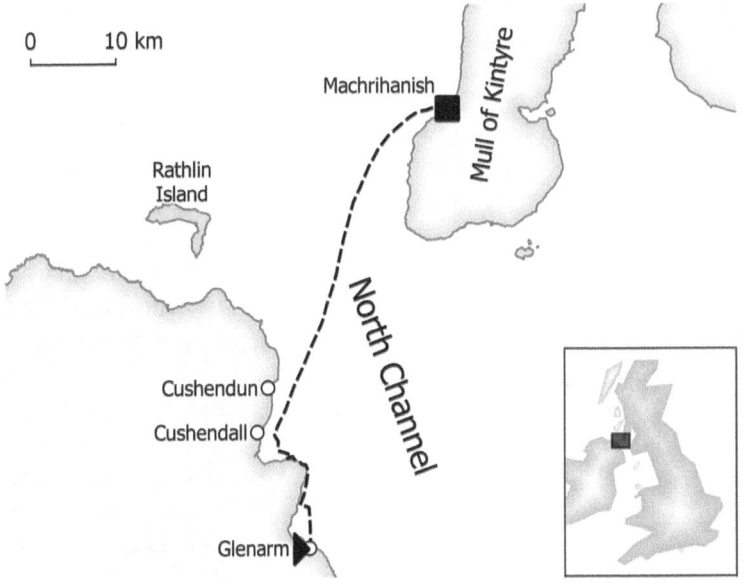

Empiezo bien el día con un desayuno completo pero, una vez al agua, un frustrante viento en contra me deja cada vez más retrasado. Pasar promontorios y cabos a contracorriente es una verdadera batalla. A veces no consigo avanzar o un zigzag me hace retroceder. El viento amaina durante un rato y aprovecho la oportunidad para parar y comer algo. Cinco horas después de salir de Glenarm todavía me faltan varios kilómetros para llegar a Cushenden. Cambio de planes: acepto que hoy no cruzaré a Escocia.

Ahora me dirijo a un destino revisado, Cushendall, y de repente empieza a soplar una brisa. La marea también ha cambiado. Mi velocidad aumenta. Esperaba cruzar a Escocia durante el repunte de la marea, para así evitar la fuerte corriente del canal, pero llego tarde. Aunque la mejora de las condiciones me tiene dudando.

Sigo pensando que no debo continuar hasta que, mar adentro, veo una pareja de veleros que se dirigen hacia el norte, con viento. Inmediatamente reconozco la vela mayor —elegante y alta— del velero de delante, y la embarcación más pequeña que le sigue. Son mis amigos de Glenarm. El avistamiento me lleva a tomar una decisión inmediata. ¡Emprendamos la travesía, joder! Si ellos se van, yo también.

Durante media hora, las condiciones son ideales. Con ayuda de la corriente, navego más allá de Cushenden, a una velocidad sobre el fondo de unos 10 nudos. Recupero algo de distancia con respecto a los veleros, que se dirigen hacia el Mull of Kintyre, cabeceando en el chopi como gallinas picoteando. Navego lo suficientemente lejos como para estar del todo comprometido y allí el viento disminuye a una menos confortable fuerza dos. Es posible que la brisa anterior fuera un efecto de tierra. Igualmente, si no baja más, estaré bien.

La travesía transcurre sin incidentes. Los veleros me ganan por ángulo y por velocidad, seguramente van a motor, hasta que se convierten en motas en la distancia. A la altura del Mull of Kintyre, durante aproximadamente un kilómetro, el agua sube de las profundidades y es turbulenta, lo suficiente como para saber que en el día equivocado cruzar esto sería bastante desagradable. El avance es constante y consistente. Más al norte, la corriente es menos fuerte y ya no me aleja de tierra.

El contraste de escala entre las agradables colinas y valles del condado de Antrim y el monumental pedazo de roca que es Mull es impresionante.

En las últimas horas del pasaje no es necesario navegar tan cerrado. Puedo abrir ángulo progresivamente hasta Machrihanish, el pueblo situado más hacia el sur del Mull. Bombeo la vela para situarme cerca de la costa, previendo una tarde sin viento.

Me tomo un descanso, antes de recorrer los últimos kilómetros en actitud reflexiva. Por delante está el quinto país de mi viaje. Experimento una sensación de «vuelta a casa», o al menos así lo reconozco con nostalgia. Pero no es una sensación de vuelta a casa: me cuesta entender el concepto de hogar, no siento que pertenezca a ningún sitio. Más bien es una sensación de paz al volver a una tierra de naturaleza salvaje y espacios abiertos. Un refugio de horizontes lejanos que permite escapar de la obligación de ser social. No muy diferente del mar, de hecho. Pero sin el miedo que impone el mar.

También me siento orgulloso de haber llegado hasta aquí por mi ruta preferida. Y aliviado por haber completado la última de las grandes travesías. Me acompaña, al menos hoy, una calma y una serenidad que he echado de menos durante años, o que quizá nunca había alcanzado.

Día 46 – 22 de julio

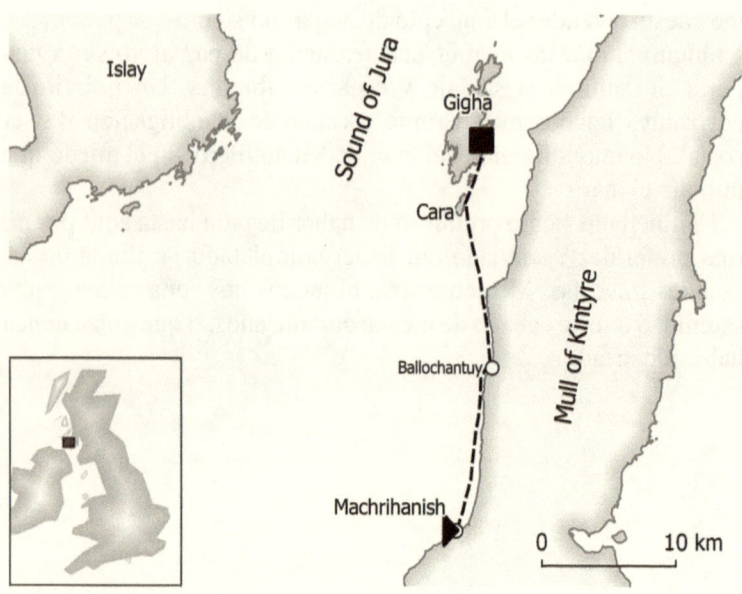

Me ofrecen un desayuno esta mañana. Me ha invitado una familia que tiene una casa de vacaciones en el pueblo. Ayer hubo un concurso en el *pub* y nos convencieron para formar un equipo.

La casa tiene grandes ventanas que la lluvia escocesa ha dejado perfectamente limpias. Desde el exterior se divisa el Sound of Jura (estrecho de Jura), que hoy está bañado por el sol. Una suave brisa del suroeste agita el agua.

Un desayuno inglés completo, fruta fresca y café me preparan para el día. Gordon y su clan sacan unas cuantas fotos cuando salgo a navegar, que luego se publican en el periódico local, el *Campbeltown Courier*.

La navegación es lenta, pero el avance por el estrecho me sitúa entre las islas escocesas, que me protegerán del oleaje atlántico hasta el North Minch.

Se ha producido un cambio en mi actitud hacia la navegación. Ya no tengo tanta prisa. La ruta por Irlanda me ha dejado bien encarrilado para dar la vuelta a Escocia antes de que se me acabe el verano. Puedo permitirme ir un poco más precavido. También quiero disfrutar de la costa oeste de Escocia.

Navego hacia el norte y me detengo a almorzar en el elegante Argyll Hotel, en Ballochantuy. Hojeo los periódicos.

El *Scotsman* tiene un artículo sobre la peor tormenta veraniega de los últimos cuarenta años. Supongo que fue cuando yo estaba acampado al borde de la bahía de Dundalk. Ha sido un verano de bajas presiones y parece que continuará así. Las bajas presiones traen humedad, y también viento, así que no puedo decir que el patrón meteorológico sea desfavorable. Por lo general, acepto el tiempo tal y como es.

Más al norte, me acerco a lo que supongo que es la isla de Gigha. Un par de perfectas playas de arena blanca se enroscan para encontrarse sobre rocas cubiertas de algas. La isla está cubierta de exuberantes helechos y otros tipos de vegetación que crean un suave telón de fondo. El mar bajo mis pies es un bosque de vida. Si navego más allá de esta playa me arrepentiré para siempre. Me adentro a la orilla lentamente y en silencio.

La belleza del lugar abre una válvula emocional. Tal vez la acumulación de travesías me había generado tensión, y con las tres principales ya superadas, esa tensión se libera por fin. Estoy absolutamente solo, aparte de los pájaros, los peces y la asombrosa, alucinante y extraordinaria belleza que me rodea. Me doy cuenta de lo privilegiado que soy. También aprecio que momentos así hay pocos en la vida.

Resulta que estaba en la deshabitada isla de Cara.

5 km más allá está Gigha.

Rodeo las rocas que protegen el fondeadero y reconozco dos de los veleros. Antes de acercarme a saludar, David y Maureen me hacen señas para que suba a bordo. Me reciben como a un buen amigo al que se esperaba.

Me ponen delante un plato de comida. Me esperaban. Me han seguido con el localizador durante todo el día.

También me entero de que yo no había cruzado solo el mar de Irlanda. Los buenos pastores, en sus oscilantes veleros, me habían vigilado de principio a fin.

Día 47 – 23 de julio

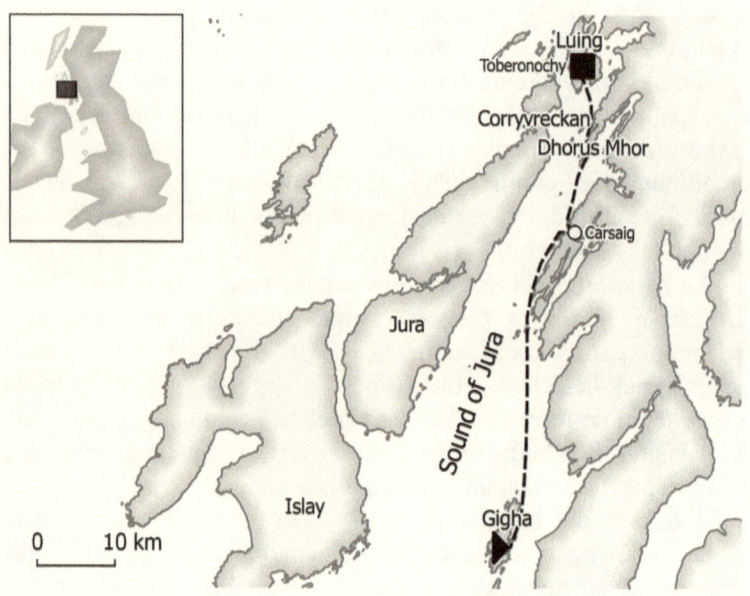

Está previsto que una mañana húmeda y ventosa mejore gradualmente a lo largo del día, lo cual deja libre la mañana para explorar. Dejo la tabla y mis otras pertenencias en la orilla, así que voy libre de trastos.

Tengo ganas de observar el mar por el lado de barlovento de la isla, que me permitirá evaluar mejor las condiciones en el estrecho. Así que me dirijo hacia el oeste, esquivando los chubascos, por verdes y agradables caminos. Al final del camino, literalmente, me doy cuenta de que ya no llevo el teléfono en el bolsillo.

Esto es un problema. Peino toda la ruta, dos veces. Pero no aparece.

En la playa hay una bonita casa con un jardín inmaculadamente cuidado. Le pido a la dueña, Marion, que llame a mi móvil. Considero que lo más probable es que esté cerca, aunque admito que puede estar apagado para ahorrar batería. Buscamos durante una hora.

Es hora de reconocer la derrota. Doy las gracias a Marion, que me ha ayudado a escudriñar la vegetación cercana en una búsqueda infructuosa, y me despido. Con la esperanza casi extinguida, le pido el último favor de que haga otra llamada dentro de quince minutos.

A la hora prevista, estoy detrás de un seto donde antes había hecho pis. La brisa agita la vegetación, pero no hay otros sonidos. Unos minutos más tarde salto el charco que me separa del camino y empiezo a andar hacia mi tabla. Tras reconocer la derrota, mis pensamientos se centran en cómo encontrar un sustituto.

El teléfono está abandonado —por derecho destinado a morir en los elementos escoceses— cuando lo oigo. Vuelvo corriendo a la fuente del sonido. El aparato negro y gris está escondido en la hierba, sano y salvo.

Llamo por teléfono a Marion, y vuelvo también a pie para darle las gracias en persona. No me lo puedo creer. La sincronización fue demasiado exquisita. ¿Cómo pude siquiera oír el teléfono a esa distancia? La brisa me trajo la llamada, me digo. Una brisa de Ricitos de Oro: la justa para transportar el sonido sin ahogarlo.

Me pregunto cómo es que las cosas siempre me salen bien. Todos los días los problemas se resuelven solos, la suerte me acompaña, todo encaja.

Considero lo divino, pero me decido por lo psicológico. Cuando estás en un buen momento, la vida te da una lluvia de regalos.

La experiencia subjetiva de toda esta «suerte» la considero lo que una persona más espiritual quizá llamaría «gracia».

***

Por la tarde estoy de vuelta en el agua, he almorzado y por fin he enviado algunas postales a la familia y al equipo de apoyo.

La navegación es fantástica. Un bordo directo en popa, traqueteando sobre las olas, subiendo el cada vez más fino estrecho de Jura, como si enhebrase una aguja. Incluso los windsurfistas más veteranos y cínicos como yo pueden disfrutar navegando en condiciones como éstas. Me detengo a descansar a sotavento de unas rocas, principalmente por la diversión de hacerlo. El niñoexplorador aún se encuentra en mí. Luego paro en Carsaig, a ver si puedo comprar comida. No puedo, pero en reserva tengo pan y queso así que da igual.

El estrecho de Jura se ha reducido de 23 km de ancho en Gigha a solo 4 km aquí. Como consecuencia, las corrientes fluyen con rapidez. El colador de islas hace difícil predecir la velocidad y la dirección del agua que escurre. Al otro lado del estrecho puedo ver una línea de rompiente. La intersección de corrientes que corren en direcciones opuestas.

La buena brisa me da confianza. Es el momento de ser audaz, como me había aconsejado John. Fijo mi destino en el Estrecho de Shona.

La ruta no está clara: islas o cabos bloquean mi camino. Lo navego como lo veo. La intuición guía mis decisiones de navegación.

Me mantengo al este, lejos de las corrientes de aspecto más feroz, hasta que delante muestra signos de convertirse en una ría sin salida. Hay una brecha, entre una isla y lo que supongo es un cabo. La última salida. El agua se precipita a través del estrechamiento. Después de la expedición me entero de que se trata del Dhorus Mhor.

En ceñida, cruzo hasta la corriente que da notoriedad al estrecho. El agua golpea la orza con violenta fuerza y me veo arrastrado río abajo. Esto es espantoso, digo en voz alta.

Atravieso la divisoria hacia una corriente más débil en la orilla norte, donde podré calcular mi próximo movimiento.

El sol está bajo. Brilla directamente a través del Golfo de Corryvreckan, una infame extensión de agua con remolinos que pueden tragarse pequeñas embarcaciones. Desde mi perspectiva, el Golfo parece imposiblemente estrecho. Montañas imponentes se elevan en vertical a cada lado. Para mí en estos momentos se asemejan a las puertas del Infierno, que hay que evitar a toda costa.

Resulto el Dhorus Mhor, la siguiente corriente fluye hacia el suroeste. Mantengo cerca la línea del acantilado, pero el agua es profunda y con pocos obstáculos, así que fluye con fuerza. Cuando hay rocas y peñascos aprovecho el resguardo que ofrecen para ayudarme a avanzar. Luego ataco con toda potencia los tramos que requieren enfrentamiento. Ahora tengo más confianza en la práctica de «navégalo como lo veas».

Hay un último tramo largo y expuesto. Apuesto que el viento no me abandone mientras lo cruzo, antes de llegar a las aguas más benignas del Estrecho de Shona. Las corrientes se vuelven trivialmente débiles. Corryvreckan, y el miedo imaginado, se desvanecen en la distancia.

Es otro privilegio haber navegado por ese zona marítima. La pureza de la experiencia es poderosa y emocional.

La euforia disminuye. La serenidad posterior a la batalla se instala en mi interior. Estas experiencias privadas son intoxicantes. Desde Carsaig he navegado sin testigo humano.

Vista de Toberonochy desde una bolsa de vivac antes del amanecer

Día 48 – 24 de julio

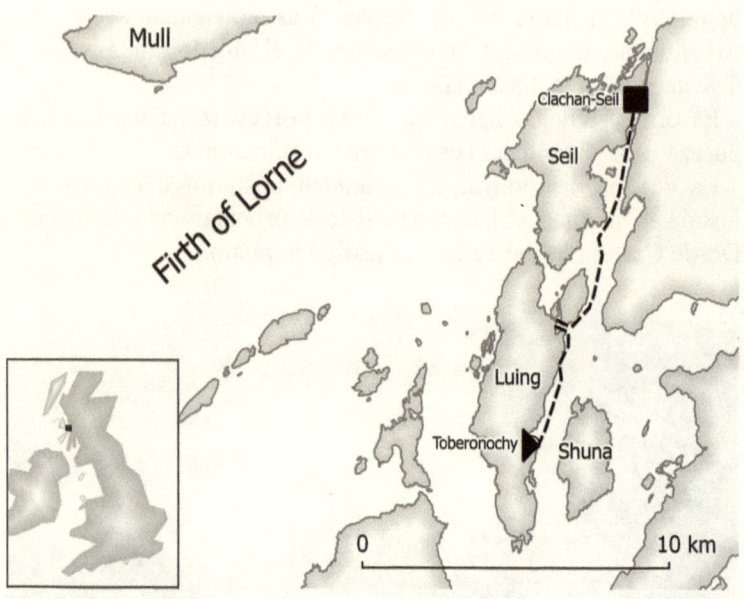

El suave repiqueteo de la lluvia me calma durante la noche. Cómodo y seco bajo mi vela, abro de vez en cuando los ojos. Las nubes rotas se reflejan en las tranquilas aguas del estrecho. La oscuridad completa no llega.

Tengo una cita a las 9 de la mañana. La oferta de una taza de té se convierte en un desayuno inglés completo. Conocí a John ayer, había estado maldiciendo a las golondrinas que anidaban en su barca. La caca de golondrina a cambio del control de los mosquitos escoceses me parece razonable. Los mosquitos son reincidentes, sin duda. Antes de partir de Toberonochy, recibo del hijo de John una camiseta Bing Blazer para añadir a mi guardarropa y varios recambios de pesca. El gruñón John me desea lo mejor y no tengo duda que lo dice en serio.

Sigo encontrando gente agradable. Sé que mi muestreo es selectivo: es poco probable que desarrolle una relación con personas que tienden a ser desagradables. Pero, a pesar de ello, creo firmemente que todos preferiríamos, en un nivel fundamental, ser amables y cooperativos. Las aparentes excepciones son, en su mayor parte, fáciles de explicar, y el resto al menos tienen explicación.

La brisa es casi inexistente. Llego a un punto en el que vuelve a haber señal de móvil y me detengo para hacer algunos trámites administrativos.

Los componentes de mi tabla, ya muy usados antes de la expedición, están notando su edad. El riel del mástil está desgastado y no funciona correctamente. Los *footstraps* están deteriorados. La aleta también está vieja y cansada, y me preocupa que pueda fallar en un momento inoportuno. Hablo con Gregg y con Tushingham. Juntos elaboran un plan para conseguirme algunas piezas de repuesto listas para recoger en Mallaig. No me queda ninguna duda de que el apoyo de Tushingham es auténtico y va más allá de lo estrictamente comercial. Me siento feliz de formar parte de este equipo.

Recorrer las 4 millas siguientes me lleva 4 horas en el agua. Durante la mayor parte del tiempo no hay ni un soplo de viento. Recurro a veces a intentar remar al estilo surfista, mientras intento equilibrar la vela en la parte trasera de la tabla utilizando las piernas, y al menos avanzo unos cientos de metros de esta forma.

Es un trabajo duro con poca recompensa, pero tengo un objetivo claro en la mente. Alice y John se apuntaron muy al principio a la página web. Estoy deseando aceptar su oferta de ayuda y, francamente, me vendría bien una ducha y retomar el contacto con el jabón.

Me dirijo hacia un estrecho canal entre Seil Island y tierra firme. Justo antes del puente de Clachan está el pueblo de Clachan-Seil. El jardín de Alice y John da a la orilla del agua. Están en el césped cuando llego. Llevo mi equipo a la frondosa hierba e intercambiamos saludos. Al principio tardo un poco en reconocerlos, pero luego recuerdo haber enseñado a Alice a hacer windsurf y haber charlado con John en alguna ocasión en la playa de Menorca. Son gente tranquila y amable.

Me cuidan muy bien. Más tarde damos un paseo muy agradable más allá del puente, siguiendo el estrecho canal hasta llegar al mar.

En el viaje de vuelta nos detenemos en el *pub*. Detrás de la puerta hay una sala pequeña: mucha gente, ruido, parloteo en todas direcciones, techo bajo. Para los presentes parece que es un ambiente agradable, pero yo siento una incomodidad familiar. Afortunadamente, hay una sala contigua más tranquila. Me retiro allí, finjo inspeccionar las viejas fotografías que cuelgan de las paredes y saboreo como es debido el maravilloso sabor de la cerveza.

Día 49 – 25 de julio

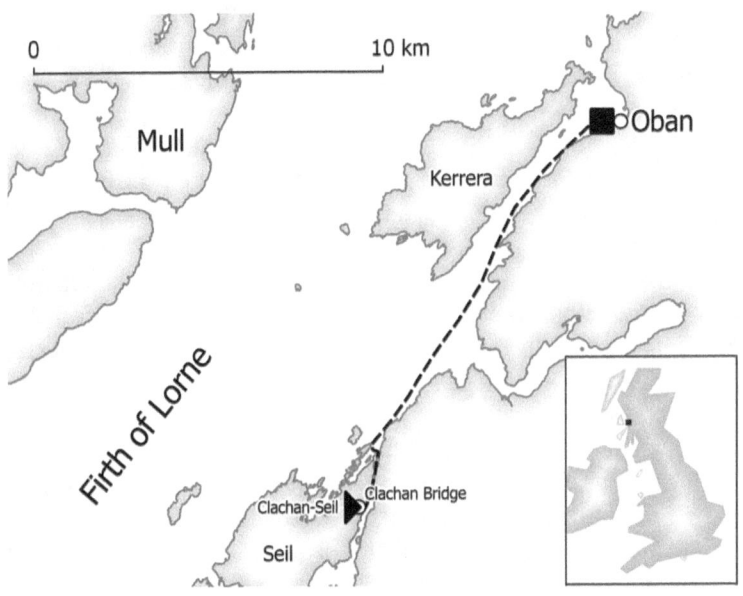

Alice y John me despiden con la mano mientras salgo por la mañana con la marea creciente. Un viento suave sopla de norte a sur por Clachan Sound, pero la corriente al menos ayudará a mi avance.

Navego bajo el arco de piedra del puente de Clachan. El canal que conduce a aguas abiertas mide 1 kilometre de largo, es poco profundo y está obstruido por la maleza. Me abro paso sudorosamente a través de la vegetación, hacia la libertad. Aprovechar el atajo es divertido, y me recorta kilómetros.

Espero a que sople el viento y admiro las vistas durante un rato. Al otro lado del estuario de Lorne están las montañas de Mull. Un delfín se abre paso perezosamente hacia el mar. La escena es majestuosa.

A continuación, una combinación variable de brisa y corriente me lleva hacia Oban. La tierra está cerca y las condiciones son benignas. Es un día inusual porque la seguridad personal no es una preocupación importante. También hace calor y realmente parece verano.

Al acercarme al interior de la isla de Kerrera, un velero me rodea en una maniobra inesperada y ligeramente violenta. No es piratería, solo un saludo amistoso de otro viajero solitario, que me desea lo mejor en mi viaje. Otro nuevo amigo. Una prueba más de que la vida es mejor siendo alguien que se fija y que participa.

Mi madre, Jen, y mi padrastro Peter han viajado a Oban en tren. Con los codos apoyados en las barandillas, miran hacia el mar, tomando el sol, mientras yo me acerco a un punto de desembarco en el club náutico.

Mi madre se muestra aliviada de que yo parezca esencialmente el mismo que partió de Clacton hace 49 días. Creo que se había imaginado a un superviviente de un naufragio con apenas fuerzas para arrastrarse hasta tierra firme. Hay días en que, sin duda, me he sentido cansado pero físicamente me encuentro bien. Mentalmente también me siento bien. La cima de Escocia me inspira más miedo, pero estoy mucho mejor que después de rodear Land's End. Siento que el trauma ha quedado atrás.

Por supuesto, en algunos aspectos sí que he cambiado. No podría ser de otra manera. Pero no persigo el crecimiento personal ni busco anotar ningún cambio, todavía. El procesamiento de la experiencia llevará su tiempo.

**

Oban tiene un centro urbano, tiendas, turistas, gaviotas oportunistas, ferris, *pubs* y cafeterías. Es un lugar agradable para pasar una tarde soleada. Comemos y paseamos. Tomo prestada la habitación de hotel de mi madre y Peter para ducharme y echarme una siesta. Antes de seguir comiendo, me encargo de escribir una entrada del blog para la página web.

Rechazo la oferta de una habitación de hotel. No parece tener mucho sentido cuando estoy igual de contento bajo la vela. Además, por lo que he visto, Oban parece tener mucho jaleo por lo que probablemente no sea buena idea dejar el equipo solo.

Día 50 – 26 de julio

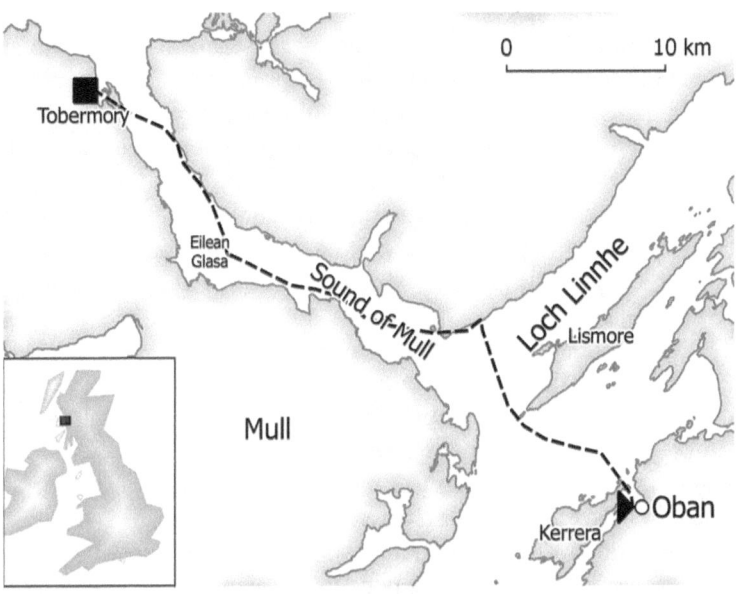

Tomo un sustancioso desayuno con Jen y Peter. Me entero de que la madre del aventurero se levantó al amanecer para ver cómo estaba su hijo. Acurrucado en mi saco, dentro del bolsa de vivac, no me di cuenta de su visita.

Charlamos con un pescador profesional mientras me preparo para salir. Me dice que ya he hecho las partes más difíciles y me tranquiliza sobre los días que me esperan.

No es habitual oír consejos informados y no alarmistas. Muy a menudo, los nativos parecen enorgullecerse de tener una costa traicionera y se afanan en describir la suya como especialmente temible. Una pregunta amable suele revelar que sus consejos se basan en la reputación o la notoriedad, más que en la experiencia de primera mano. Me he vuelto muy selectivo en cuanto a los consejos que sigo.

Me alegro de que mi madre escuche el sereno análisis del pescador.

Ha sido un reencuentro perfecto. Salgo de Oban esquivando los ferris de Calmac y retomo mi viaje.

Hay una travesía considerable de 14 km hasta el lado norte de Loch Linnhe. Aquí una montaña desciende hacia el mar y bajo su escarpada ladera hay una bahía que me recuerda a mis aventuras de la infancia. Me detengo un rato, solo porque puedo. Trepo por las rocas y luego me siento tranquilo y quieto a observar la naturaleza.

La corriente está en mi contra para remontar el estrecho de Mull. Es un trayecto largo, pero técnicamente fácil, con un nivel de exposición de lo más bajo. Disfruto del paisaje y de la vida salvaje de las orillas.

Las focas duermen la siesta con sus morros apuntando al cielo. La mayoría se percata pronto de mi presencia y se desliza silenciosamente hacia las profundidades. Algunas se dan cuenta tarde y realizan un potente giro e inmersión combinado. Una no se despierta en absoluto, mientras me deslizo lo bastante cerca como para contar los bigotes de su cara.

Me detengo a descansar en una isla en medio del estrecho, a una milla de cada orilla. La isla es poco más que una roca, pero alberga aves marinas y, para mi sorpresa, una nutria.

El tiempo se vuelve más gris por la tarde. Una reforzada brisa y la llovizna hacen coincidir su llegada a Tobermory, en la isla de Mull, con la mía.

El fondeadero y el puerto deportivo del pueblo están llenos de embarcaciones y el espacio en tierra también es limitado. Mediante un intercomunicador, hablo con quienquiera que esté en el interior del edificio cerrado del puerto deportivo, y negocio permiso para pasar una noche en el trozo de tierra que hay detrás de su oficina. No es lujoso, pero al menos es un poco privado. Estoy bastante satisfecho con mi esfuerzo y mi recompensa.

La cena es *fish and chips*. Puntuación mediocre. Cinco sobre diez.

Es probable que el tiempo y los recuerdos (quizá idealizados) de las vacaciones de la infancia tengan algo que ver, pero me encuentro un poco decepcionado con Tobermory. Reconozco los signos de un turismo excesivamente intensivo y muy estacional. Mano de obra fatigada y harta. La paradoja no resuelta que haya un ligero resentimiento hacia los turistas pero que, a su vez, éstos sean los que pagan las facturas y mantienen los *pubs*, las cafeterías y las tiendas abiertas. Lo vi donde vivía en España y lo reconozco aquí también.

Día 51 – 27 de julio

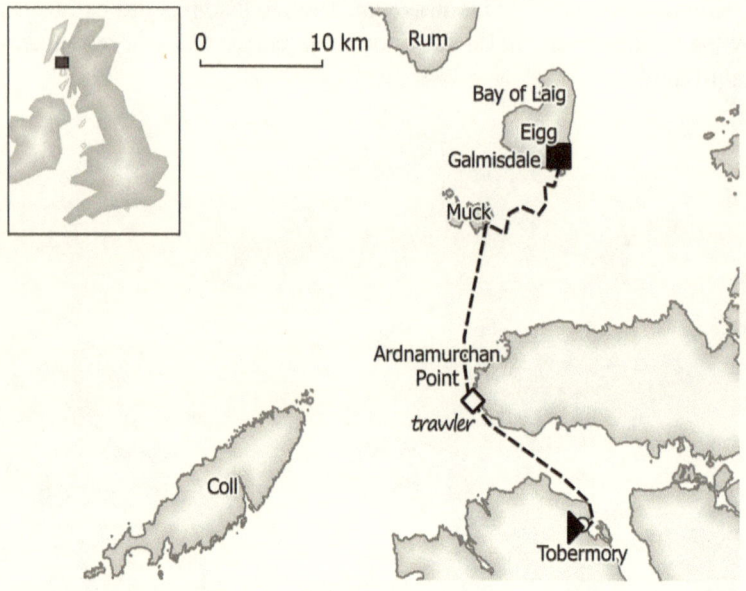

Al llegar la hora de desayunar una lluvia suave y agradable repiquetea sobre mi vela-refugio. Un visitante vestido con un chubasquero, que seguramente me habrá visto desde la ventana del edificio portuario, mete su cabeza en mi espacio: «¿Qué haces aquí?». Incluso yo saludo mejor que él. Le explico que tengo permiso.

La figura encapuchada gruñe, se da la vuelta y se va, quizá para buscar corroboración de mi historia. Me entretengo pensando que los windsurfistas vagabundos de Gran Bretaña se van a convertir en una grave molestia. Deja que uno duerma aquí y todos querrán...

Un par de funcionarios del puerto se acercan a charlar. Son amables y dispuestos a ayudar. Imagino que habrán consultado la página web, habrán visto mi ruta hasta ahora y opinado que es notable. Creo que me han aceptado como compañero de navegación. Estoy seguro de que podría quedarme una semana si quisiera. No quiero. Pero mi afición por Tobermory se ha restablecido en su mayoría.

Unos cuantos veleros no tardan en dirigirse hacia el estrecho. Los sigo hacia Ardnamurchan Point, agradecido por la compañía. La navegación en popa hacia el cabo es una pasada. El viento del este sopla directamente desde el estrecho de Mull. La masa de tierra de Ardnamurchan bloquea entonces el viento. Se vuelve tan flojo que me esfuerzo por esquivar un arrastrero y acabo incómodamente cerca de sus redes, que se están echando a las profundidades. Cualquier cosa que se enrede en ellas se hundirá con ellas, observo, con un escalofrío. La tripulación es amable y me sacan una foto.

Por fin, lejos del cabo vuelvo a tener viento. Tengo que elegir. Seguir la costa hacia el este y navegar mañana hacia el norte. O navegar más al norte hoy, hacia la isla de Eigg, y luego navegar más al este mañana. Independientemente de la ruta que elija, la dirección del viento es desfavorable, pero si me dirijo a Eigg probablemente tendré menos millas que navegar. Además, según dicen, hay un *pub* en esa isla.

Salgo a mar abierto. El viento de levante me deja bastante expuesto. Sin tierra a sotavento, cualquier problema sería importante. Eigg está a unos 17 km. Algo más cerca y a unos kilómetros a sotavento está la isla de Muck, que es más o menos al mejor ángulo que puedo lograr. Es otra buena navegación: una ceñida potente golpeando contra las olas a más de 8 nudos. Alcanzo y dejo atrás uno de los veleros que habían partido de Tobermory antes que yo.

Echo un vistazo a Muck, pero decido no desembarcar. Las instalaciones parecen inexistentes. Sigo hacia Eigg. Cortos zigzags mantienen a Muck a sotavento de mí: una red de seguridad en caso de problema.

Eigg es impresionante. Si tuviera que diseñar una isla, me inspiraría en ella. Tiene un bonito puerto natural de arena blanca. Detrás, elegantes contornos verdes se elevan hasta un pico escarpado que me hace pensar en el Eiger, o como imagino que debe parecer. Aterrizo en un lugar de acampada fantástico. Poco después, Dean se acerca a saludarme.

El hombre alto y delgado me recuerda un poco a mí. Me explica cómo llegó aquí en kayak hace 12 años y nunca se marchó. Pienso en 12 años en la isla y me imagino 12 años después en este mismo lugar. Suena un débil timbre de alarma.

Entonces, y ahora, estoy bien seguro de que doce años en Eigg no serían para mí. Pero pensándolo bien, tal vez podría haberlo sido, si el destino no me hubiera unido a una isla distinta.

Dean se marcha para continuar sus obras de construcción. Al parecer, ha construido varias casas en la isla, pero aún no ha llegado a construirse una para él. Inspecciono la cafetería Galmisdale Bay Café, que también funciona como *pub* todas las tardes salvo los lunes. Hoy es lunes. Mal planificado por mi parte. Un bollo de beicon repone rápidamente las reservas de energía antes de salir a explorar.

Disfruto mucho de mi paseo por la isla. Un cartel de la empresa Eigg Electric informa que la isla es autosuficiente en energía renovable. Paso junto a varias viviendas y veo la escuela más pequeña y pintoresca que he visto nunca. Hago una foto para Alba. La cámara vuelve a salir en un punto que domina la bahía de Laig, con unas vistas impresionantes hacia la isla de Rum.

Volvería a Eigg, para seguir explorando, con más tiempo.

Pero ahora regreso a mi lugar de acampada. Un paquete de comida rehidratada es la cena. Una combinación de camiseta y visera mantiene a los mosquitos escoceses alejados de mi cara, pero vestido así es complicado comer. Me acuesto a dormir en la apacible penumbra.

Isle de Rum desde la Isla de Eigg

Día 52 – 28 de julio

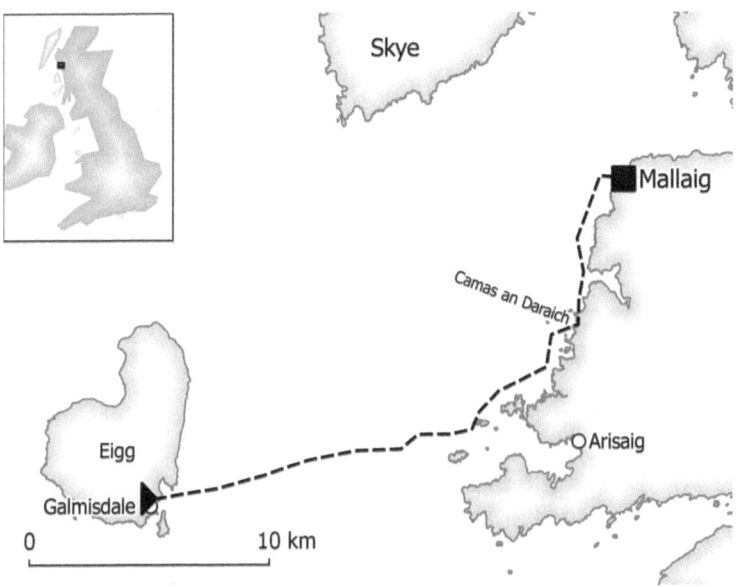

Esta mañana el aire apenas se mueve, pero viene del norte y hace frío. Si salgo y el viento queda así de débil tardaré todo el día en volver a conectar con tierra firme. Mejor visitar la Galmisdale Bay Café.

A última hora de la mañana soy testigo de la llegada de tres kayakistas. Los saludo como Dean me saludó a mí, sin la historia del naufragio que mi imaginación le ha colgado. Yo he escogido el mejor sitio para acampar, pero les cedo los derechos a una parcela cercana.

Los kayakistas son un guía y dos clientes. Salieron de Arisaig por la mañana temprano. Las condiciones eran de calma perfecta para su travesía, y vieron un rorcual aliblanco. A mí también me gustaría ver ballenas y esta gente está convencida de que así será. Quizá incluso orcas, de las cuales hay, aparentemente, una manada en estas aguas, y otra en la costa norte de Escocia.

A la una del mediodía, por fin sopla una brisa que me permite salir a la mar.

Mantener rumbo de ceñida con poco viento es algo estático. Después de una hora y media en el mismo bordo, mis manos están a punto de caerse de frío. Tampoco hay ballenas.

Cuando vuelvo a tener la costa cerca hago viradas regulares para favorecer la circulación. Después viene una parada en una playa, donde hago estiramientos y ajusto mis múltiples capas térmicas, lo que me ayuda a llegar a una temperatura de funcionamiento agradable.

Adoro mi gorra de forro polar. Igual que, de niño, me encantaba mi peto de pana.

El viento refuerza un poco y disfruto de la ceñida el resto del trayecto hasta Mallaig.

Al acercarme desde el mar, el muro de hormigón del puerto y los escarpados riscos detrás de Mallaig me hacen pensar en una ciudad fortaleza. Me gusta que el pueblo sea más funcional que bonito. Me aproximo a velocidad lenta, en busca de un lugar para acampar. Las opciones son escasas.

En un pontón flotante hay unas cuantas embarcaciones amarradas. La tripulación del último barco, un velero tradicional de antes de la era del plástico, me hace señas para que me acerque. A bordo hay dos hombres con el pelo muy abultado y parecido, serán hermanos. Una joven rubia, ¿una hija? Y de edad similar un muchacho guapo que reconozco inmediatamente como el capitán Jack Sparrow, Johnny Depp en la película *Piratas del Caribe*.

Los navegantes me habían visto rodear Ardnamurchan Point hacía dos días, mientras ellos lo rodeaban más mar adentro. Yo también recuerdo haberlos visto. Su barco no tiene camarote de sobra, pero puedo dormir bajo la tienda de la botavara si me apetece. Claro que me apetece. Hace tiempo que decidí no ser exigente con las ofertas de ayuda.

La tripulación del *Lassie of Chester* se dirige en busca de comida. Yo me retraso, ordenando mi equipo. En realidad no necesito el tiempo para hacer nada en particular, pero me da el espacio para alejarme de mi mundo en el mar y volver a un mundo con gente.

Refrescado, me reúno con mis compañeros. La *chowder* (sopa de pescado) de la taberna es excelente.

Los dos hombres mayores son hermanos. Uno es Adrián, el patrón de *Lassie*.

Rosie, la chica rubia, es la hija de Adrián.

Sparrow es un ayudante contratado y el marinero más experimentado de ellos. Tiene la belleza, la elegancia y, a mi entender, la fantasía ocasional del personaje cinematográfico de Depp.

Lassie inició su viaje de verano desde el norte de Gales. Sparrow subió a bordo en la isla de Arran. Han hecho escala en Mallaig para reparar el motor.

Al tener que hacer aquí mis propias reparaciones, encajo perfectamente.

La orgullosa tripulación de *Lassie*

Día 53 – 29 de julio

El primer trabajo de hoy es encontrar el astillero de Mallaig. Las piezas de repuesto que ha enviado Tushingham aún no han llegado, pero al parecer están de camino. Cruzo los dedos para que lleguen por la tarde.

Detrás del puerto hay un edificio de la Misión de los Pescadores, una organización benéfica que ayuda a los que trabajan en el mar. Tiene una cafetería contigua, que me complace frecuentar. Vuelve a mi mente la imagen de aquellas redes sumergiéndose frente a Arnamurchan Point. También recuerdo la oxidada y dentada maquinaria gruñendo a bordo, con los pescadores-operadores tan cerca. Con buen tiempo es un trabajo bastante peligroso. Cuando el mar es maligno se asemeja a una ruleta rusa.

Me gusta Mallaig. Me parece un lugar honesto y que tiene una razón de ser.

Por la tarde aparecen mis repuestos. Receloso de que se me caigan las piezas al mar, me desplazo a tierra hasta una zona de «Prohibido aparcar» para instalarlas. No vienen a moverme y en su lugar mantengo una agradable conversación con un entusiasta holandés.

Una vez completado el trabajo, el carril del mástil se desliza libremente como debería; he sustituido algunos de los *footstraps*, los que también utilizo para levantar la tabla; y he cambiado la aleta y sus pernos, que también están especialmente sometidos a esfuerzo en mi embarcación modificada.

El trabajo me permite inspeccionar a fondo la tabla. El acabado bajo el agua, antes liso, ha desarrollado una textura áspera, que lijo. Utilizo un spray de silicona prestado para lubricar todas las piezas móviles. El servicio completo es bueno para la confianza. Mi única pequeña preocupación es la nueva aleta, significativamente más grande. Espero que no provoque problemas de control con vientos más fuertes ni suponga demasiada tensión adicional en la caja de aletas de la tabla.

Mi familia adoptiva ha estado trabajando con *Lassie*. El barco es un «Morecambe Bay prawner» (de pescar gambas), de construcción de madera. Un clásico. Se han hecho amigos de un interesante constructor y marinero local, Toby, que comparte su pasión por las cosas de madera. Toby es un reconocido experto en barcos clásicos y cuida de *Lizzie May*, un «Pilot Cutter» tradicional de nueva construcción, amarrado a pocos metros de distancia. Nos han ofrecido navegar esta tarde. Entiendo que se trata de todo un privilegio, así que decido abandonar mi sentimiento de culpa por la falta de progreso de hoy y disfrutar de una nueva experiencia en su lugar.

Antes de salir, nuestro vecino Pedro «Gamba» aparece desde debajo de la cubierta de su barco con unos 20 kilos de langostinos recién cocinados para repartir entre todos. Pedro es otro vínculo amistoso de la zona de Bangor, en Irlanda del Norte. Tiene algún tipo de conexión familiar aquí, de ahí las bolsas llenas de «gambas» gratuitas de los pescadores de arrastre. En la lingüística local los langostinos son gambas. Nos atiborramos hasta saciarnos, antes de dirigirnos al *Lizzie May*. Me alegro de haber decidido quedarme aquí hoy.

Es una navegación memorable. El *Lizzie May* navega maravillosamente. Las condiciones en el estrecho de Sleat son alucinantemente fantásticas. Un fuerte viento del norte hunde nuestras bordas en el agua. Las tumultuosas nubes y las imponentes montañas están pintadas de multitud de tonos grises. Es uno de los escenarios más impresionantes en los que he navegado.

Viramos contra el viento hacia Doune, en Knoydart, donde creció Toby. El antiguo poblado fue recolonizado por los padres de Toby. Tiene acceso por mar, o por una senda de montaña de 30 millas desde la carretera más cercana.

Hay mucho de salvaje en Toby. En un momento dado se sube al mástil y escudriña el majestuoso entorno, como un lobo escudriñaría su territorio.

Toby conduce el *Lizzie May* con fuerza. También hay algo de *showman* en él. Pero creo que no es espectáculo la importancia que da a la marinería. Salimos a vela de nuestro amarre y volvemos también bajo vela. Tener un motor no es razón para utilizarlo. Es una filosofía que yo también comparto.

Nos quedamos a bordo hasta tarde. Y aunque el lobo que hay en mí preferiría estar vagando ahora, que estar bajo cubierta entre canciones de balleneros y whisky, eso apenas importa. Porque *Lizzie May* y el Sound of Sleat han proporcionado esta noche algo cercano a la perfección. Cuando piense en el día de hoy y se me nublen los ojos, estaré allí, en el agua.

Lizzie May cruza con potencia el Sound of Sleat

Día 54 – 30 de julio

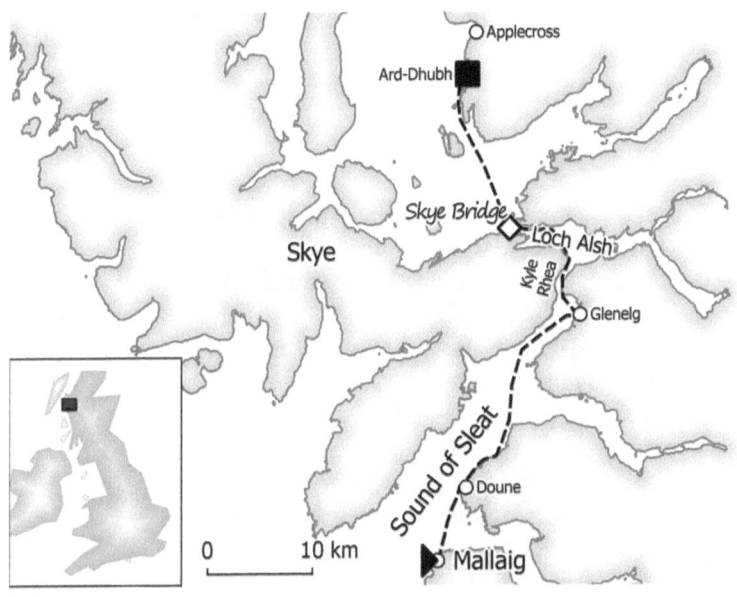

Una suave brisa del sur me empuja desde Mallaig. Las condiciones vuelven a ser perfectas para avanzar con facilidad y sin amenazas. Navego unas horas, pasando las entradas de los *lochs* y siguiendo los contornos de la costa entre ellos. Estoy maravillado por el paisaje que me rodea. Es como estar en las espectaculares secuencias iniciales de una película donde la cámara nunca deja de rodar.

Entra más viento alrededor de Sandaig, donde se estrecha el Sound of Sleat. La tabla sube al planeo con facilidad y se siente más equilibrada con la nueva aleta más grande. El equipo da sensación de solidez.

Más adelante está Kyle Rhea, un estrecho canal entre la isla de Skye y la tierra principal de Escocia. Al parecer, aquí hay fuertes corrientes con las que debo tener cuidado. Tengo que esperar unas horas hasta la bajamar, así que me acerco a la orilla de Glenelg para descansar y esperar el momento oportuno.

El pueblo guarda la entrada, o salida, al Sound of Sleat. Tiene un ambiente agradable. Aunque hay montañas prominentes en tres lados y agua en el cuarto, el pueblo ocupa un llano y da sensación de espacio. Las casas que veo sugieren una pequeña población residente y algunas segundas residencias. Los servicios incluyen un taller para bicicletas (me reúno con Jake, el propietario) y una pequeña escuela primaria con una cafetería-sala de fiestas adyacente. Conozco a Lisa, que trabaja en ambos.

Esta morena delgada me resulta agradable a la vista y tiene un carácter alegre. Me pone al día sobre el tiempo y tiene wifi en casa. La conexión es buena. Sentados en la entrada de su casa, charlamos bajo el sol de la tarde.

Podría quedarme más tiempo, pero el proverbio sobre el tiempo y la marea resuena en mis oídos. Lisa dice que bajará en bici para despedirme, lo que me hace feliz.

Me coloco junto a mi tabla y retraso la salida con la esperanza de que Lisa aparezca. No aparece. Una lástima, pero no pasa nada. Un poco desinflado, izo la vela y me alejo, despacio y sin apenas rizar el agua.

Kyle Rhea separa el Sound of Sleat de Loch Alsh. Fluye una fuerte corriente, pero el agua es llana y la experiencia apenas me levanta el pulso. Navego cerca del ferry de Glenelg, que al parecer en su día fue pilotado por el abuelo de Lisa.

El viento en Loch Alsh es abismal. Las altas montañas que lo rodean sugieren que esto es lo normal.

La ruta de salida pasa por debajo del puente de la carretera de Skye. En contra de la marea, avanzar es una verdadera batalla. Me mantengo donde hay poca profundidad siempre que es posible, pasando a centímetros por encima de las rocas sobre las que está colocado un faro.

De vuelta en aguas abiertas, vuelve el viento. Eso es bueno: me gustaría llegar a algún sitio y queda poca luz en el día. El cielo vuelve a estar nublado. La llegada del próximo sistema de bajas presiones del Atlántico es inminente.

Me gustaría llegar a Applecross. Según mis investigaciones, allí hay un *pub*. Un *pub* es el lugar perfecto cuando hace mal tiempo.

La corriente desfavorable retrasa el avance. La costa está totalmente despoblada.

Es casi de noche cuando llego a una orilla habitada. Hay una ensenada con algunas casas, agrupadas en tres lugares. Una lluvia brumosa deja todo goteando. Me acerco a cada una de las dos primeras poblaciones, pero no parecen buenas para acampar. La tercera opción parece aún menos prometedora. Me dirijo de nuevo hacia el primer lugar, que es mi favorito. No hay ni *pub* ni señales de vida por ninguna parte.

Entonces, de la brumosa penumbra surgen unas voces. Dos hombres reman frenéticamente, caóticamente. El sonido de los remos chapoteando es inconfundible. Miro a mi alrededor buscando una explicación a sus esfuerzos, pero con la poca visibilidad solo veo niebla y colinas mojadas. Estoy perplejo. Parecen dirigirse hacia mí, así que me deslizo más cerca para ahorrarles el chapoteo.

Los hombres están sin aliento. Me lo explican —jadeantes, en fragmentos— que debo ir y quedarme con ellos. Que tienen una habitación libre. Bueno, no una habitación, sino una autocaravana, y no es suya... Pero puedo quedarme allí. Aunque está averiada. Pero no pasa nada. Y acaban de volver. Tarde. Han estado navegando hasta tarde. En su barco Wayfarer. Por eso les echarán la bronca. ¡Pero ahora no! ¡Porque mira qué tarde he llegado yo! Les caería una buena bronca si llegasen tan tarde como llego yo. Gracias a mí ¡se han librado! Debo venir y quedarme con ellos. Estaré hecho polvo. ¿Quiénes son? Ah. Son Matt y su hijo, Chris.

Y así es como conozco a la familia Oglethorpe. Son absolutamente el tipo de gente que se fija en los demás. Por la tarde llueve a cántaros. Una vez más he tenido una increíble y quizá inexplicable suerte.

* * *

Por dentro, la cabaña costera es acogedora. Una chimenea impide que entre el frío. Conozco a la mujer de Matt, Lucy, y a su hija Emma. Lucy manda a Matt a visitar el gallinero y diez minutos después sirve unas tostadas con huevos. Las yemas líquidas no pueden saber mejor.

En la casa viven la tía de Lucy y su pareja, que trabajan en la finca local de Applecross. En realidad me he quedado corto: el pueblo de Applecross está a unos kilómetros al norte. La ensenada donde he parado se llama Ard-Dhubh, y es una escapada habitual para Matt y su familia.

La habitación de invitados es una autocaravana averiada pero bien equipada. Me escabullo por el suelo empapado hasta el alojamiento donde descansaré seco y confortable.

Día 55 – 31 de julio

No ha dejado de llover. Preparo té desde debajo de las mantas. Las vistas a través del parabrisas se extienden por el Inner Sound hasta la isla de Raasay. También hace viento. No tengo muchas ganas de navegar.

Matt y su familia comprenden al instante que las condiciones no son favorables para navegar. Ellos saben de la existencia de una estación de sondeo submarino del Ministerio de Defensa, en Sand, a unos kilómetros más al norte. Les llamamos para comprobar los derechos de paso y las lecturas del viento. Hoy no hay submarinos por los que preocuparse, pero con rachas de viento de 30 nudos recomiendan que me quede donde estoy.

Una vez aclarado esto, se convierte en un día de descanso tranquilo y sin remordimientos.

Comparamos notas sobre seguridad marítima. Aunque tienen poca experiencia, Matt y Chris son intrépidos exploradores con su barco de vela ligera clase Wayfarer. Es emocionante considerar las oportunidades de aventura que hay por aquí.

Mirando hacia el sur por el Inner Sound durante un descanso de la lluvia

Disfruto hablando con Matt. Como muchos de los hombres de familia que conozco en mi viaje, está claro que algunos aspectos de la vida le resultan un poco insípidos. Ha realizado algunas expediciones interesantes en bicicleta en el pasado y echa de menos la libertad que tenía cuando era más joven. Al mismo tiempo, aprecia y adora plenamente a su familia y comprende que la vida es un compromiso. Admiro la firmeza de hombres como Matt. Y no me sorprende en absoluto que Chris y Emma sean unos jóvenes adultos tan agradables.

Damos un paseo en coche por la costa. Pasamos por Sands Bay y luego por la cordillera costera hasta Loch Torridon. Olas de lluvia suben por el Inner Sound. El agua limpia y nutritiva golpea el parabrisas.

Nos detenemos en un punto estratégico para inspeccionar mi ruta de mañana. El vibrante paisaje verde contrasta con la panorámica de las nubes que avanzan en pliegues grisáceos. En medio del viento borrascoso, cierro los ojos y miro hacia arriba, con la boca abierta. El sabor y el tacto del agua sin sal es delicioso.

Durante parte del día me pierdo en mis pensamientos. Me doy cuenta de lo lejos que he llegado. Distancia física y viaje personal. Encuentro más paz en mí mismo.

También reflexiono sobre el encuentro fortuito de ayer en Glenelg, y sobre el encuentro de Irlanda con mi ex. Hablar con Lisa fue fácil y hubo atracción. Eso fue inesperado. Entre mi ex y yo ha habido algún contacto, pero al menos que yo sepa, últimamente ha sido cada vez más distante. Con nostalgia, pero con positividad, sé que lo mejor es dejar atrás lo que quizá podría haber sido, pero que no estaba destinado a ser.

Esa noche recibo un mensaje de buena suerte de Lisa. Había venido en bicicleta para verme navegar por Kyle Rhea. Me alegro, y puedo imaginar o recordar haber visto allí una figura sobre las rocas.

Día 56 – 1 de agosto

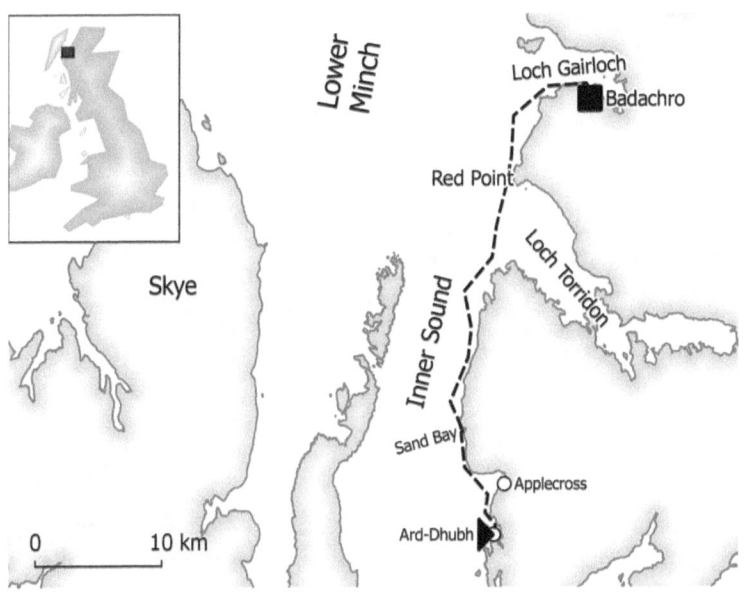

Chubascos, en lugar de lluvia incesante. Sopla lo bastante fuerte como para que no me entusiasme demasiado, pero no quiero quedarme más de la cuenta, y la previsión es que las condiciones mejoren.

La pequeña comunidad se despide saludando con las manos en alto. Figuras con capuchas impermeables se alinean en la orilla. Hago un par de bordos al abrigo de la cala para comprobar las condiciones, que considero al límite de lo aceptable, antes de salir en popa abierta.

No llego lejos antes de que me alcance el siguiente gran chubasco. Doy gracias por haberme familiarizado ayer con la costa, ya que sé que tengo Sand Bay como refugio. Sobrecargado y bajo una fuerte lluvia, consigo entrar. Matt y su familia aparecen, han estado conduciendo por la carretera de la costa haciendo fotos en varios puntos panorámicos.

De camino a Sand Bay antes de otro chaparrón. Foto: Emma Oglethorpe

Aquí hay un *bothy*, una humilde morada, para refugiarnos. Matt me explica que Monty Halls vivió aquí 6 meses como pastor para el programa de la BBC *Great Escape*. El interior está vacío, pero el tejado reconstruido impide que entre la lluvia, ahora torrencial.

Tras el chaparrón, me despido definitivamente de mis nuevos amigos Matt y su familia.

Dejo atrás tierra firme una vez más. Hacia el norte, el Inner Sound se abre en The Minch. Las islas de Lewis están a 50 km de la costa. Por el Lower Minch, estas islas ofrecen una protección útil contra el oleaje del Atlántico, pero aun así la sensación es de estar en una costa expuesta.

Cruzo los 6 km de anchura de la desembocadura del Loch Torridon. Al este se alzan escarpadas montañas vestidas con trapos hechos de nubes.

Bellas playas a ambos lados de Red Point, y otras más al norte, pasan admiradas pero inexploradas. Todavía es temprano cuando llego a las tranquilas aguas de Gairloch.

Tengo contactos aquí, en Badachro. Cuando Meredith y Rob se apuntaron fue un verdadero estímulo. La bandera que pusieron en el mapa está justo en medio del tramo de costa más remoto al que me enfrento. Su ayuda convierte un enorme tramo desconocido en dos tramos grandes pero significativamente menos intimidantes.

Percibo un ligero aumento de la ansiedad por no avanzar más hoy. El terrible tiempo de estos días me hace temer que el verano se haya ido y, con él, mis posibilidades de superar la costa norte de Escocia. Lo pienso con detenimiento y considero la situación de manera más racional: en una costa tan desierta necesito ayuda dondequiera que se me ofrezca. También quiero conocer a estos amables desconocidos.

Un canal serpenteante me lleva hasta Badachro. Sale una corriente: agua de mar junto con agua dulce que drena de las colinas. Hay unas cuantas barcas amarradas y una dispersión de casas.

Meredith y Rob y sus educados chicos ofrecen todas las comodidades que un aventurero del windsurf pueda desear. Me hacen sentir como en casa y luego vuelven a lo suyo. Como la mayoría de la gente de zonas remotas, sobreviven con una mezcla de trabajos. Rob arregla barcos y los patronea para la gente. Uno de sus clientes recientes es la BBC que estaba filmando orcas. Meredith tiene una tienda de artesanía (Latitude 57) y un don evidente para hacer y vender cosas: artes en las que está formando a sus hijos. Van y vienen, al igual que una mezcla de amigos. Es un hogar divertido y animado, y no me parece en absoluto un lugar aislado.

.

Día 57 – 2 de agosto

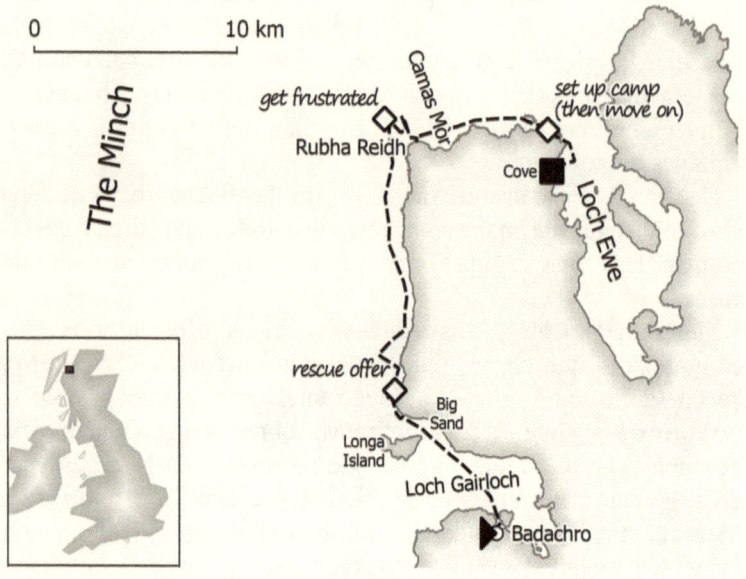

Salgo temprano, con las provisiones aumentadas por un metro cuadrado de barrita crujiente «Rocky Road» de Meredith, repleta de calorías.

El más ligero de los aires me lleva a través de Loch Gairloch y a continuación entre Longa Island y Big Sand. Más allá, el viento amaina por completo. Con el mar como un espejo, tiendo la vela en el agua y descanso sobre la tabla. Un par de horas más tarde sopla una suave brisa del norte. Suficiente para reanudar el avance virando a barlovento.

No he ido muy lejos cuando se acerca un pequeño pesquero. Una cara seria me pregunta si soy yo el windsurfista en apuros. Esto requiere reflexionar. Me acuerdo de la gente que había visto en la playa de la bahía de Big Sand. Recuerdo la historia de que hace unos años 4 personas perdieron la vida allí en un accidente de piragüismo, un suceso que traumatizó a la comunidad. Empiezo a apreciar cómo mi descanso mientras iba a la deriva en la corriente podría haber sido malinterpretado como si estuviera en peligro.

Reconozco que, aunque no estoy en apuros, si no hay ningún otro windsurfista en apuros, es probable que yo sea el windsurfista al que buscan los guardacostas de Stornaway.

La tripulación de la embarcación utiliza su radio VHF para avisar a los guardacostas, que parecen contentos de haber resuelto la situación. Recibo una pequeña reprimenda por no tener encendida mi radio VHF portátil. La crítica es justa, sobre todo cuando no es evidente que todo vaya bien.

En general, mantengo apagados mis aparatos electrónicos para ahorrar batería. Pero no quiero parecer discutidor, así que no explico esto. Decido empezar a usar más la radio VHF y al oír la previsión de las zonas marítimas (el *Shipping Forecast*) me siento menos solo.

Ahora estoy solo en la larga ceñida hacia Rubha Reidh: el siguiente cabo, y uno de los más importantes. No tiene mal aspecto en la aproximación, así que aprovecho la corriente favorable hasta la punta con la esperanza de que mi astucia o la velocidad de la tabla me permitan pasar.

Lo intento durante una hora sin éxito. Todas las estrategias dan como resultado un progreso nulo o negativo. Mar adentro la corriente me arrastra hacia atrás. Cerca de la costa, junto a los escarpados acantilados, el viento no sopla. El estado del mar es muy incómodo. Llega un momento en el que lo único que quiero es estar en tierra. Me cabreo y pierdo los papeles, descargando mis frustraciones contra este puto cabo.

Es un arrebato raro y breve. Estoy cansado y me había ensimismado en la incomodidad de la situación actual. Esto es un rompecabezas que requiere invención, y no frustración. Investigo alrededor de las rocas, en una zona de corriente muerta junto al faro. Con dificultad podría llegar a tierra aquí, pero todo me dice que es un lugar terrible para detenerse.

Me recuerdo que debo mantener la paciencia. Los ciclos de las mareas solo duran 6 horas y pico. Algo cambiará.

Al final algo cambia. ¿El viento? ¿La marea? Puede que ambas cosas. En cualquier caso, me deslizo más allá del cabo.

Camas Mòr, una playa espectacular que conozco de un lejano pero memorable paseo vacacional, y al que me había emocionado volver, ahora esfuerzo para dejar atrás.

A continuación está la entrada a Loch Ewe. A pocos kilómetros hay un asentamiento con un *pub*.

El reflujo fluye ahora por la boca del Loch. Cuando el viento vuelve a bajar hasta prácticamente desaparecer, apenas puedo vencer a la corriente, así que me rindo y busco un lugar para acampar. Ya he tenido bastante por hoy. Cualquier sitio me vale.

Tras un incómodo aterrizaje, intento montar el campamento. El agua brota a cada paso sobre la hierba encharcada. Abundan los excrementos de oveja y seguramente las garrapatas también. Ni siquiera hay un palo con el que apuntalar la vela. Salgo hacia el interior en busca de carretera, pero no encuentro ninguna.

Sin duda, éste es mi peor campamento hasta la fecha. Cuando veo un soplo de brisa en el agua, lo deshago todo y vuelvo a salir para luchar contra la corriente hacia Loch Ewe.

Con las coordenadas del *pub* en el GPS, llego a mitad de camino antes de que el viento vuelva a amainar. A este ritmo de avance, anochecerá antes de que llegue a mi objetivo. Pero la distancia que he recorrido me ha dado otra opción. Directamente a sotavento hay un pequeño poblado con unas pocas casas.

Desembarco en el minúsculo puerto y observo satisfecho los alrededores.

Una moto de cuatro ruedas baja a toda velocidad por la colina, utilizando en cada curva solo la mitad de sus ruedas. Unos buenos frenos detienen la máquina a pocos metros del inesperado obstáculo que son mi tabla y mi vela. El joven conductor —de pelo naranja y con un peto impermeable, también naranja, a la altura del pecho— tiene expresión de haberse encontrado con vida extraterrestre.

Entablamos un diálogo de preguntas y respuestas. ¿De dónde vengo? ¿Dónde me alojo? ¿Qué como? Respondo con mis respuestas ya bien practicadas y, de hecho, ahora estoy muy contento con mis opciones. Me quedaré aquí, bajo mi vela. Comeré arroz rehidratado. Veo que el chico quiere ayudar, pero aún no es independiente y no sabe cómo hacerlo.

Fue una suerte aterrizar en Cove

Entonces se le ilumina la bombilla. Con los ojos muy abiertos y asintiendo con la cabeza para indicar que debo aceptar, me pregunta: ¿quieres una langosta?

La oferta me conmueve de verdad, pero la declino por razones prácticas. La imagen mental de una langosta en mi diminuta olla es graciosa. Charlo un poco más con Jamie antes de que se aleje hacia una pila de nasas, y yo contento me dirijo a una lengua de tierra cubierta de hierba que parece perfecta para acampar. Me gusta Cove.

Estoy montando el campamento cuando Hamish se acerca deambulando. Él y su compañero Nicky tienen una cabaña aquí y me ofrecen un alojamiento con techo sólido.

No me lanzo a aceptar. Una parte de mí tiene la sensación de que debería vivir más a la intemperie. También estoy cansado y en realidad solo quiero descansar. Pero otra parte sabe que, cuando necesite ayuda, debo aceptarla de buen grado. Lo contrario sería maleducado. Y desde una perspectiva más egoísta, me deja en mejor forma para empezar cada día, aumentando mis posibilidades de éxito en la expedición.

Recojo mis cosas por segunda vez y me dirijo a la cabaña. Nicky, sin pretensiones y tranquila, transforma mi aburrido arroz en algo realmente delicioso. Hamish es de ascendencia norirlandesa y se caracteriza por ser cálido y solidario. Son marineros y buceadores. Hablamos de las mareas y me cuentan una anécdota personal espeluznante: fueron arrastrados lejos de su barco de buceo por la corriente cerca de Rubha Reidh.

Día 58 – 3 de agosto

La previsión es de mucho viento, aunque ahora mismo hace buen día. Hamish pone repetidamente los mapas de previsión de viento en su tableta, señala con entusiasmo las partes rojas y me dice que salir a navegar hoy es de locos. Me quita la obligación de navegar. Hamish y Nicky dicen que soy bienvenido hasta que pase el mal tiempo.

Decido que lo menos que puedo hacer es ser ligeramente útil. Mi oferta de ayuda es aceptada y el césped que rodea la casita recibe un corte decente.

Con la marea baja acercándose, nos dirigimos al puerto. Hay un proyecto comunitario en marcha para ampliar la rampa. Otro Hamish está orquestando el esfuerzo. Hay maquinaria rodando y girando. Unas botas de agua y el grito ocasional de «¡cuidado, por detrás!» cumplen los requisitos de seguridad laboral. La necesidad de trabajo manual es limitada, pero me gusta pensar que mi contribución al menos no es perjudicial.

Por desgracia, la última carga de cemento está contaminada con lo que parece estiércol animal. El director del proyecto, Hamish, se lo toma muy a pecho.

Una segunda desgracia ocurre cuando el voluntario Geoff se corta la mano con el capó de un tractor. Las imperfecciones en la rampa parecen menos importantes después del incidente. De todos modos, pronto las algas las taparán.

Por la tarde voy a pescar con Jamie y algunos otros habitantes de Cove. Una gloriosa puesta de sol en un cielo revuelto anuncia el tiempo que se avecina. El carbonero es la principal captura. También pescamos algunas caballas. Jamie pesca para cebar sus nasas, y las demás capturas serán para nuestra cena. Me llevo algunas caballas a casa, y su sabor es casi tan delicioso como si las hubiera pescado yo mismo.

Día 59 – 4 de agosto

Esta mañana, el Loch está cubierto de olas blancas. Hermosas condiciones de windsurf para una tabla y vela pequeñas, pero innavegables para mí. Me alegro. La decisión de quedarme aquí está vindicada.

Hamish está deseando conseguir más apoyo para mí en la zona y ha organizado que salgo en el programa *Two Lochs* de Radio Gairloch. Estar sentado en un cómodo asiento de coche ocupa actualmente un lugar destacado en mi lista de cosas placenteras que hacer, así que me alegro de que me lleven en coche para la entrevista.

Two Lochs es un programa de una sola mujer. Como es en directo, cuando te vas, te vas de verdad: apuntando hacia la puerta, literalmente. La buena noticia es que después de salir puedes ir al «pub».

Hamish recoge algunas provisiones al final de nuestra excursión, y luego volvemos a Cove.

Más tarde nos tomamos unas copas con amigos de Hamish y Nicky. Seguramente ya he conocido a casi todos los habitantes de esta pequeña aldea. Cove atrae a quienes buscan la lejanía. Nuestro anfitrión, como muchos de los habitantes de estos parajes, tiene un pasado de fuerzas armadas. Disfruto con nuestra conversación. A diferencia de la mayoría de la gente a la que explico mi viaje, él no me pregunta por qué estoy dando la vuelta a Gran Bretaña haciendo windsurf. Imagino que, al igual que yo, lo considera un propósito totalmente razonable.

Más tarde hacemos una visita a Geoff. Le han cosido la mano y, afortunadamente, no se ha dañado ningún nervio. Los whiskys fluyen y me uno a mis compañeros con un par de tragos.

Día 60 – 5 de agosto

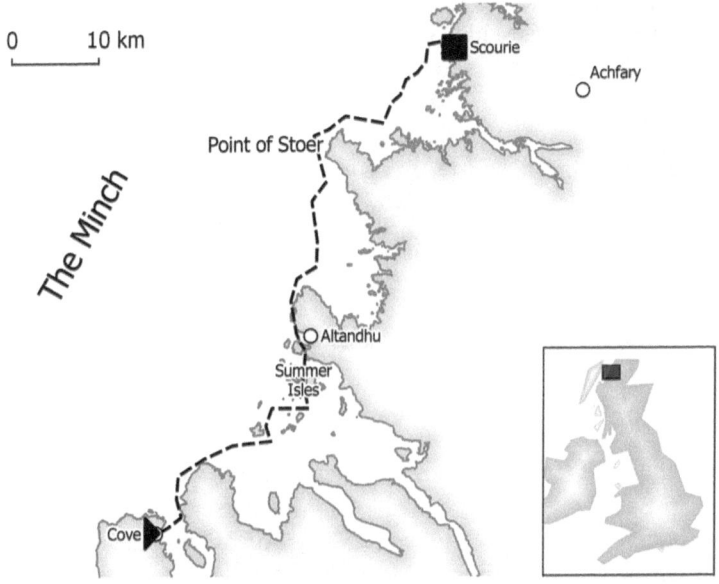

Esta mañana he salido con algo de miedo. Lejos del abrigo de la tierra, una sólida fuerza 5 me sitúa claramente en el límite para navegar en popa. La lluvia neblinosa dificulta la visibilidad mientras atravieso Loch Ewe y luego salgo a las aguas abiertas de The Minch. Mi objetivo inmediato es el refugio de las Summer Isles, a 25 km de distancia.

El aislamiento aumenta la emoción. Estoy verdaderamente solo. Me acurruco un poco para mostrar lo menos posible de la vela al viento y navego hasta una posición a barlovento de tierra, lo que me ayudará en caso de rotura. La segunda mitad del pasaje está sembrada de rocas. Las rocas más grandes tienen lados escarpados: en realidad son islas. Las olas chocan con sus paredes de barlovento y salpican en todas direcciones. Las rocas más pequeñas acechan alrededor o justo por debajo del nivel del mar y solo se revelan en el último momento.

Las Summer Isles, al ser rocas más numerosas, tienen un efecto calmante sobre el viento y las olas. Me detengo un instante en una isla para examinar la ofrenda de flores en su exuberante cubierta vegetal. Parece muy apropiado que el sol amenace con revelarse.

De nuevo en contacto con tierra firme, paso por Altandhu. El nombre del lugar me suena a fantasía. Aprovecho el agua resguardada tras un islote para hacer una parada temprana para comer. Las focas investigan perezosamente las aguas transparentes, sus cuerpos oscuros contrastan con la arena blanca.

De nuevo hacia el norte, en aguas más expuestas, las condiciones son ahora ideales. Planeo, trazando una línea a través de las marejadas, con el gorro de forro polar tapándome las orejas para calmar el constante silbido del viento. Objetivo: seguir hacia el norte.

Permanezco mar adentro y navego en amplios y audaces tramos hacia Point of Stoer, cortando otra enorme franja de costa noroccidental desierta. Me siento inmensamente privilegiado. Muchas veces en este viaje me han llamado explorador y hoy me siento como tal. Pienso en los otros windsurfistas de la Vuelta a Gran Bretaña: el pionero Batstone y los perseguidores de récords Cooper y Russel. No estaban solos, y no puedo evitar pensar que se perdieron lo mejor. Pienso en el ya fallecido windsurfista en solitario Arnaud de Rosnay.[4] Sé que esta experiencia es única, y dudo que haya otros momentos en mi vida que la igualen.

Al acercarme al cabo, un viento cada vez más fuerte me obliga a arrimarme aún más para minimizar la posibilidad de clavar la proa de la tabla en el oleaje. No paro de analizar los riesgos, pero mi mente está libre y sin miedo. He recorrido otros 25 km.

He ganado confianza, la suficiente para detenerme en las agitadas aguas of Point of Stoer. Quiero contemplar el panorama de belleza natural que me rodea. El mar está oscuro y vacío, perseguido hacia el norte por un banco de nubes, un frente, que se aproxima por detrás. Más allá del faro, una columna de roca emerge del mar. Alrededor de mi cabeza, un págalo grande se

---

[4] Aventurero windsurfista francés que realizó numerosas travesías en solitario. Murió en 1984 intentando cruzar de China a Taiwán.

ajusta a la fuerte brisa. El ataque parece inminente. Disuado su aproximación agitando el brazo.

Termino de pasar el cabo y esta vez sigo la línea costera hacia mar adentro. Menos viento. Menos mar. Menos exposición. Diviso un barco pesquero, es el primero del día. El cansancio empieza a apoderarse de mí.

El GPS me dirige hacia el pequeño pueblo de Scourie. Gracias a Google Earth sé que tiene buenas opciones para llegar a tierra. La costa a sotavento es rocosa, árida y escarpada. Si no fuera por el destino programado nunca encontraría la ensenada.

Una pequeña embarcación abierta se balancea justo a la entrada. Sus dos ocupantes sacan caballas del mar casi sin parar. Alrededor de un gancho de roca encuentro la bahía. Un desembarco fácil y tierra firme son bienvenidos. También hay un camping. Lo más probable es que eso signifique que habrá algún lugar cercano donde comprar comida.

Mi instinto de avanzar más hacia el norte precisa ser atemperado por un análisis de dónde estoy y del pronóstico de vientos más flojos hacia la noche. Me empujo a ser ambicioso pero no codicioso, por lo que me conformo con haber llegado aquí hoy.

No espero apoyo, pero llega. Richard, un amigo del otro Richard que trabaja para Viking Renewables, vive y trabaja en la finca forestal de Reay, a media hora hacia las colinas. Richard había mencionado que su amigo podría echar una mano, pero yo había pensado que sería poco probable que eso ocurriera.

Después de tomar una cerveza en el camping de Scourie, conducimos por las colinas hasta la aldea. Achfary es diminuta, y seguramente tan remota como cualquier otro lugar del Reino Unido continental. El supermercado más cercano, el de Inverness, está a 120 millas de ida y vuelta. Una nube brumosa se cierne sobre los valles. Los mosquitos son feroces.

Siento curiosidad por Richard. Vivir aquí es un estilo de vida bastante extremo. Hablamos un poco mientras tomamos unas cervezas. Richard cocina bastante bien y prepara una cena abundante. Quizá haya algunas similitudes entre nosotros. Pero no estoy seguro.

Día 61 – 6 de agosto

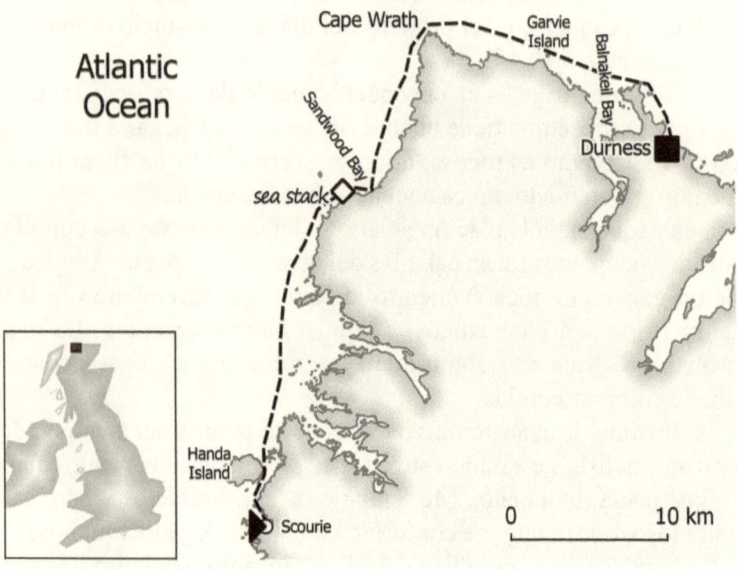

Me encuentro en un buen estado mental mientras me preparo para rodear el Cabo Wrath. Apenas parece posible que esté a un paso de rodear la esquina noroeste de Escocia. Si te concentras en completar los días de uno en uno, y algunos días de hora en hora, se realizan casi de manera inesperada grandes progresos.

Nos ponemos en marcha antes de que se haga de día, conduciendo entre la niebla hacia Scourie. El ruido rítmico de los limpiaparabrisas llena los huecos de la conversación. Me despido de Richard y después me refugio en un cómodo observatorio para pájaros que da a la playa.

Antes del Cabo Wrath está la famosa y hermosa bahía de Sandwood. Pienso detenerme allí antes de doblar la esquina. En la costa norte del cabo se encuentran los acantilados marinos más altos de Gran Bretaña, que se elevan hasta los 281 metros. El terreno elevado crea hasta cierto punto su propio clima. A veces el Ministerio de Defensa dispara mar adentro, pero hoy, afortunadamente, no.

La previsión para las aguas costeras es de viento del sur, con menciones de fuerza 5 en la zona del Cabo Wrath. El oleaje debería ser ligero. No sé muy bien qué esperar en el promontorio, pero tengo la firme convicción de que hoy es el día correcto para averiguarlo.

La lluvia amaina. Compro una mosquitera y pilas nuevas para el GPS en la tienda de la gasolinera de Scourie.

El cielo se despeja y salgo al mar. La isla de Handa aplana el agua que pronto se ve bañada por un sol radiante. El tiempo escocés ha conseguido su conocido truco de convertir lo lúgubre en belleza excepcional. El cabo Wrath ya no parece amenazador y así disfruto del objetivo de la mañana: seguir avanzando hacia el norte.

Un impresionante pila marina se eleva desde fuera del promontorio que forma el límite sur de la bahía de Sandwood. Paso cerca de la base que sale de un mar que respira suavemente. Echo mi cabeza hacia atrás, con la mandíbula desencajada. La obra maestra, como una torre de Jenga en grande, se recorta contra un cielo azul brillante.

Desayuno en el observatorio de aves de Scourie

Pila marina de la bahía de Sandwood

La bahía de Sandwood es realmente hermosa. Pulsos de oleaje del Atlántico Norte llegan periódicamente y rompen en la arena. Me deslizo sobre aguas claras de color turquesa, tonos mediterráneos, pero con una frescura invernal y una limpieza que las aguas más meridionales desconocen. Varias rocas sirven como escudo y permiten una parada segura. Antes de sacar el almuerzo de mi mochila, el cielo vuelve a estar nublado.

Retraso el reinicio para sincronizar la llegada al Cabo Wrath con la marea floja. Navegar hasta el cabo es casi demasiado fácil. En los barrancos que puntúan la línea del acantilado veo cientos, si no miles, de boyas de pesca. Arrastradas hasta allí para nunca ser recogidas.

Paso junto al faro, lo bastante cerca como para que todo salvo la punta quede oculto por el acantilado. Es un poco demasiado fácil, pero gris y ominoso.

Ya en la costa norte, avanzo en dirección este.

Los acantilados se elevan verticalmente fuera del agua. El viento rueda sobre ellos y se precipita al vacío que hay debajo, creando una mezcla innavegable de ráfagas y calmas a menos de una milla de tierra. Me veo obligado a navegar mar adentro, donde las feroces ráfagas ponen a prueba la determinación de mis brazos y la integridad de mi equipo. Es una posición muy expuesta. Cualquier problema y rápidamente me vería empujado por la marea y el viento hacia el Atlántico Norte más remoto.

Las siguientes millas son una batalla. Parece que voy rápido, la tabla embiste a través del agua, pero voy lento en relación con la tierra. La corriente es mucho más fuerte de lo que había sugerido el atlas de mareas. El tiempo pasa demasiado deprisa. Requiere concentración absoluta en la tarea que tengo entre manos.

Cuando los acantilados empiezan a descender, ajusto mi línea para acercarme a tierra. La marea se va corriendo a gran velocidad al lado de una roca aislada, posteriormente identificada como la isla de Garvie, y conocida por ser el blanco de disparos de aviones de la OTAN.

Cruzo la bahía de Balnakeil y rodeo el siguiente cabo. Los últimos tramos en ceñida antes de llegar a tierra son a través de un laberinto de rocas. Estoy tan cansado y habituado a las feroces ráfagas que casi olvido que el viento sigue soplando mar adentro y el nivel de exposición es poco recomendable. Considero la posibilidad de continuar, pero en lugar de ello recobro el sentido. El desembarco en la playa de Durness es suave y fácil. Varios turistas presencian mi llegada sin interés evidente. Miro a mi alrededor, hacia las tranquilas aguas de la playa. Para un observador casual, hay poco de interés ahí fuera, ningún desafío evidente.

Yo, sin embargo, no tengo ninguna duda sobre la importancia del día de hoy. He alcanzado un objetivo importante. He pasado el Cabo Wrath y estoy en un lugar seguro. Una vez más, siento la satisfacción de haber superado una etapa difícil. Una satisfacción teñida de sobriedad: la navegación de hoy ha sido dura. Ahora quiero salir de esta expuesta costa norte, antes de que el mal tiempo me inmovilice aquí.

Subo mi equipo por unos escalones del acantilado hasta un hueco en la hierba. Me servirá para dormir y por la mañana tendré una bonita vista. La cena es mesa para uno en el Oasis de Sango Sands: Guinness con pescado y patatas fritas.

Día 62 – 7 de agosto

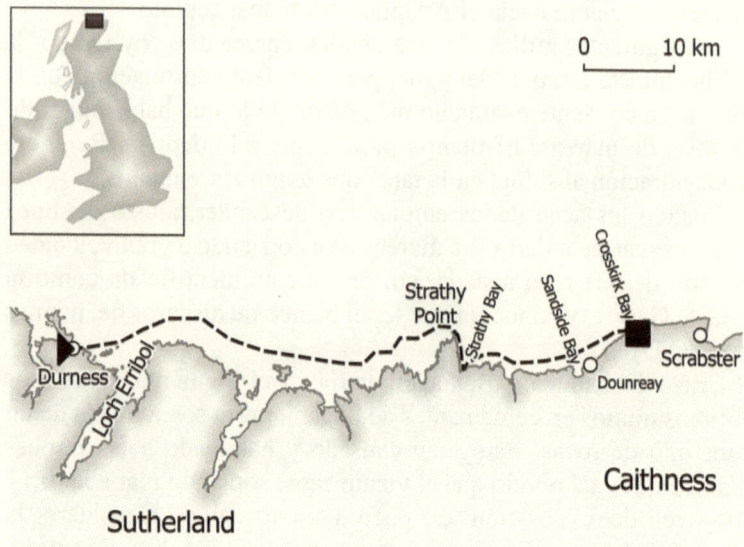

Empiezo a navegar a media mañana. Las condiciones son similares a las de ayer. Un viento del suroeste sale del Loch Erribol. Sigo un rumbo en forma de vieira para cruzar la desembocadura y así reducir la exposición. Luego, unos altos acantilados se elevan en vertical y me veo obligado a alejarme de la costa en busca de una brisa estable.

Es un mar solitario. La navegación proporciona un goteo de adrenalina a mi sistema. No busco eso, pero disfruto de la forma en que se concentra mi mente.

No hay ni una sola etapa de mi viaje en la que haya aumentado el riesgo en aras de la emoción, y sin embargo me tachan de temerario, de buscador de emociones y demás en los reportajes de prensa que me han seguido. Esas etiquetas no encajan con la imagen que tengo de mí mismo. Me considero averso al riesgo. Mis decisiones están guiadas por el deseo de acercarme a la consecución de mi objetivo de un modo que minimice el riesgo. Las apuestas que hago están más basadas en cálculos razonables que en el atrevimiento.

Pero también obtengo una gran satisfacción de mi enfoque de «navégalo como veas». ¿A qué distancia de la costa navegar? ¿Dónde trasluchar? La respuesta está en leer el agua en busca de rocas, corrientes y viento. Es totalmente absorbente navegar en estas condiciones, y confío en mi capacidad para leer los riesgos a los que me enfrento.

No, no elegiría ponerme en una situación comprometida. Pero participo de buen grado en esta batalla física y táctica con el mar y el tiempo. Y disfruto, mucho, con las sensaciones que me produce. El riesgo es emocionante, pero en primer lugar no busco el riesgo. Y aquí estoy, dando la vuelta de Gran Bretaña con windsurf en solitario y sin apoyo, por lo que tampoco puedo afirmar que tenga aversión al riesgo. Quizá tolerante al riesgo encaje mejor. O intolerante al aburrimiento. ¿Eso me convierte en un buscador de emociones? Ahora no estoy tan seguro. Puede que las etiquetas de la prensa tengan algo de verdad, pero pintarme como un kamikaze al límite también es claramente erróneo.

Quizá el problema sean las etiquetas. En el mejor de los casos, solo captan medias verdades.

Más al este, el terreno se vuelve más bajo. El viento se modera y puedo navegar más cerca de la costa. Pronto apenas hay brisa. Sigue habiendo mar gruesa que dificulta el equilibrio. Me tambaleo en rumbo sotavento, la incomodidad ha sustituido a la amenaza como característica del día.

El alivio llega al pasar Strathy Point. El agua plana y una suave aceleración del viento sobre el promontorio me permiten costear hasta la impresionante bahía de Strathy. Me doy cuenta de que es una playa que conozco de un viaje por carretera a la costa norte con Clyde y Gregg, muchos años antes. Entonces nos maravillamos de la belleza de este lugar y ahora me siento igual de asombrado.

Lo que más me atrae es la nitidez del color. Una pincelada horizontal de arena se disuelve en un mar turquesa y luego oscuro. Por encima, hay un desvanecimiento de verdes, luego hierbas de las dunas que brillan plateadas con la brisa, y después más verde exuberante que forma un horizonte ondulante y nítido contra un cielo intensamente azul.

Arrastro mi equipo por encima de la línea de pleamar y trepo por las dunas hasta un cementerio con vistas a la bahía. Entre las hierbas se esconden flores silvestres de todos los colores. La naturaleza siempre acierta con los colores.

Tengo diez minutos para mí antes de que se reúnan conmigo mi padre, Andy, y su compañera Nadia, que han aprovechado esta oportunidad para peregrinar hacia el norte.

Nos abrazamos, comemos y hacemos fotos. Recibo un viejo teléfono que me será más útil que mi modelo actual, una mala elección de última hora que ahora tiene la pantalla rota. Ya era hora. Andy también me entrega fotocopias en papel de las páginas del atlas de mareas del *Reeds Nautical Almanac*. El papel A4 no se queda sin batería ni se opone a un tratamiento brusco. A veces, las viejas costumbres son las mejores.

Me alegro de que mi viaje haya traído a Andy y a Nadia a esta parte tan especial del mundo.

***

Mar adentro observo una agradable brisa de navegación y resurge mi imperativo de seguir adelante. Tengo en mente el extremo noreste de Escocia: el Pentland Firth. Las aguas del Pentland son las que más temía mi imaginacion al principio de esta aventura. Las mareas aquí son excepcionalmente fuertes, de 12 nudos en las mareas vivas y en algunas condiciones meteorológicas se han registrado 16 nudos. Ahora las condiciones son buenas y las mareas son relativamente muertas. Se trata de una buena oportunidad y estoy ansioso por estar en posición para pasar lo antes posible.

Me siento un poco en conflicto. Andy y Nadia han hecho el largo viaje hacia el norte y casi inmediatamente yo me dirijo de nuevo al agua. Racionalizo el desaire: me doy cuenta de que solo está en mi mente. Ellos también se dan cuenta de que la costa norte es un lugar expuesto y no querrían obstaculizar el avance de ninguna manera.

Mi objetivo es Scrabster. El final de la marea me lleva hacia el este, fuera de la montañosa Sutherland y hacia la región mucho más llana de Caithness. Tengo prisa, hago remadas con la vela para enganchar y surfear las olas. La bahía de Sandside se registra como una posible opción de parada; el viento ya está fallando. La gran cúpula blanca de la central nuclear de Dounreay pasa más despacio. No tendría reparos en detenerme aquí, pero la costa es inhóspita para desembarcar.

La marea se pone en mi contra. Ahora cobrará fuerza hasta que anochezca. El viento se desvanece hasta desaparecer; eso parece todo por hoy. Necesito un punto de desembarco y quiero evitar retroceder con la marea hasta la bahía de Sandside; estas millas me las he ganado a pulso...

Doscientos metros más adelante parece haber un pliegue entre campos que va de norte a sur. La bajada alargada sugiere un arroyo y, por tanto, un posible lugar de desembarco. La costa en sí no revela nada a esta distancia. Rara vez lo hace. Me acerco a menos de cincuenta metros. Cuando el ángulo es el adecuado, puedo ver el interior. El agua del arroyo se derrama sobre las rocas cubiertas de algas. Sigue siendo un lugar incómodo, pero es un hallazgo precioso. El barranco tiene una pequeña ola en su punta, demasiado pequeña para surfear hoy, pero seguramente conocida por los surfistas locales. Dejo que una mini ola me lleve más allá de la punta, lo bastante cerca de la sección de rompiente como para decirme a mí mismo que he cogido una de las olas con fondo de roca de Caithness.

He aterrizado en la bahía de Crosskirk. El terreno que bordea el arroyo, técnicamente un río con abundante agua dulce, está recóndito, herboso, llano y tiene unas vistas envidiables. Es fácil encontrar un palo para usar de puntal de la vela. Es mi mejor lugar de acampada de la expedición, evidencia para mí del valor de hacer algo diferente, de ser curioso.

Estoy cansado. Tras telefonear a Andy y enterarme de que están en una pensión de cama y desayuno a cierta distancia, decidimos volver a vernos mañana por la mañana.

Ceno unos deliciosos macarrones con queso, de lata, que reduce el peso de mi barril en medio kilo. Observo las salpicaduras de las focas que cazan salmones, y en algún momento me quedo dormido.

Día 63 – 8 de agosto

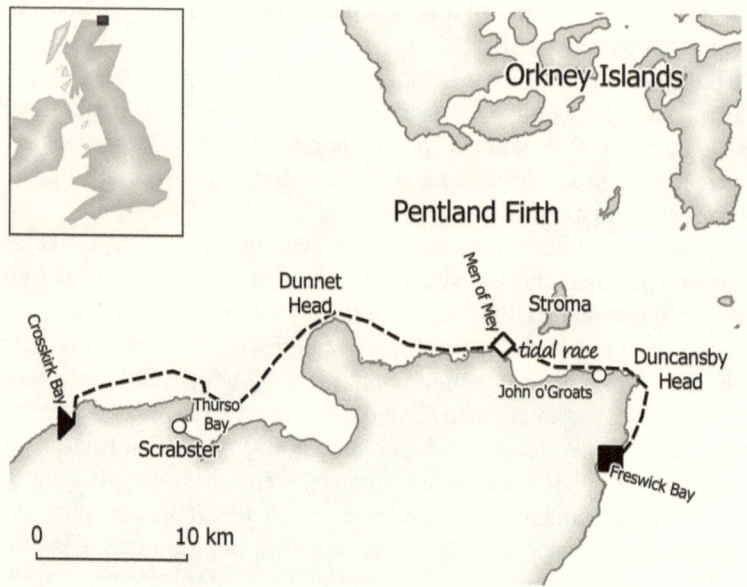

La pleamar de hoy en Scrabster es sobre las 16:30 h. Mi plan consiste en cabalgar el final de la marea entrante hacia el este para atravesar Pentland Firth, y rodear Duncansby Head durante el repunte de la marea. No quiero llegar tarde, ya que una vez que la corriente cambie puede ser demasiado fuerte para navegar contra ella; pero tampoco quiero coger el Pentland demasiado pronto, cuando estará en plena corriente, con posibles fuertes rápidos.

El horario permite disfrutar de la mañana. Durante el desayuno, observo un poco más a los salmones que saltan de vez en cuando. Llegan Andy y Nadia. Traen un mapa local que me permite estudiar mejor el tramo de costa por el que navegaré más tarde.

Preparo café y damos un breve paseo para investigar las ruinas de una capilla cercana. Los nervios se apoderan de mí. Dudo de mi cálculo de que haya tiempo de sobra, y declaro que ya es hora de salir. Vuelvo corriendo a mi tabla con un ligero pánico.

En el agua, avanzo con tranquilidad hasta la bahía de Thurso. Preocupado por la posibilidad de adelantarme, doy media vuelta hacia un barco pesquero. Aquí tengo la oportunidad de verificar mi plan con gente que debería saber de lo que habla.

El barco resulta ser una embarcación de pesca con una docena de pescadores. El patrón sale del puente de mando. Parece de fiar y considera mi plan. Espero su opinión mientras las cañas de pescar juegan arriba y abajo.

Para alivio colectivo de todos los presentes, cree que no me pasará nada. Pero le preocupa que ya llegue tarde para pasar el día de hoy.

El análisis refuerza mi confianza. Sé que soy más rápido de lo que él cree. De repente, me siento preparado. A la mierda con lo de esperar a que afloje la marea. Solo quiero pasar cuanto antes. Ahora con una misión en mente, navego hacia el noroeste con la vista puesta en Dunnet Head.

El cabo es el punto más septentrional de Gran Bretaña continental. Paso cerca de unos acantilados impresionantemente verticales, deleitándome un poco con mi nueva osadía. Ahora estoy en el Pentland Firth.

Más allá del sotavento de Dunnet, la corriente se hace sentir. Pongo la tabla a orzar para acercarme a tierra. La vela tiene un tirón tranquilizador y sólido. Me mantengo cerca y navego hacia la brecha entre la isla de Stroma y Escocia «continental».

Ahora hay una fuerte corriente que no deja de aumentar de velocidad. El estrechamiento, que desde lejos parecía suave, se agita ahora con agua blanca. Mi táctica preferida sería mantenerme cerca, pero el promontorio de Men of Mey está sembrado de rocas periféricas, lo que lo hace inviable: la corriente que pasa a toda velocidad podría clavarme en el escarpado arrecife.

Reduzco la potencia, pero apenas disminuyo la velocidad. El agua blanca se extiende ahora por todo el canal. Es ligeramente surrealista estar navegando en lo que parece una línea de rocas apenas sumergidas. Hace seis semanas me habría asustado, pero han pasado muchas cosas desde entonces. Mantengo mi línea y me preparo para los rápidos.

Con una velocidad ligeramente alarmante, el estado del agua se vuelve mucho más violento. Las olas rompen de forma extraña a

Pasando Duncansby Head y ahora en el Mar del Norte, rumbo al sur

mi alrededor. Hay demasiadas cosas para asimilar, así que me centro en lo que tengo delante. También me bombardea el ruido, un estruendo de fondo del agua que corre por todos lados. Apenas oigo mi tabla mientras golpea entre la confusión de las olas.

Luego desaparece. Miro hacia atrás y las condiciones ya me parecen pequeñas e insignificantes. Ahora el agua es plana. Me dirijo contra el viento para acercarme de nuevo a la orilla. El GPS registra una improbable velocidad sobre tierra de 15 nudos, casi el doble de lo que esperaría bajo estas condiciones. Paso John o'Groats y pronto me aproximo a Duncansby Head, el extremo noreste de Gran Bretaña.

La proximidad de tierras más altas me obliga a alejarme más de la costa hasta que estoy al noreste de Duncansby. Ahora estoy en el Mar del Norte. Retraso la virada ya que no quiero pasar rozando el cabo. La corriente sigue golpeando la tabla contra las olas con una agresividad inusitada. Cuando viro, mi ángulo me lleva casi paralelo a la costa. Hay buen viento. Vuelvo a pasar Duncansby Head esta vez yendo hacia el sur. Quito una mano de la botavara para cerrar el puño. Muestro el blanco de los dientes y lanzo un grito de aprobación.

La verdadera victoria está a 5 km al sur de aquí. Cuando entro en la bahía de Freswick para consolidar la navegación del día, he llegado realmente a la costa este.

* * *

Hay un minúsculo puerto en el lado norte de la bahía, en los cuidados terrenos de una casa en posición dominante. Me conceden permiso para dejar ahí mi tabla. La propietaria, la Señora Brown, cuyo nombre de pila no se ofrece voluntariamente, me explica que esta es la antigua Casa del Piloto. El Piloto vigilaba los barcos que venían del sur y los interceptaba para guiarlos a través de Pentland Firth. Esta conexión fortuita o quizá inevitable, pues ¿dónde si no iba a parar?, con los marineros del pasado pone en marcha mi imaginación y me hace llorar.

Esta noche vuelvo a la costa norte como turista. Andy y Nadia me han reservado una habitación de hotel. Disfruto de un baño caliente y luego me duermo viendo *Match of the Day*.

Día 64 – 9 de agosto

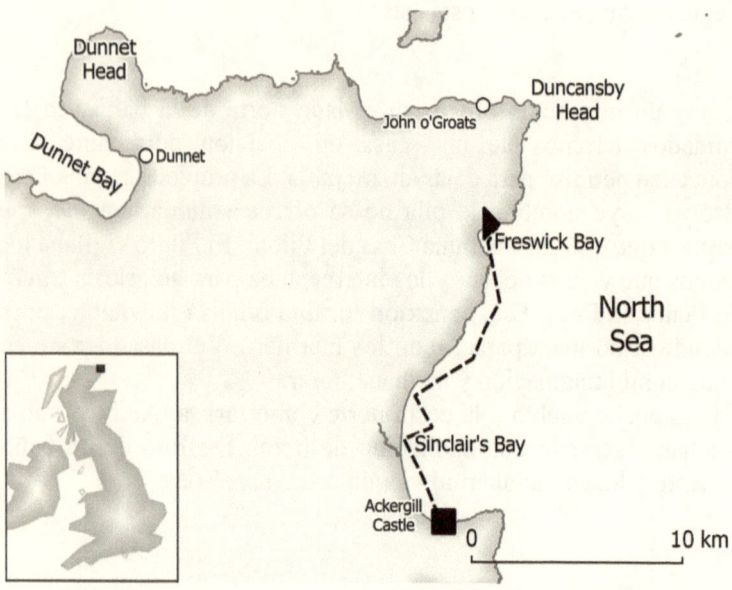

Después de desayunar, Andy y yo vamos al pueblo de Dunnet. Allí hay una señal de carreteras que Gregg y yo «corregimos» una vez añadiendo una segunda T. Andy y yo recreamos la fotografía de 1999. Esta vez mi dedo forma la vertical de la T, pero es el dedo de Andy el que forma la horizontal. Pensábamos que era algo que debíamos hacer.

Andy y Nadia se dirigen al sur más tarde, o a un aeropuerto, no estoy muy seguro y ellos tampoco. A la hora de comer sus planes de viaje siguen sin resolverse. Están estresados y el día corre el riesgo de torcerse.

Me sorprendo a mí mismo con mi calma y mi capacidad para encauzar el día. Compro algunas provisiones para un picnic que aún no han acordado y nos dirigimos a la bahía de Dunnet para un almuerzo que aún no saben que quieren. Preparo café a pesar de la afirmación de Andy de que mi hornillo de camping no funcionará con este viento.

Es un día fantásticamente soleado y enérgico y por fin estamos conectados con él. La playa de Dunnet es llana y ancha. Nos mojamos los pies en 5 cm de agua fría y clara que la brisa hace levantar alrededor de nuestros tobillos.

Antes de que me dejen en Freswick Bay hacemos una ruta turística.

John o'Groats tiene buenos helados. No está tan al norte como Dunnet Head, pero es el lugar habitado más alejado de Land's End en el territorio continental británico. Se deletrea «John 'o», que no es la ortografía de Essex. Debe de ser gaélico, nórdico o algo así.

La siguiente parada es Duncansby Head. Podría pasear por los acantilados cubiertos de hierba durante horas: admirando las pilas, observando las corrientes. Caminar es tan placentero y libre de miedos. Me alegro de haber tenido la oportunidad de volver a visitar el lugar donde acabo de navegar.

Despido a Andy y Nadia a última hora de la tarde. Decido navegar: las condiciones y la costa son fáciles y alejarme aún más del Pentland será un alivio.

Viro en ceñida durante un par de horas y llego hasta Sinclair's Bay. Ahora, a 20 km de Duncansby Head, confío en que, pase lo que pase, no seré barrido de vuelta hacia allí.

Tanto el desembarco como el camping son muy cómodos. El largo crepúsculo resalta la silueta del castillo de Ackergill en un cielo espectacular.

Día 65 – 10 de agosto

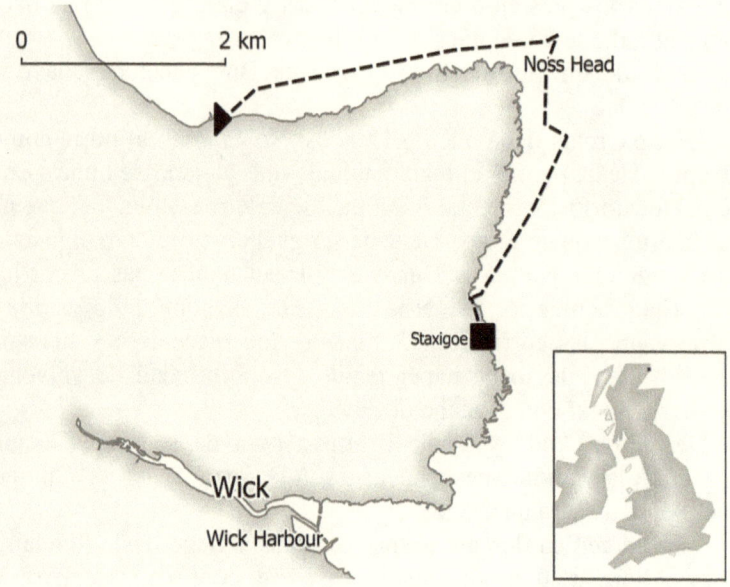

Hoy casi pierdo mi gorro de forro polar. ¡No! Es como un talismán para mí. Un paseo por la costa rescata el gorro, y el comienzo de mi día.

El día de navegación comienza con vientos flojos y una tranquila deriva hasta Noss Head. En el faro la corriente frena mi avance y debo remar para ganar distancia. Si me detengo para respirar, retrocedo. Al cabo de dos horas he pasado el cabo, pero ya estoy harto de este juego. Me meto en el primer recoveco entre rocas que ofrece una opción de desembarco.

Pienso en comer. El pueblo de Wick está a una distancia caminable, pero antes debo llegar a una carretera. Me abro camino a duras penas por una empinada orilla repleta de cardos, ortigas y zarzas.

En la carretera de Wick, con las piernas rojas y escocidas, veo que habría tenido una opción de parada mucho mejor solo 300 metros más adelante.

Llueve en Wick. De hecho, llueve a cántaros. Me dirijo a un puerto vacío desde donde puedo vigilar el viento. Me instalo en el Port Café y pido un *all day breakfast*.

En el café hay fascinantes fotografías expuestas que muestran Wick cuando el comercio del arenque estaba en pleno auge. Cientos de barcos de pesca a vela llenan el puerto y hay actividad por todas partes. Los barriles llenos de pescado se apilan a veces a una docena de altura. Las fotos me asombran y también me sorprende encontrarme interesado en algo que es innegablemente historia.

No puedo hacer que mi desayuno dure todo el día. En lugar de eso, llamo a Jan, un Contacto Local de aquí que es familia de unos viejos amigos. Me vendría bien algo de compañía y una taza de té, también.

Deja de llover y llamo. Jan es muy tranquila. Después de tomar un té, me lleva de vuelta al acceso más cercano a mi tabla. Ahora hay viento en el agua y creo que debería usarlo.

Me pongo el traje, pero ni me gusta ni me fío del viento que veo. Además, más allá de Wick no he podido averiguar buenas opciones para detenerme. Cuando me doy cuenta de que me he dejado el visor en el coche de Jan, lo tomo como una señal de que debo contener mis ambiciones de progresar hoy.

Con fuertes vientos, navego 300 m por la costa hasta el mejor lugar para desembarcar, la aldea de Staxigoe. Cuando vuelvo a casa de Jan, ya no hay ni un soplo de viento. Tengo la oportunidad de comprobar en Google Earth los lugares de atraque al sur de Wick, y veo que no habría ninguno, cero, en al menos 20 kilómetros.

Esa noche caen más chaparrones y se produce una impresionante tormenta eléctrica.

Día 66 – 11 de agosto

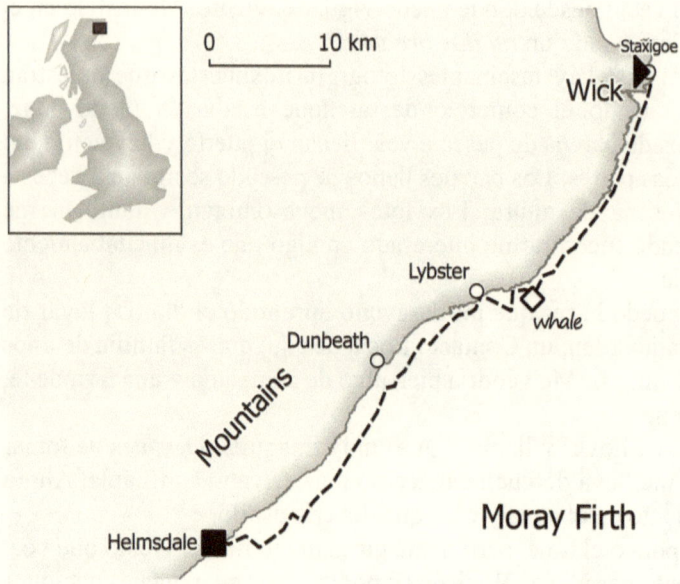

Zarpo a las 8:30 de la mañana, intentando por segunda vez pasar Wick y salir de este largo tramo de costa de acantilados. Hay viento de proa, pero lleva algo de ángulo y por lo demás las condiciones son favorables. Avanzar un poco más hacia el sur sienta bien. Progreso bien hasta que el viento sopla más de frente y después amaina.

Pasado un pequeño cabo, lo que creo que es una ballena avanza tranquilamente en dirección opuesta. Es más grande, y su movimiento de romper la superficie, rotar hacia delante, y deslizarse fuera de la vista es mucho más lento que el de los delfines que he visto. Es una acción muy serena. La práctica de toda una vida controlando la respiración se nota.

Los acantilados bajos son continuos. Tienen pocos rasgos, aparte del arroyo ocasional donde el agua, teñida de marrón como cerveza tostada, cae al mar. El aire cerca de las cascadas tiene un curioso sabor a sal y a turba.

Al cabo de tres horas llego a Lybster, una estrecha ensenada. Tengo suerte: en un día más agitado sería un lugar difícil para detenerse. El Centro de visitantes satisface mis necesidades de cafeína y calorías.

La curiosidad también queda satisfecha: leo más sobre el comercio de arenque que antaño fue tan importante en esta zona y creo identificar que mi ballena no es una ballena sino un delfín de Risso. Pero ahora, en el momento de escribir estas líneas y tras una exhaustiva investigación sobre la identificación de ballenas, estoy seguro de que se trataba de un pequeño rorcual aliblanco. Seguro al 50%.

No parece que haya mucho viento mar adentro. Pero hay alguna que otra playa más adelante, así que vuelvo a salir con la intención de llegar a una costa menos hostil al final del día.

Voy despacio hasta Dunbeath, donde hay tramos de arena. Más allá, las montañas descienden hacia el mar. Hay un poco de viento procedente de las colinas, así que continúo.

Es una buena decisión. A pesar de la mala previsión, me beneficio de un fuerza cuatro decente y hago una buena distancia adentrándome en el Moray Firth. Tras otras cinco horas de ceñida llego a la ciudad de Helmsdale. Aquí la costa es más abierta, una acogedora orilla sembrada de cantos rodados en lugar de acantilados. Estoy cansado, pero muy satisfecho con el progreso.

Hay hierba perfectamente plana para acampar. Un Contacto de la zona también me ha informado de un local que sirve *fish and chips* de buena reputación. Localizo el restaurante La Mirage que está decorado de forma chillona. La *fish supper* (cena de pescado, que viene con patatas fritas y guisantes machacados) es excelente. No desperdicio ni un guisante.

Día 67 – 12 de agosto

Cerca de la costa hay calma total. Lejos, en el Moray Firth, quizá haya una brisa inconstante a veces, pero la dirección no podría ser peor, y no me tienta salir. Desde Helmsdale hasta el lado sur del Firth hay unos 50 km, una travesía lo bastante importante como para justificar la espera de una buena brisa.

Hace un día glorioso y me permito disfrutar del regreso del verano.

Tras dar una o dos vueltas al pueblo de Helmsdale, me dirijo al puerto. Reconozco a un hombre que acaba de aparcar y cuyos perros se enredan con sus correas. Alan y yo nos conocemos bien, pero no bastante, por habernos cruzado en ocasiones durante estos últimos años. Me ha seguido hasta aquí y ha venido a ofrecerme apoyo práctico y palabras de ánimo. Sacamos a pasear a los perros y nos tomamos un té en mi campamento. Agradezco la visita de Alan.

Tras otra vuelta por el pueblo, descanso al sol en el viejo puente sobre el río. Apenas me he puesto incómodo cuando mi supuesto anonimato vuelve a saltar por los aires.

«¡Tú debes de ser el windsurfista!», dice una voz con extravagante entusiasmo. Lo pienso un poco, compruebo si hay otros candidatos y luego acepto que parece probable.

La señora del puente se presenta como Jeanetta y me ofrece alojamiento y comida, si lo deseo. Al principio declino la oferta. Hoy no he hecho nada para ganarme la hospitalidad, y tampoco la requiero aquí. Pero me doy cuenta de que este es un punto de vista estrecho y aislacionista. Debería agradecer la oportunidad de interactuar solo porque interactuar es agradable.

Así que vuelvo con Jeanetta a lo que ella describe como su *bothy*, donde también conozco a Corrine. Ambas son mucho más interesantes que mi puente.

El *bothy* está a unos kilómetros cañada arriba y a poca distancia del río Helmsdale. Cuando estoy cerca del mar, el tema del progreso me atormenta. El río y las colinas son un cambio bienvenido y una oportunidad para relajarme como es debido.

Este hogar —el *bothy*— está construido con chapa ondulada, pero no se trata de un establo. Mucho trabajo y talento artístico han creado algo especial. El exterior simplemente encaja. Los paneles pintados se integran en el entorno con la misma naturalidad que los árboles. El interior es antiguo pero no recargado. Cuando hojeo el libro de recortes de *La reforma del bothy* no resulta muy sorprendente ver que apareció en la revista *House and garden*.

Paseamos a los perros por el río antes de cenar. A riesgo de ofender a mi madre y a mis abuelas ya fallecidas, éste es probablemente el mejor pollo asado con todos sus guarniciones que he probado nunca. Jeanetta tiene un talento poco común para combinar las cosas, sea cual sea el medio.

Poco después disfruto de un baño en mi baño chic antiguo y me retiro a la cama. Una vida dura, la del windsurfista de expedición.

.

Día 68 – 13 de agosto

El desayuno es tan bueno que me pregunto cómo lo llevaré cuando vuelva a mi dieta habitual de copos de avena. En la ruta para comprar los periódicos de la mañana me dejan de vuelta en Helmsdale. Me despido de Jeanetta, pensando erróneamente que hoy progresaré.

El mar en el Firth es suave como un molino. Fuerza cero, calma, mar como un espejo, el humo se eleva verticalmente. La escala de Beaufort lo describe bien.

Al amanecer suele ser así y, tarde o temprano, el calor del sol suele inyectar algo de movimiento en el aire. Pero hoy no ocurre eso. Durante todo el día el mar es como un panel de vidrio.

Añado dos vueltas más a Helmsdale a mi cuenta, inspecciono los preparativos para los *Highland Games* del fin de semana, cazo la fauna con mi cámara y, en general, paso un día bastante agradable. Decido alimentarme por mi cuenta esta noche, así que me dirijo a la tienda del pueblo para comprar provisiones.

Antes de pasar a los asuntos culinarios, es hora de ponerme al día con las notas de voz. Son grabaciones que hago cada día para ayudarme a recordar posteriormente los detalles de la expedición. Hay quien me ha sugerido que escriba un libro. Dudo que lo haga, no tendría mucho interesante que contar, pero me gustaría recordar la expedición para mí. Me siento en una roca que da al mar y me cuento los últimos días.

Hay paseantes de perros por aquí. Estoy a unos doscientos metros de mi tabla, demasiado lejos para salvar mi cena del labrador errante que ahora veo hurgando entre mis cosas. La labradora tiene bien adiestrada a la dueña y se mantiene alejada hasta que la comida se ha acabado casi por completo. Le digo a la señora que no se preocupe, que su perro ha comido equilibradamente y que, además, me apetecen patatas fritas.

Así que acabo volviendo a La Mirage. Esta vez resulta más difícil comer un *fish supper* entero. O no tengo tanta hambre, o los lugareños reciben raciones más grandes.

Calma en el Moray Firth

Día 69 – 14 de agosto

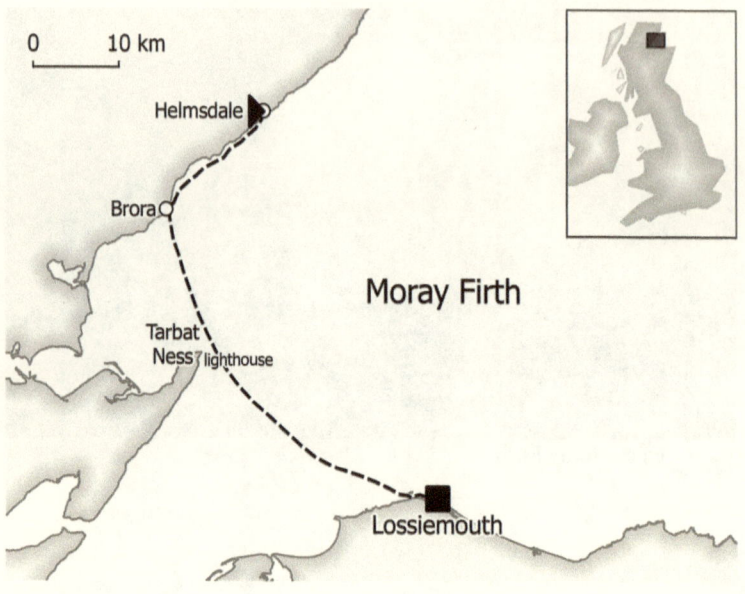

Hoy vuelvo a ello.

Mi plan es adentrarme en el Moray Firth hacia donde es más estrecho. Aquí, dependiendo de las condiciones, cruzaré al otro lado o bien cruzaré hasta Tarbat Ness, una amígdala de tierra convenientemente situada en lo profundo de la garganta del Firth. O bien lo pospondré para otro día.

Llegar al pueblo de Brora requiere un esfuerzo mínimo. Las condiciones son buenas: con una brisa que parece fiable. El faro de Tarbat Ness se ve casi cerca y el ángulo es favorable.

Hago una parada rápida para volver a comprobar las previsiones y la estrategia. Un apresurado bocadillo de queso completa los preparativos de la travesía y me pone comida de verdad en el estómago antes del goteo de barritas Snickers que vendrá después. Minutos después, el último empujón de la marea entrante me lleva hacia Tarbat Ness. Si no me equivoco, una vez pasado el faro y navegando hacia el sur del estuario, también me beneficiaré de la marea saliente que fluye hacia el este.

Todo sale como estaba previsto. Navego a gran velocidad hacia el faro y llego a Tarbat Ness en unos 90 minutos. Es aproximadamente un tercio de la distancia de travesía. A ras de la península, cambio de ángulo para apuntar a la tierra más cercana en el lado sur del Firth. El rumbo más cerrado me permite engancharme con el árnes. Acelero y, a medida que la tierra se acerca poco a poco, aprieto aún más el rumbo para recortar más distancia hacia el este. Reflexiono brevemente sobre las oportunidades sociales perdidas al hacer esto: ahora el rumbo no encaja para quedar con contactos locales John el Escocés, a quien conozco, y Beverley de Findhorn, a quien no. Y los contactos Eilidh y Alan ya me los he saltado.

Es fácil subestimar la distancia a tierra. Verla y llegar son cosas muy distintas. Me recuerdo a mí mismo que aún estoy muy lejos, muy al norte, en un verano de tiempo muy inestable, y que aún me falta mucho para llegar a la meta.

Vuelvo a centrarme. La corriente me empuja hacia el viento, lo que aumenta la potencia en la vela, que a su vez me ayuda a mantener la tabla canteada y cortando con eficacia el picado mar.

Veo muchos delfines. Hay algo tranquilizador y agradablemente distractor en ver delfines. Durante unos minutos te ayudan a olvidarte del dolor de cuello y de la costura del forro polar atrapada por el arnés que te aprieta con fuerza el costado.

Llego a tener la tierra próxima y bordo a barlovento unas millas antes de que amaine la brisa. Una larga playa de arena precede a Lossiemouth. Me detengo en la arena húmeda para descansar los hombros doloridos por la mochila. También es una oportunidad para consultar con Gregg hacia dónde dirigirme. Un club náutico justo antes del puerto parece un buen plan.

Falta una milla más. Empiezan a llegar golpes de oleaje periódicos y bien espaciados. Me elevan y me asientan mientras me deslizo sobre el fondo de arrecifes y arena. El agua es maravillosamente clara.

Antes de haber sacado mi equipo de las aguas poco profundas, sé que me han localizado. ¿Quién está en la playa esperando? ¿Qué contacto local? Es vergonzoso no saberlo. El hombre me resulta familiar de algún modo.

Solo necesito oír su voz para darme cuenta, y entonces suelto una sonrisa de reconocimiento. Conozco a Jim por ser cliente de Minorca Sailing. Hemos compartido divertidos momentos practicando windsurf, llamémoslo «coaching», en la bahía de Fornells. Me emociona saber que ha estado siguiendo los progresos. Antes de jubilarse, Jim voló en la *Royal Air Force* (RAF) desde Lossiemouth. Su mujer Katie y él conocen bien la zona y han vuelto para pasar unas vacaciones. Hay una cama libre que puedo utilizar.

Pero antes hay té y pasteles en la cafetería. Los amables dueños hacen algunas llamadas y me ponen en contacto con Steve, que tiene las llaves del club náutico. Steve baja y también me resulta extrañamente familiar, pero tampoco consigo ubicarlo. Resulta que Steve fue monitor en Menorca hace más o menos una década. Desde entonces ha cruzado el Atlántico a remo, ha recorrido Indonesia en bicicleta y ahora dirige una empresa de formación de monitores.

Jim y Katie me cuidan muy bien. Esa noche llueve de forma torrencial y me alegro de tener un techo y una cama caliente.

Día 70 – 15 de agosto

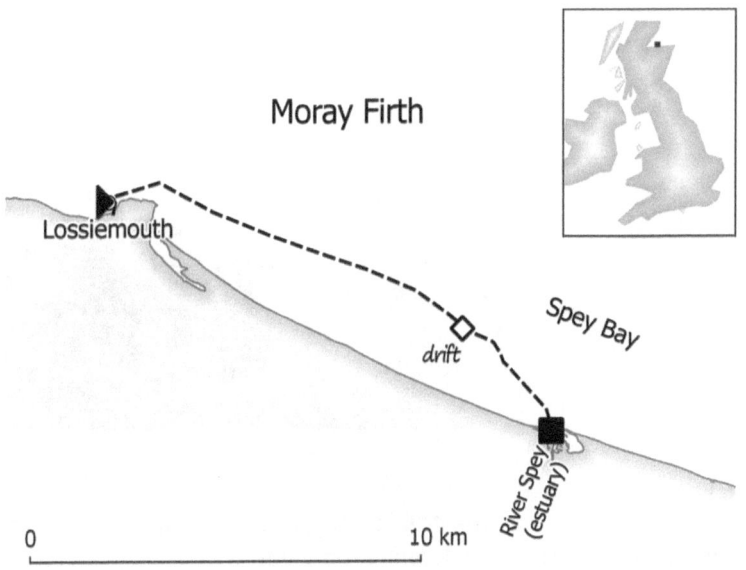

Llueve con menos intensidad mientras desayunamos y durante el trayecto de vuelta a «Lossie». Jim detiene el coche sobre la desembocadura del río y contemplamos el mar y la costa. Unas olas de buena calidad para surfear rompen en la playa de arena que se extiende hacia el este. Las olas dejan un rastro de rocío en el aire tranquilo.

Jim y Katie se van a subir un *munro*.[5] Yo, me refugio en la cafetería de ayer donde el día va mejorando. Me traen un plato de patatas fritas, cortesía de la casa. Aperitivo de café y tarta de zanahoria. Llega una brisa bienvenida. Estoy deseando salir.

Protegida por el puerto, la salida con pleamar es relativamente sencilla. Navego junto al muro protector a una distancia prudencial, observando las olas que chocan con la pared y las rocas

---

[5] Un *munro* es una montaña escocesa con una altura por encima de los 3,000 pies.

Olas en Lossiemouth

sobre las que está construida. A 20 km de aquí ya tengo identificado un punto de desembarco seguro.

La incomodidad de navegar en popa con poco viento y oleaje es algo a lo que ya estoy acostumbrado. Con cierta justificación, podría incluso afirmar que es una especialidad.

Al principio, el avance es aceptable, pero al cabo de unas pocas millas el viento se apaga y en estas condiciones no se puede navegar. Incluso mantener la vela en alto es un ejercicio inútil de agotamiento rápido. Me siento en mi tabla y observo el progreso por GPS. Debido al efecto de la corriente, avanzo a una fracción de un nudo. No tardo en sentirme bastante mareado.

Sé que tengo que aguantar. La situación acabará cambiando.

Me quedo aquí un rato. Grandes gotas de lluvia van y vienen, al igual que unas curiosas focas. Los alcatraces vienen en un flujo constante y ajustan sus trayectorias de vuelo para pasar directamente por encima de mí.

La marea me acerca a la desembocadura de un río. Parece probable que aquí exista la posibilidad de encontrar vía a tierra, evitando las olas. La agitación del estómago y la llegada de un atisbo de brisa me animan a intentarlo.

De hecho, las olas alrededor de la desembocadura son pequeñas y divertidas. El oleaje también ha disminuido y probablemente la marea baja también ha aplanado el mar. Una ola me levanta para un paseo tranquilo hasta la orilla de guijarros.

Esto es la bahía de Spey. Esta parte de la costa británica es nueva para mí, pero me gusta. Los marineros rara vez mencionan la costa este, y en los diversos relatos de la vuelta a Gran Bretaña que he leído recibe un tratamiento bastante superficial, pero aquí al menos es impresionante. Siempre había pensado que el estuario de Moray sería un lugar bastante sombrío, feo como la anguila que comparte su nombre. Qué equivocado estaba.

El río que da nombre a Speyside es pequeño y pintoresco. En sus curvas finales antes de encontrarse con el mar, patos y aves zancudas se dedican a sus asuntos, y las águilas marinas vigilan desde arriba en busca de presas.

Vuelve a llover. Levanto mi vela sobre los guijarros para refugiarme del chaparrón. Se forma un arco iris. Un extremo se incrusta en un espigón de la desembocadura del río. Donde caen los colores, los pájaros se atarean, como lanzados al vuelo por una fuerza colosal, o prospectando las riquezas que se puedan obtener.

Es un día típicamente escocés, gris y mierdoso, redimido por unos minutos de espectacularidad que levanta el espíritu.

Bajo la vela, los guijarros míos son ahora los únicos secos de la playa. Me siento cómodo y tranquilo aquí, así que no me molesto en buscar un *pub*. Ceno cuscús y me quedo dormido antes de que anochezca.

Día 71 – 16 de agosto

Moray Firth

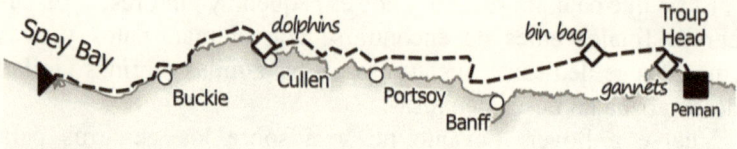

Las condiciones son tranquilas cuando salgo esta mañana: agua llana y una brisa ligera pero que aumenta lentamente. Tras un par de horas de navegación contra el viento, llego a Buckie, donde aprovecho que hay una cafetería en la playa. Dos bocadillos de beicon, un capuchino y una visita al baño después, navego hacia la lejanía.

Con su facilidad para aparcar, su comida y sus instalaciones los chiringuitos son realmente las áreas de servicio de autopista de los windsurfistas de larga distancia.

Disfruto de las siguientes millas en este tramo de costa sorprendentemente concurrido. Unos cuantos pequeños barcos de crucero de los puertos locales navegan hacia la bahía de Cullen. A la vuelta de la esquina nos sigue una suave brisa y el sol. Una barca de vela sin camarote, no es mucho más que un bote auxiliar, es navegado por una pareja muy anciana. Me acuerdo de ellos porque parecen muy felices. Es raro ver ese tipo de satisfacción y ahora, mientras escribo estas líneas, sonrío al pensar en ellos.

El pueblo de Cullen se asienta a la izquierda de una amplia bahía y está rodeada de colinas onduladas atravesadas por un viaducto arqueado. Es muy bonito y hoy está lleno de gente y de banderines para celebrar la fiesta de *Harbour Day* (día del puerto). Creo que 2015 será recordado como un buen año. Desde lejos veo el final de la demostración del buque salvavidas del RNLI. También observo el comienzo de la regata a remo con embarcaciones tipo traineras. Dado que no tengo un hueco en el programa, y no quiero colarme, sigo navegando y dejo que los del pueblo celebren su día.

Cuando salgo de la bahía, unos delfines pasan junto a mí. Están cerca, a veces se acercan aún más y veo que son grandes: delfines mulares. En contra de la tendencia habitual, consigo sacar una foto.

La costa es recortada e interesante y navego hacia Portsoy con mucho ánimo. Aquí tengo un contacto, pero, a pesar de parecer un lugar interesante, aún es demasiado temprano para poner los pies en alto. En su lugar, avanzo hacia Banff. Otra vez navego rumbo a ceñida con un viento que no se decide.

Permanezco mar adentro y cuando el viento vuelve a rolar estoy en posición de beneficiarme, con rumbo para pasar el siguiente cabo. Banff pasa a cierta distancia a sotavento. Me animan los buenos progresos. El día avanza y me pregunto hasta qué punto debo ser ambicioso cuando recibo una llamada telefónica. Es insólito que la oiga, hoy es un día de insólitos, y consigo contestar.

La llamada es de Rob. Conozco a Rob de Menorca. Su mujer, Lynne, trabajó en la escuela de vela antes de mi época. Luego navegaron por todo el mundo, teniendo dos hijos por el camino, antes de establecerse en Escocia. Hemos hecho windsurf juntos en varias ocasiones. Su técnica es similar a la de otros windsurfistas curtidos en el océano que conozco: hábil, y siempre buscando máxima potencia.

Rob está muy entusiasmado con mi expedición y dispuesto a ayudar. Yo estoy igualmente dispuesto a colaborar. Menciono que podría intentar llegar a Pennan hoy y Rob lo toma como algo definitivo. Rob y su hijo Danny vienen de acampar en las *Highlands* y nos reuniremos más tarde. Tomada la decisión de seguir adelante, sigo adelante.

La brisa de última hora de la tarde flaquea al acercarnos a Troup Head, y me estoy cansando. Hoy ha sido un día de navegación fácil y, como consecuencia, he sido descuidado con la comida: no he consumido suficientes barritas Snickers para tantas horas en el agua. Mis extremidades están bien, pero mi cerebro va lento.

La aleta de mi tabla se engancha a una bolsa de basura. Qué mala suerte. Normalmente puedo salir marcha atrás de las algas, pero la bolsa de basura se ha enredado aún más. Tengo que parar para limpiarla a mano.

Tiendo la vela, me arrodillo sobre la tabla e inmediatamente me desvío por la necesidad de hacer pis. Acciono la «cremallera de alivio» del traje seco. El alivio posterior es considerable. Entonces recuerdo por qué me había arrodillado.

Desplazo mi peso sobre la tabla: hacia atrás, hacia la aleta. La bolsa negra está casi a mi alcance, pero cuando me estiro más, mi mochila se desploma hacia delante, sobre mi oreja derecha, haciendo que la cola de la tabla se hunda demasiado y yo pierda el equilibrio. Caigo de cabeza en un movimiento tipo voltereta, lo que ya es bastante estúpido. Pero más estúpido es hacerlo con la «cremallera de alivio» todavía abierta. El frío del Mar del Norte se apodera de mis partes bajas.

Las consecuencias no son peores que un poco de frío, pero me lo tomo como una lección contra la autocomplacencia.

Lo que parece la última bocanada de viento del día me lleva a Troup Head, y a un espectáculo realmente magnífico. Miles de alcatraces están en los acantilados. Los blancos pájaros ocupan todos los espacios disponibles. Otros cientos siguen en el aire, vuelan en círculos o se cuelgan del viento por encima de mi vela. Son gráciles, silenciosos y curiosos. Inclino la cabeza hacia atrás para mirarlos boquiabierto mientras planean en todas direcciones a distintos niveles del espacio aéreo. La escena es una especie de Batalla de Inglaterra aviar. Una banda sonora de motores propulsados por hélices funcionaría bien aquí.

Los 2 km finales hasta Pennan son una lucha en ceñida contra una marea adversa que se fortalece. Los acantilados bloquean el viento, que solo se dispensa en escasas y ocasionales bocanadas. Al final, escapo del tirón de la corriente.

Había querido detenerme aquí desde que me enteré, en la costa oeste, de que en Pennan se rodó una parte importante de la película *Un tipo genial*. Creo que aún iba a la escuela primaria cuando vi la película por primera vez. La banda sonora instrumental de Mark Knopfler *Wild Theme | Going Home* lleva días sonando en mi cabeza.

Es muy emotivo llegar hasta aquí. El diminuto pueblo es una corta hilera de casas, una de las cuales tiene la palabra Hotel pintada en el tejado. Los escarpados acantilados no permiten jardines traseros, así que delante hay tendederos para secar la ropa. Hay una cabina telefónica roja. Por encima de la línea de tejados, una carretera de una sola vía, imposiblemente empinada, se curva hasta perderse de vista. Es exactamente igual que en la película e igual de bonita.

Veo a Rob y a Danny en la también absurdamente bonita playa, y me deslizo con lentitud sobre el agua clara y las frondas de algas. Sonreímos al darnos la mano, y las cálidas palabras y el entusiasmo de Rob invaden todos los rincones.

El Hotel está abierto, una buena noticia para todos los que tenemos ganas de comer. Rob se dirige a comprobar que mantendrán abierta la cocina, mientras Danny me ayuda a guardar la tabla y vela fuera del alcance de la marea. Unos minutos después vuelve Rob.

«Invito yo. El menú tiene muy buena pinta y te han regalado una habitación para pasar la noche».

Todos sabíamos que no había sido el hotel.

***

El sitio es muy acogedor, y el curry verde tailandés es memorablemente bueno.

Después de cenar, Rob y Danny conducen hacia el sur para reunirse con la familia en casa, cerca de Stonehaven. No me dejan ninguna duda de que soy muy bienvenido a pasarme por allí cuando llegue, y sé que lo haré.

Subo las suaves escaleras alfombradas hasta mi habitación, agradecido por mi buena suerte y por la amabilidad de Rob, que hoy representa la amabilidad de todos los que me han ayudado en este viaje.

Día 72 – 17 de agosto

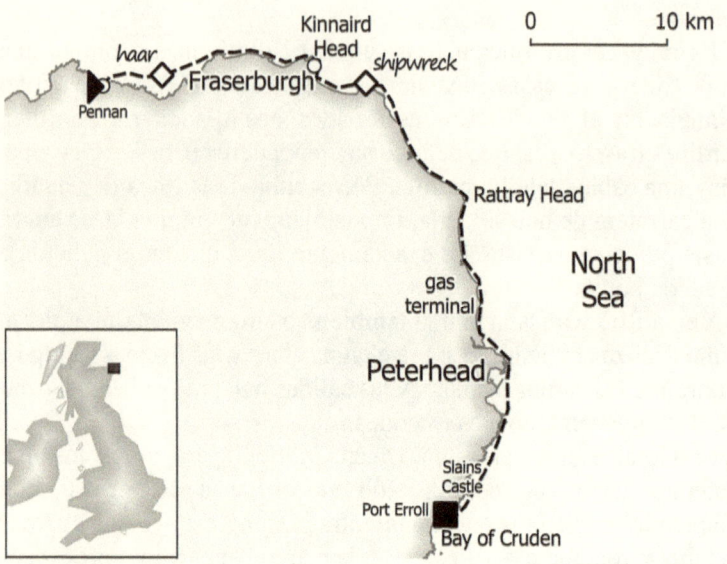

Llevo un tiempo luciendo el aspecto de Robinson Crusoe, pero mantenerlo no me parece muy honesto dado mi acceso habitual a las comodidades. Adiós a la barba.

Me tomo un desayuno frito seguido de tostadas y café. Me aprovisiono de unos cuantos sobres de mermelada antes de dar las gracias a los propietarios y marcharme. Hace un día precioso y soleado. Deambulo por esta aldea extrañamente pintoresca y no quiero irme, porque se acabaría la experiencia. Cuando salgo, parece que se ha cerrado un capítulo.

Ahora navego con confianza. Los acantilados son impresionantes y hermosos en lugar de intimidantes. Me complace que me guste tanto esta costa. Me parece que, tanto en la literatura como en la forma de hablar de la gente de fuera, la costa este recibe un trato inferior en comparación con la oeste. Me parece una injusticia. Tal vez la costa este sea simplemente más retraída.

Intento hacer fotos de los peñascos esculpidos, pero con el sol detrás no sale ninguna bien, lo que corrobora la conjetura.

Me separo de los acantilados, manteniéndome mar adentro para tomar una ruta directa al siguiente afloramiento en lugar de seguir el contorno cóncavo de la costa. Más adelante, la línea entre el cielo y el mar está mal trazada: demasiado cerca. Se vuelve cada vez más borrosa hasta que ya no cabe duda de que se acerca un muro de niebla. Ahora más cerca, se mueve rápidamente. Consume la tierra hacia donde se dirige mi tabla. Un molino de viento en tierra, que había estado usando como punto de referencia, es el siguiente en desaparecer.

Se trata de *haar*, una niebla marina que afecta a estas costas del noreste. Se forma cuando se levanta una brisa marina que deposita aire cálido y húmedo de la tierra sobre el mar frío. A continuación, el *haar* se desplaza desde el mar hacia la tierra para completar el ciclo.

Vuelvo a comprobar que el GPS me señala una dirección sensata, y compruebo que la brújula de mano concuerda, antes de adentrarme en la blanca niebla.

La niebla es fría y la visibilidad mínima: metros, apenas unas olas por delante. Compruebo regularmente la brújula y el GPS, atento a cualquier cambio no percibido en la dirección del viento que pudiera desviarme del rumbo. Y escucho atentamente. Quiero acercarme a la costa, acercarme más de lo que lo harían otras embarcaciones. Creo que eso será lo más seguro. Es mejor arriesgarse con las rocas que con el tráfico marítimo. Tengo suerte de que hoy no haya oleaje.

Una sombra emerge del blanco. Tierra: una costa de ensenadas dentadas. Giro a la izquierda para continuar el avance silencioso, escuchando y comprobando la profundidad del agua. Giro un poco a la derecha cuando la sombra de tierra se desvanece o se pierde y un poco a la izquierda cuando las rocas complican el paso. También tengo suerte de que el agua sea tan clara. Estoy todo el tiempo escudriñando en busca de sombras.

La navegación por la profundidad me lleva más allá de unos cuantos puertos, identificables como tales por los muros protectores envueltos en niebla que de repente se avecinan oscuros

Llega el haar: unos minutos después la visibilidad era prácticamente nula.

y altos. Sé que al final encontraré un puerto más grande, Fraserburgh, y que justo después habrá una playa.

Llegan sonidos de motores desde una dirección indistinta. ¿Un helicóptero? Transporte para una plataforma petrolífera, tal vez.

Veo un pliegue en la costa, con un faro, y oigo una bocina de niebla. Más tarde confirmo que se trata de Kinnaird Head. Y ahora hay un muro portuario. Las sombras de una flota pesquera a escala industrial se extienden por encima desde el otro lado: esto es Fraserburgh. Sigo el muro hasta una apertura. Un enorme arrastrero surge de la niebla. Me quedo atrás hasta que haya pasado y después remo con prisa hasta alcanzar el otro lado de la brecha.

La siguiente pared conduce a aguas más tranquilas, se dobla, y después desaparece. Ahora tengo ante mí una larga extensión de arena, y un *haar* menos espeso. También hay un chiringuito.

Bocadillo de beicon en mano, consulto el mapa. Desde Fraserburgh desciende una línea amarilla: playas que continúan en dirección sur a lo largo de kilómetros. Bien. Sencillo. Lo sencillo es bueno. Me siento mentalmente cansado, como si acabara de terminar un examen, y disfruto de la liberación del esfuerzo.

***

Avanzo a unos metros de la playa, o playas. Los límites entre ellas no están claros o se pierden fácilmente, pero la visibilidad ya no es problemática. La arena se extiende a media distancia por delante y por detrás. Cerca de la orilla, escapo al tirón de la marea.

Una forma delante resulta ser un barco naufragado. Los cormoranes alzan el vuelo desde la embarcación en descomposición mientras un corriente me azota sobre el arrecife, de repente alarmantemente poco profundo, en el que naufragó.

Un pequeño oleaje llega a la playa. Coloco la tabla fuera del alcance de las crestas de las olas que se tambalean. Jugar con las olas es divertido y me mantiene atento. Aparte de los mechones de hierba *marram* que coronan las dunas, solo hay arena. Es como navegar por el borde de un desierto.

Rattray Head se presenta como una peculiaridad. El faro está situado a unos cientos de metros de la costa, sobre una base redonda que debe de estar asentada sobre una roca. Unas millas más allá, la marea arrasa otro arrecife. Mi paso dispersa miles de aves marinas y decenas de focas.

Naufragio cerca de Fraserburgh

Más al sur, en los valles entre dunas, las llamas saltan de las chimeneas de una refinería de petróleo.

Finalmente, las playas llegan a su fin. Desembarco en el último trozo de arena para revisar el progreso y comer un sándwich de queso.

Más adelante está Peterhead, el punto más oriental de Escocia continental, y un lugar difícil de atravesar con mal tiempo, según cuentan.[6] Tengo un contacto aquí que me ha ofrecido amablemente consejo y apoyo. Su mensaje de inscripción se me quedó grabado en la mente: algo sobre Rattray Head y que tendré problemas en esta zona. El mensaje era bienvenido y bienintencionado, pero el tono definitivo lo tomé como un desafío. Me hizo querer demostrar que mi contacto estaba equivocado.

Así que navego hacia Peterhead con especial atención y los ojos ligeramente entrecerrados. Una vez comprometido, estoy absorto en el desafío. Hay fuertes corrientes, pero también buen viento. Hay que considerar múltiples cabos, islas y embarcaciones. Navego como veo, deslizándome por detrás de las rocas, aprovechando las corrientes más débiles y los remolinos, atacando la corriente principal entre las islas y tierra habitada. Disfruto enormemente de la navegación y no siento cansancio a pesar del esfuerzo físico. Las horas pasan en minutos.

La costa ahora es de acantilados escarpados. Peterhead se aleja en la distancia, aunque las escasas opciones de desembarco hacen que todavía no se puede declarar vencido. La tabla avanza con potencia, al borde del planeo y surfeando las olas, pero la corriente tira implacablemente y frena el avance. Al final llega el cansancio. Más allá del castillo de Slains, iluminado por un sol bajo, el viento y la marea empiezan a agotarse también. Llego y me adentro en las aguas más suaves de la bahía de Cruden.

***

La vela me protege de la llovizna. No espero ayuda aquí, pero me localizan Rob, su hija Megan y su amiga Lauren. Este es un Rob diferente al de ayer. Dirige un club de windsurf para niños,

---

[6] Mi investigación previa a la expedición reveló que Richard Cooper (windsurfista) y Fran Gifford (con Wayfarer) tuvieron problemas para pasar Peterhead en sus vueltas a Gran Bretaña.

Castillo de Slains

los *Sea Gorrilaz*, en Newburgh, unos kilómetros más abajo en la costa. Decido abandonar mi equipo por la noche y aceptar la ducha caliente, la cerveza fría y el chili con carne ardiente que me ofrecen Rob y su mujer Wendy. Una decisión fácil.

Me reúno con más *Sea Gorrilaz*, y me muestran su lugar de navegación en los fangosos tramos del río Ythan. Rob y los niños son unos entusiastas del windsurf y han seguido mi viaje, incluso planeando sus propias expediciones. Me llama la atención las instalaciones básicas del club y el sentimiento de comunidad que lo rodea. Imagino a los niños divirtiéndose en su río, y quizá navegando por las playas locales cuando sean mayores. No me cabe duda de que sus experiencias los ayudarán a convertirse en personas agradables y completas. Las pocas palabras que escribo aquí no hacen justicia al valor de la iniciativa de Rob.

Día 73 – 18 de agosto

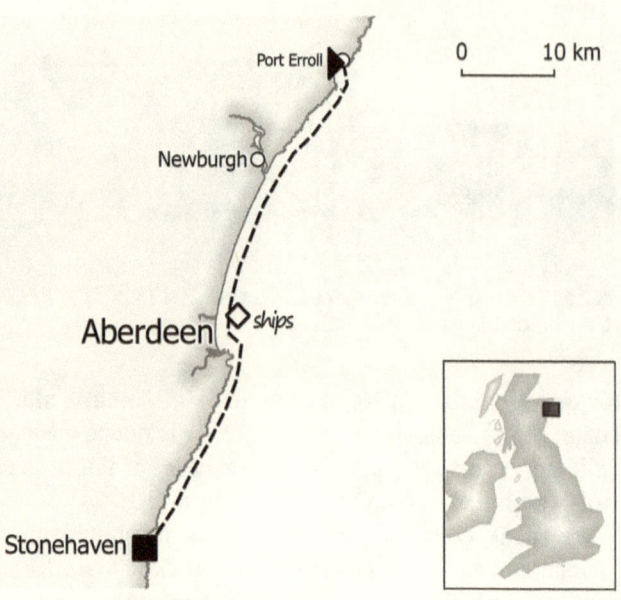

La fruta fresca mejora mis copos de avena esta mañana. Rob me deja en Port Errol de camino al trabajo.

Ha estado lloviendo toda la noche y sigue lloviendo ahora. Me visto en los aseos públicos. No tiene sentido mojarse innecesariamente. De vuelta al puerto, contemplo la escena con desánimo. El oleaje entra en la bahía, más allá el mar abierto está agitado e intimida. Viento del nordeste, lo bastante fuerte como para concentrar la mente.

Aprieto las correas del barril un poco más de lo normal, añado un nudo de seguridad adicional y lo compruebo todo tres veces. Bombeo el pecho. Exhalo. ¡Vamos allá!

El oleaje rueda bajo la tabla. En la esquina de la bahía las rocas las atrapan y tiñen el mar de blanco. Cerca de los acantilados el estado del mar es feo y confuso y la proximidad del peligro es desconcertante. Navego más lejos. Aquí el oleaje está más definido.

La navegación es complicada pero gratificante. De hecho, memorable. Experimento con distintas técnicas. El mástil hacia atrás a veces va bien, pero en general es demasiado rápido; con demasiada frecuencia supero al viento y pierdo potencia, o choco con la ola de delante, o ambas cosas. Consume demasiada energía.

Me doy cuenta de que es mejor estar sincronizado con las olas, surfearlas durante más tiempo y enlazarlas. Navego sin uso del arnés. Cuando cojo una ola, descargo la potencia de la vela y simplemente surfeo, cinco segundos o diez segundos, hasta que estoy listo para saltar a la siguiente ola. La navegación encadenada es continua. Muevo mi peso para surfear suavemente a izquierda o derecha en busca de la mejor línea.

A veces la proa se sumerge, pero no sufro la desaceleración brutal que habría en una tabla normal ya que el peso extra del barril la empuja como un torpedo y la mayoría de las veces resurgimos goteando pero intactos.

La costa pronto se convierte en playa, una larga playa que llega hasta Aberdeen. El estado del mar se transforma. La playa permite

Buques aparcados frente a Aberdeen

que las olas que llegan a la orilla expiren adecuadamente, que disipen su energía en lugar de reflejarla hacia el mar. El viento también procede ligeramente de la tierra. Entre las olas ahora es llano, limpio.

Navego con normalidad y me sitúo más cerca de la costa para atrapar las líneas de oleaje que se mueven rápidamente, recorriendo cientos de metros cada vez.

Llego a estar cansado y sufro una caída al acercarme a Aberdeen. Un buen momento para una pausa, comer una barrita de Snickers y revisar la situación. Un desembarco en la playa tiene mala pinta. Navegar hasta el gran puerto de Aberdeen sería una opción, pero no resulta atractiva. Mar adentro, decenas de barcos que prestan servicio a la industria petrolera apuntan sus proas hacia la costa. Aquí hay aparcamiento gratuito para ellos, y también para mí. El día sigue brumoso. No estoy seguro de si es llovizna o lluvia, pero el enjuague de agua dulce no es desagradable.

Más allá de Aberdeen, la costa vuelve a ser acantilada, pero ahora las condiciones son menos duras. Los siguientes 25 km hasta Stonehaven duran solo noventa minutos.

Lynne y Rob, el Rob de Pennan, suelen navegar con barcas de vela ligera desde Stonehaven, y hemos quedado en encontrarnos en su club, dentro del puerto. La bahía y la entrada al puerto tienen un mar animado cuando llego. Lynne está en el muro del puerto. Me da indicaciones y me advierte sobre una roca que a veces queda al descubierto con las subidas y bajadas del mar. Para ser sincero, comparado con lo de esta mañana, esto es juego de niños: unas cuantas rocas, unas cuantas olas... No es ninguna molestia.

Pero es estupendo ver a Lynne. Guardamos mi equipo y volvemos a su casa. Me siento como en casa y a gusto. Al igual que en las paradas de Bournemouth y North Devon, me siento como en familia.

***

La previsión para mañana es de mucho oleaje y nada de viento. No me apetece nada navegar por esta costa en esas condiciones y decido prorrogar mi invitación abierta un día más.
La lluvia arrecia durante la noche.

Día 74 – 19 de agosto

Es un día y medio de descanso productivo. El carril del mástil recibe otro mantenimiento para facilitar su uso, arreglo la estufa de gas (que se dobló durante una noche de sueño intranquilo), hago copias de seguridad de las fotos y las notas de voz, compro gas de repuesto y reparo las fugas de las bolsas estancas. Rob y Lynne donan provisiones de Cuppa-porridge y Snickers.

Gul ha enviado unas botas de neopreno de repuesto. Mis botas actuales, que eran nuevas en North Devon, están desgastadas. Me dejan los pies desprotegidos, y el Mar del Norte que circula continuamente alrededor de mis dedos, incluso en agosto, es sorprendentemente frío. Me deshago ceremoniosamente de las viejas.

Lynne asume la responsabilidad de mis descuidadas tareas de relaciones públicas y organiza una aparición en la televisión escocesa. El reportaje se graba en combinación con otro «aventurero», el kayakista Nick Ray.

Conocía vagamente el reto de Nick de llegar remando a todas las estaciones del RNLI de Escocia. Por una improbable coincidencia, ambos estamos en Stonehaven el día en que finalmente lo busco en Google.

Juntos, flotamos sobre el oleaje junto al muro del puerto, antes de volver a tierra y decir cada uno unas palabras para la cámara.

Trabajo hecho, Nick sugiere que vayamos a tomar una pinta. Yo también lo había pensado. *The Ship* tiene una buena selección de cervezas de barril. Como era de esperar, los dos elegimos una con nombre Wanderlust. Está bastante buena.

Hablar con Nick es interesante. A los ojos de mucha gente soy un aventurero. ¿Cómo son los aventureros? Quiero comparar apuntes. Le pregunto a Nick si está disfrutando de su aventura y me responde sin dudar que cada día le ha encantado. Eso me sorprende, yo no podría afirmarlo, sé lo mucho que me costó al principio. Ha habido tantos momentos increíbles, pero también la preocupación y el miedo a las situaciones comprometidas. Para mí, al menos al principio, ni siquiera puedo afirmar que haya disfrutado de la experiencia, el aspecto mental ha sido demasiado duro. Insinúo mis luchas mentales y me alivia que Nick también se sienta identificado con ellas. Quizá Nick sea un aventurero más experimentado. Se me ocurre que al principio de mi viaje yo no era un aventurero, pero que ahora puede que sí lo sea, y sin duda soy un hombre cambiado. Ahora estoy mejor preparado para afrontar el miedo: se tarda menos en transformar un día temeroso en un día increíble.

Llego a la conclusión de que nuestras experiencias no son tan diferentes.

Nick no tiene nada de aventurero descarado. Se muestra humilde con lo que ha conseguido hasta ahora y parece considerarlo menos importante que lo mío. No lo es, por supuesto, y me entristece oírlo. Cada uno asumimos los retos que creemos que podemos completar. La escala de logros se relaciona con la dificultad personal del individuo, no con los kilómetros recorridos o cualquier otra medida arbitraria y superficial.

De vuelta a casa, amigos comunes y contactos de Minorca Sailing pasan por casa de Lynne y Rob. Disfrutamos de una cerveza relajada y posamos para una fotografía cronometrada. De izquierda a derecha: Hamish, Katie, Danny, Lynne, Rob, Shona, John y yo. En la foto de grupo falta la hija de Shona y John, otra Katie, que está en Menorca haciendo mi antiguo trabajo.

Hablamos de aventureros. Shona me contrasta favorablemente con Richard Branson, lo cual es de agradecer.

***

He disfrutado de este tiempo con Lynne y Rob. Lleva tiempo confiar en que las personas que conoces en un entorno laboral, o los amigos de tus amigos, sean realmente tus amigos también. Ahora estoy seguro. Antes me mantenía demasiado cerrado, y a veces me costaba ver las cosas con la profundidad debida.

He llegado a comprender que ahora compartimos lo que podría llamarse un vínculo de aventureros. Hay una experiencia común, una apreciación de que somos del mismo clan, con una familiaridad compartida de «exposición»: esa sensación difícil de distinguir del miedo. Rob y Lynne echan de menos eso, me dicen que lo echan de menos, aunque yo lo percibo primero. Echan de menos lo que estoy experimentando: la emoción, el miedo, la intensidad.

También me entero de que Lynne tiene un vínculo duradero con Menorca, al igual que yo. El Jono de antes a la vuelta a Gran Bretaña nunca se involucró lo suficiente como para descubrirlo.

Charlando con el kayakista de expedición Nick Ray, vestido para las cámaras de la BBC de Escocia. Foto: Rob Skinner

Día 75 – 20 de agosto

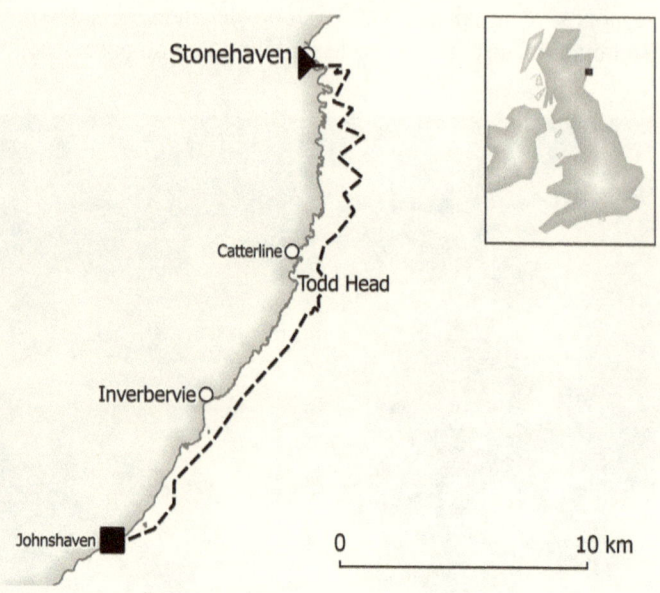

De camino al puerto de Stonehaven recibo una llamada de una periodista. No tiene nada de inusual, pero esta chica es singularmente chistosa y chiflada. Le doy algunas pinceladas sobre la expedición; se muestra generosa con el entusiasmo y me ofrece alojamiento en su granja, en algún lugar del que no conozco el nombre. Probablemente no sucederá. Archivo la extraña conversación.

Lynne y yo examinamos el estado del mar. El oleaje es mucho menor y hay un picado superpuesto que sugiere un viento que en realidad no existe. «Parece que está bien», decimos los dos. Yo no lo creo, y supongo que Lynne probablemente también se esté engañando a sí misma.

Salgo y, efectivamente, el viento es una auténtica mierda. Tardo mucho en pasar el cabo de la bahía. La mar revuelta detiene la tabla en seco, la hace cabecear, la desvía de su rumbo. El avance es de una dolorosa milla por hora.

Al cabo de tres horas tengo la opción de poner fin a la miseria en la bahía de Catterline, pero dirigirme hacia la acantilada ensenada parece aún más desagradable que lo que hay aquí fuera. Incluso si consigo entrar, ¿cómo volveré a salir? Me demoro lo suficiente como para perderme el desvío.

Una pequeña playa junto a Todd Head es otra opción poco viable. Intento pasar el cabo, donde, sorprendentemente, las condiciones consiguen empeorar. Ahora no sopla ni un hálito de viento. El oleaje es más bullicioso y aleatorio. Mantener el equilibrio es casi imposible y agotador: no consigo aguantar más de unos segundos con la vela izada.

Me siento, espero ser arrastrado hacia delante o hacia atrás, a cualquier otro lugar que no sea éste, pero eso no ocurre. Las olas y la corriente me tienen atrapado aquí, frente al cabo. Vuelvo a intentar navegar hacia delante, pero no lo consigo. Intento volver hacia Catterline, también sin éxito.

Hay un velo de *haar* que se asienta tierra adentro y tiene el día paralizado. Llamo a Gregg para quejarme de las condiciones. Lo comprueba en Internet y me dice que tengo 12 nudos de brisa. Oír eso es una prueba para mi sentido del humor.

Estudio el faro que se asienta sobre el cabo. Los propietarios están registrados como Contactos Locales. Me había entusiasmado la posibilidad de parar aquí. Quizá ahora puedan verme.

Aquí fuera se está incómodo, pero eso no es preocupante. Preocupante es pensar que podría quedarme atrapado hasta el anochecer. Y también que podría tener que tomar la decisión de aceptar o rechazar el rescate. El rescate se sentiría como un fracaso. Rechazar el rescate, dependiendo de las circunstancias, podría ser una decisión muy egoísta. Es una decisión que no quiero tener que tomar.

Pero no me preocupa demasiado. Ahora sé que los malos momentos pasan. Siempre pasan. O cambian las condiciones, o nos adaptamos a ellas. El cerebro no está cableado para pasar malos ratos indefinidamente.

Así que es nefasto durante un tiempo, pero luego el *haar* se va, y detrás viene un viento correcto: los 12 nudos de los que me había hablado Gregg. De no poder moverme a surcar las olas en cuestión de minutos. Paso el cabo y continúo hacia el sur.

Ahora que tengo viento no quiero desperdiciarlo, a pesar de que existe el riesgo de que el *haar* vuelva. Podría detenerme en Inverbervie, pero no lo hago; el aspecto menos hostil de la costa justifica esta decisión. Pero la buena brisa no dura, y unos kilómetros más adelante vuelvo a tener problemas.

Suena mi teléfono. Ahora contesto mejor.

—¡Vaya, has progresado mucho! —Aunque, obviamente, no lo he hecho—. ¿Vas a parar a tomar una taza de té en Johnshaven?».

Es Turid, la periodista chiflada de antes.

Desde mi punto de vista no parece posible un desembarco, pero Turid dice que hay un puerto.

—¡¿Hay una entrada?! ¡Genial! ¡Por supuesto que voy a parar!

—¡Genial, nos vemos en diez minutos!

—Bueno, no hay viento. Tardaré cuarenta y cinco.

Qué amable que el viento volviera a apagarse justo aquí, para depositarme justo en la puerta principal de Johnshaven. No hay que discutir con el destino.

La entrada al puerto es diminuta y está sembrada de rocas. Turid está sobre el muelle del puerto. Sé que es Turid: el vestido un poco loco, la postura de actriz... Todo encaja.

No tardamos mucho en establecer que nos llevamos bien. Se da por hecho que me quedaré. Dejamos mi equipo en el jardín delantero de la madre de Turid y nos dirigimos a la granja. Camilo y Pierre están ayudando, así que también me reúno con ellos, pero pronto nos ponemos en marcha de nuevo. El español Camilo es el último fichaje libre del club de fútbol de Montrose y entrena esa tarde. Parece un lugar tan bueno como cualquier otro para una entrevista, así que Turid coge su cuaderno y nos dirigimos a las gradas.

Turid es una auténtica profesional. Me ablanda con unas rondas de ahorcado y hace comentarios perspicaces sobre el talento que hay en el campo. Nos tomamos el pelo mutuamente. No me había reído tanto desde que una inesperada referencia a una zanahoria me pilló desprevenido el año pasado. Volvemos, desviándonos por un *pub* local. Tengo calambres en los músculos del estómago.

La granja tiene un baño caliente al aire libre, en realidad la antigua piscina de los pingüinos del zoo de Edimburgo. Pierre se encarga de poner en marcha la caldera de leña. Turid prepara un poco de agua con sabor a verduras. Yo lo compenso con un par de barritas Snickers de emergencia. Bebemos una cantidad razonable de vino tinto y gradualmente se relajan los músculos del estómago.

Pasada la medianoche, nos dirigimos al jacuzzi, nos quitamos la bata y nos metemos en el agua helada. Moraleja: no dejes a un francés al cargo de tu baño.

Cazanoticias Turid (segunda a la izquierda) y el equipo de Johnshaven

Día 76 – 21 de agosto

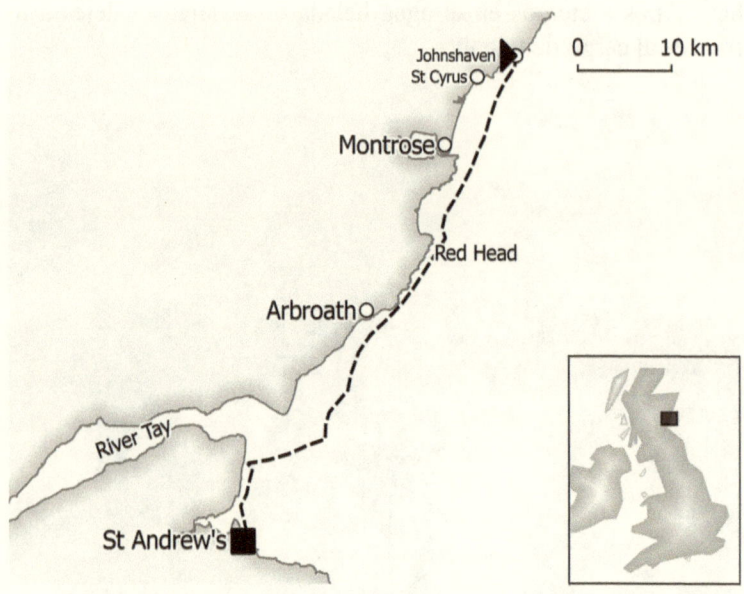

Un pequeño séquito me despide de Johnshaven: la madre de Turid y una pareja de navegantes, también como yo de Essex, aumentan el número. Son gente muy cariñosa y los echo de menos incluso antes de zarpar.

Hoy el mar está agitado. Salgo por la cómicamente pequeña abertura del puerto y coloco la tabla en su canto en modo ceñida. En teoría, hoy el viento está totalmente en contra, pero no puede ser porque consigo navegar en paralelo a la costa, o incluso separarme de ella. Disfruto engañando a la meteorología. Pronto estoy de nuevo lejos de tierra. También me alegro de volver a estar en mi propia compañía.

Un bote salvavidas del RNLI me adelanta mar adentro. Lleva banderolas. Lo reconozco como el barco de la clase Shannon de la estación de Montrose; Turid va a subir al barco más tarde porque tiene que escribir un artículo sobre él para el *Montrose Review*.

Espero que la redacción se beneficie del dominio de Turid de la terminología náutica y del doble sentido. Según Turid, Montrose carece de noticias importantes: el gran escándalo de este año es que se ha visto a una bañista en topless en la playa de St Cyrus. Un verdadero escándalo.

Tengo que hacer una virada para pasar Red Head, pero aparte de eso llego a Arbroath en un solo bordo.

El viento cambia y tengo que navegar en zigzag para pasar el estuario del Tay. El Tay es un gran río con fuertes corrientes y bancos de arena que se extienden unas cuantas millas mar adentro. Me mantengo alejado de la costa y navego entre los bancos exteriores, virando para evitar las partes menos profundas donde rompen las olas.

Pasar el río me lleva más tiempo del previsto y estoy deseando llegar a tierra. Una preparación descuidada significa que me he quedado sin agua, y tengo la garganta especialmente seca. Puede que no sea casualidad que ayer fuera uno de los pocos días en que he superado mi límite extraoficial de tres unidades de alcohol.

Cuando llego a tierra, es una larga playa de arena rodeada de pinares. No hay agua dulce cerca. Como un trozo de pan para recargar las pilas sin deshidratarme demasiado, y después me dirijo a recorrer los últimos 9 km hasta St Andrews. Hace un viento aullante en esta parte. Mantengo las viradas cortas para minimizar la exposición al viento de componente terral.

Satisfecho con los progresos, pero cansado, doy por terminada la jornada en la capital del golf.

Recibo una llamada del *Dundee Courier*, me hacen algunas preguntas normales y me piden que espere a su fotógrafo, que está de camino. Steve, cuando llega, me instala en la playa bajo mi vela que está apoyada sobre un bastón, con la ciudad de St Andrews al fondo. Enseguida ambos sabemos que ha conseguido una gran foto. Es la foto de la portada de este libro.

Mucha gente me ha dicho que debería escribir un libro sobre esta aventura. Nunca pensé que pudiera escribir un libro, y en cualquier caso nunca creí que ocurriera lo suficiente como para justificarlo. Pero ahora me estoy acercando a la idea. Supongo que me estoy permitiendo pensar que acabaré la expedición, y eso me permite pensar en lo que sucederá después.

Día 77 – 23 de agosto

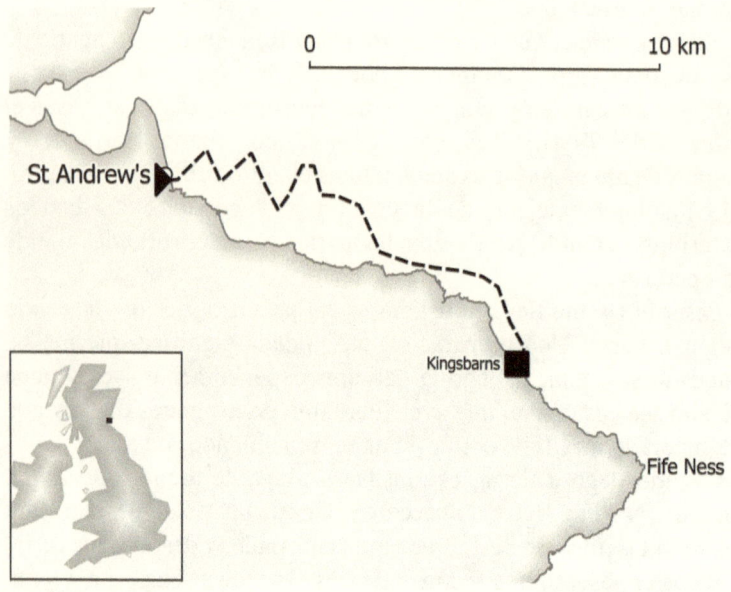

Hoy es un día lento. No hay viento al principio y no hay mucho más después. A última hora de la mañana hay suficiente para moverse, pero con la dirección desfavorable solo hago 8 km en cuatro horas de navegación. El humo vertical de las chimeneas lejanas confirma que es un día desesperanzador para navegar.

Una pequeña playa a pocas millas de Fife Ness ofrece una buena oportunidad para desembarcar. Las familias aprovechan al máximo el buen tiempo: niños explorando los canales entre rocas, jóvenes en canoas. Un dentista que va de picnic se detiene para charlar y luego vuelve con una donación de Rocky Road, un dulce muy sabroso y azucarado. Sin duda, un dentista escocés. Mi cuerpo pide una manzana.

El mar vuelve a ser plano como un espejo. Pienso en mañana y en la travesía del estuario del Forth. Es un buen punto de partida, pero se prevé viento fuerte. Planeo un comienzo inusualmente temprano para cruzarlo antes de que el día se vuelva demasiado animado.

Este es territorio pijo de golf y detrás de la playa hay un campo de golf. A falta de un bastón para apuntalar la vela, tomo prestado un rastrillo de un búnker.

Hacia el atardecer aparece un grupo de campistas. Una megatienda, provisiones para una semana y alcohol para dos más. Son un grupo agradable y me invitan a tomar una cerveza alrededor de la hoguera. Una tormenta torrencial pero de corta duración nos reubica temporalmente bajo el toldo de su tienda. Mejor aquí que bajo mi vela.

Más tarde, con la hoguera resucitada, unos juerguistas se acercan a tropezones. Son una pareja en su primera cita, según nos dicen, unas cuantas veces. Unas cuantas veces más de lo necesario, por parte de ella. Él parece haber perdido casi toda su ropa. Ella tampoco lleva mucha, aunque es posible que empezara así. Buscan drogas o el mar. Les indicamos la dirección de este último. En la playa de Kingsnorth te encuentras de todo.

Me retiro cuando sale el inevitable whisky. Mañana empiezo temprano. Me alegro de tener una buena excusa para escaparme. No soy de muchas fiestas, ni siquiera las de playa. Son como las visitas al dentista. Voy porque sé que debo ir. Siento un dulce alivio al volver al refugio de mi vela. Se acabó el calvario.

Día 78 – 23 de agosto

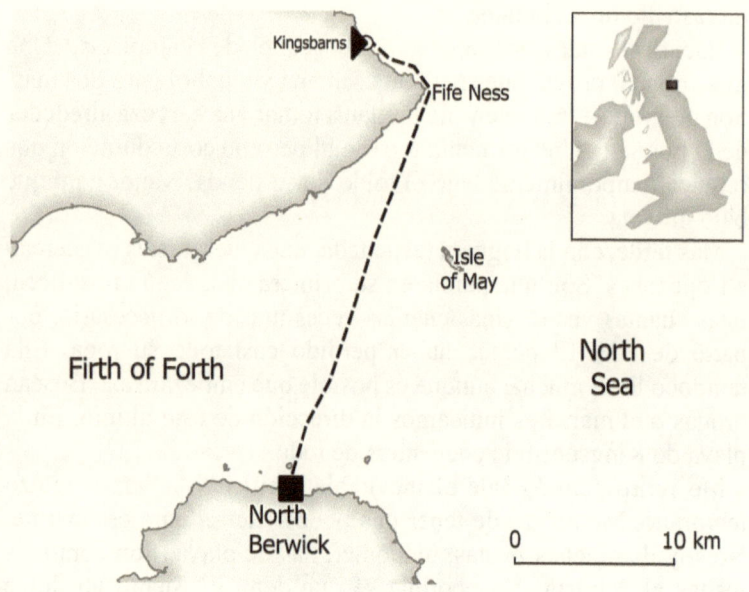

A las 6.30 ya he desayunado y estoy navegando. Es una mañana ventosa. Un día en el que hago bien en recordarme el consejo de John sobre ser audaz: cuando vayas, ve con decisión.

El viento sopla en contra hasta el cabo de Fife Ness. ¡Así es como hay que despertarse! Caras llenas de rocío y bíceps esforzándose por mantener la vela trimada. Desplazo los manos atrás en la botavara, y los cabos de arnés también, para encontrar el punto de equilibrio con la vela completamente tensada.

Pasadas las agitadas aguas del cabo, pongo la tabla en modo través. El ángulo es bueno para cruzar en línea recta el estuario del Forth. Delante comienza un horizonte vacío. Detrás, el cabo retrocede. Aquí el oleaje es más limpio y el viento un poco menos fuerte. Las condiciones no podrían ser mejores.

No me preocupa dónde tocaré tierra. Igual que todos los días, la prioridad es tocar tierra en algún sitio. Pero tengo contactos en

North Berwick, y el ángulo es bueno para ir hacia allí. Al principio navego siguiendo un rumbo, pero pronto hay islas de tierra a las que dirigirme.

La travesía de 25 km dura solo una hora. A las 8.00 h ya estoy navegando por la protegida y muy pintoresca bahía de North Berwick. Estoy satisfecho de cómo he navegado. Y aunque parezca un poco ridículo colgar el arnés por hoy antes de que la mayoría de la gente esté en marcha, sé que consolidarme aquí tiene sentido. El viento será más fuerte más tarde.

Mi contacto Fiona y el pequeño Duncan me encuentran en la playa. La conozco a ella y a su compañero Paul (alias Morph) de cuando trabajaban como monitores. Son socios del Club Náutico de East Lothian y puedo utilizar sus instalaciones, que son muy cómodas y civilizadas.

Una agradable sorpresa es encontrarme con Tim y Rhona, con quienes me había quedado en la costa sur. Están de visita con la madre de Rhona, que es de la zona, y con ayuda del localizador hemos coincidido. Vamos a tomar un café. Me alegro mucho de que se hayan desviado para saludarnos. Cuando terminamos de tomar el café, el viento sopla de lleno: fuerza seis en el Firth.

Eso me deja el resto del día libre. Turid y compañía están hoy en el Festival de Edimburgo. No es lo mío, pero qué demonios, decido subirme al tren para ir a verlos.

La capital de Escocia es calurosa y bulliciosa. Encuentro al grupo Johnshaven en *The Meadows*. La mayoría de la gente no está haciendo gran cosa, pero afortunadamente Turid es hiperactiva y nos lleva a Camilo y a mí a ver arte desafiante. Para Turid, el arte debe provocar: para ella no es un jarrón de tulipanes. Lo más provocador son las impresiones fotográficas del matadero humano. Turid es tan refrescante, no se queda en el «¡puaj, asqueroso!».

Enriquecidos culturalmente, cogemos un curry para llevar, vegetariano, y nos vamos por caminos separados. Me alegro de dejar la ciudad. También me alegro de haber ido, pero unas horas me bastan.

Me reúno con Fiona y Paul en su casa. La previsión para mañana es de bastante marejada y viento cero. Paul tiene el día libre, así que quedamos para ir a hacer surf.

.

Día 79 – 24 de agosto

Paul me presta un traje de neopreno y una tabla de surf y nos dirigimos al este en busca de olas. Disfruto del viaje en coche y de la oportunidad de ver la costa antes de navegarla.

Tras comprobar algunos puntos y playas, nos ponemos los trajes en Pease Bay. Me sorprende lo fría que está el agua. Después de recibir mi tercera ola subo la capucha del traje de neopreno para evitar la sensación de congelación. Rara vez me caigo cuando navego, y cuando lo hago salgo del agua muy rápidamente, o estoy tan cargado de adrenalina que no noto el frío. No estoy muy animado para el surf, noto el frío y no aguanto mucho tiempo.

No hay duda de que el agua de la costa nordeste es mucho más fría que la de cualquier parte del oeste.

Tal vez me siento un poco enfermo. No puedo quitarme la sensación de frío, así que paso la tarde en la cama, hecho un ovillo bajo el edredón.

Unas horas más tarde, Paul está en el jardín jugando con Duncan. Es un buen padre. Duncan tiene un buen comienzo.

Doy un paseo al atardecer por Berwick Law, un peñasco aislado detrás del pueblo. Una escultura de mandíbula de ballena en la cima es fácilmente superada por una dramática puesta de sol que se prolonga durante horas. Es muy tranquilizador. Dejo el descenso hasta casi el anochecer.

Es un buen día para la reflexión. Si mañana va bien, podría acabar en Inglaterra. Soy consciente de que mi viaje, un viaje que solo imaginaba que tenía un principio, está llegando a su fin.

Día 80 – 25 de agosto

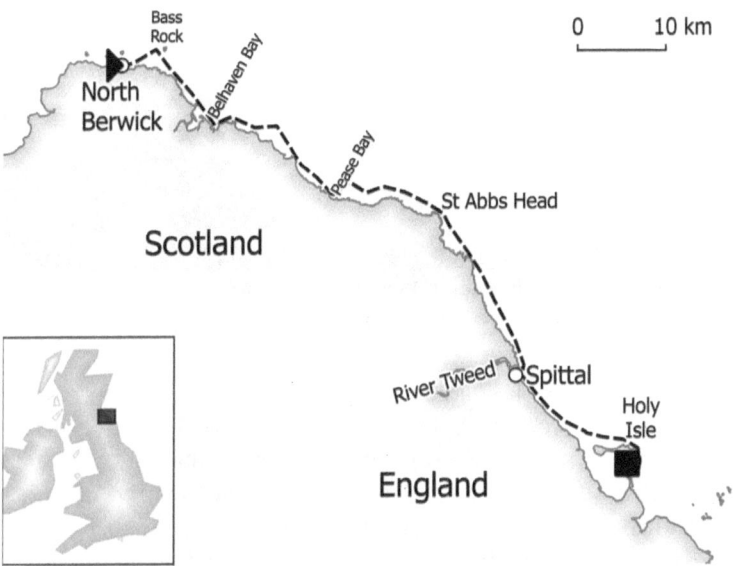

El día empieza con mucha luz y brisa. Una vez en el agua, tengo que tensar al máximo la escota para despotenciar la vela. Estiro a los cabos con un «¡Je-sús!» de resignación. Este acto siempre se realiza con trepidación por si el mástil no se aguanta y se rompe.

Los bordos de través son abiertos, rápidos y bruscos. Cerca de la costa, el agua es más plana, pero las ráfagas más feroces. Cuando golpean, una sobrecarga de potencia acelera la tabla más a sotavento.

Navegar en los márgenes de control es como jugar a la ruleta rusa. Podría chocar con una foca atontada, una bolsa de plástico, un tronco sumergido o cualquier otro resto flotante. Un error de cálculo o mala suerte me derribaría de forma espectacular. Y la visibilidad de los peligros es escasa. Mis ojos rebotan alrededor de sus órbitas y son lavados a chorro por el rocío salado.

Navegando por Bass Rock. Las motas blancas que cubren la roca y llenan el cielo son alcatraces. Foto: Paul Rigg

Me detengo en las aguas próximas a Bass Rock para hacer fotografías. La roca ha sido descrita como una de las maravillas naturales del mundo y está habitada por la mayor colonia de alcatraces septentrionales del mundo. Las aves cubren la roca y llenan los cielos. Es un espectáculo asombroso.

Mis fotos salen medio bien, pero las que Paul envía después son un verdadero plus. Había conducido por la costa y me había pillado mientras navegaba bajo las paredes verticales de Bass Rock. Estoy empequeñecido. Un puntito. Un puntito increíblemente privilegiado.

Preveo menos viento a medida que la costa se curva y, mientras tanto, intento ser cuidadoso con el material. Aun así, alcanzo lo que deben ser las velocidades más rápidas de la expedición. En las aguas más llanas de la bahía de Belhaven, probablemente alcanzo los 25 nudos.

En algún punto pasado la central nuclear de Torness, en el transcurso de una milla, el viento se modera de una fuerza 6 racheado a una fuerza 3 irregular. El estrés de navegar al límite se libera del navegante y del equipo.

Meto proa en la bahía de Pease y almuerzo a flote. La tierra en tres lados mantiene el mar plano. Los panecillos de queso y jamón que Paul preparó en el desayuno son un buen picnic. El mar brilla como en recompensa por el trabajo bien hecho de esta mañana.

Avanzo sin planear a lo largo de una costa espectacular hasta llegar a St Abbs Head, que se tambalea y es difícil de fotografiar, pero no supone un verdadero desafío. Al sur, el mar es llano y el avance muy suave. Veinte kilómetros después cruzo la desembocadura del río Tweed y atraco en la arena a Spittal, de vuelta en Inglaterra.

En el chiringuito de la playa experimento sentimientos contradictorios. Tristeza por dejar una Escocia que parecía eterna. Incredulidad por lo lejos que he llegado. Y recuerdos afectuosos de navegar aquí con amigos un húmedo día de Año Nuevo unos años antes.

Una parte de mí quiere ir más despacio, prolongar la expedición. Pero sé que eso sería artificial y codicioso. Debo navegar la distancia que me parezca correcto navegar. Hoy eso significa que debo seguir adelante. Se trata de un planteamiento sencillo y fácil de aplicar. Acepto cualquier distancia que venga, sin máximos ni mínimos, no presiono para conseguir millas que no son ofrecidas, ni dejo pasar las que se me conceden. Lo mismo se aplica a cualquier ayuda que me llegue.

Un ángulo alternativo de Bass Rock. Mi vela se ve justo debajo del acantilado vertical. Foto: Paul Rigg

Desde un punto de vista más práctico, sé que mi equipo se está haciendo viejo y cansado; tarde o temprano se romperá. Mi tarea consiste en ocuparme de la expedición que tengo entre manos. Consolidar lo que me he propuesto conseguir. Soy feliz viviendo la vida de un windsurfista nómada, pero los pensamientos de continuar hacia el sur, a Menorca quizá, se desvanecen fácilmente.

Una amable espectadora hace un donativo a la organización benéfica contra el cáncer de páncreas. Oír su acento es un shock. La gente de aquí es sin duda inglesa. Esto ocurre algunos días: empiezas en un sitio y acabas en otro, con un dialecto diferente.

Me lanzo por salir entre las pequeñas olas y continúo hacia el sur.

La playa se hace cada vez más ancha hasta que podría pasar por un desierto. Navegar por aquí da la sensación de estar en otro mundo. Los únicos rasgos de la llanura son la superestructura de un naufragio enterrado en la arena, y los restos de una trampa para peces que parece un tendedero.

Mi objetivo para la tarde es llegar a Holy Isle. Como no hay agua para el paso costero, navego por el lado exterior hasta el fango blando de su puerto.

Dada su remota ubicación, la isla está repleta de gente. Muchos dan zancadas a propósito para contemplar, con urgencia, las vistas, antes de que la marea creciente impide su salida de la isla. Al anochecer, el ambiente es distinto: relajado y tranquilo.

Deambulo alrededor y bajo los altos arcos del monasterio en ruinas. Al caer la tarde, un cielo rojo se desarrolla hacia el oeste, silueteando la mampostería. Un aullido lamentoso penetra en la penumbra, procedente de algún lugar lejano. Me vienen a la mente los fantasmas de los marineros perdidos. Me dirijo hacia el sonido y atisbo una colonia de focas en las marismas medio-inundadas.

El desvío significa que llego demasiado tarde para la comida del *pub*. Cuatro unidades de alcohol y unas cuantas bolsas de patatas fritas después, me acuesto. Dormir es fácil.

Día 81 – 26 de agosto

Mi gorro de forro polar no estaba ayer en su bolsillo designado. Y la búsqueda de esta mañana por todo mi equipo ha sido en vano. Se ha perdido, probablemente en el garaje del Club Náutico de East Lothian. Considero que el sombrero es un elemento crítico para la seguridad y estoy enfadado conmigo mismo por este despiste.

La previsión es de viento de tierra cruzado de componente sur, y más allá del puerto protegido ya hay borreguillos con destino a Noruega que me hacen fruncir el ceño ante la idea de navegar. Me retraso un poco, me convenzo de que no hace tanto viento. Más contorsiones de la cara. Luego salgo igualmente.

Una ceñida me lleva hacia el sur. La costa de Northumberland se aleja y pronto estoy mar adentro. Hace un viento tremendo. Mato la potencia estirando a tope el cunningham y pajarín, pero igualmente navego pasado e incómodo. El viento sacude el aparejo y me arden los músculos. No es divertido estar tan expuesto. Viro y lucho por volver a la seguridad de la orilla.

Media hora de navegación me ha dejado empapado de sudor. No es sensato forzar tanto el equipo. La vela, el mástil, la botavara, la orza... todos han recorrido un largo camino y, aunque intento ser cuidadoso con ellos, no durarán para siempre. Y aunque puedo intentar mantenerme cerca para limitar la exposición, es inevitable que me vea obligado a alejarme más de lo prudente. Es la consecuencia de navegar por una costa. Si algo se rompiera en un día como hoy, no habría forma de volver a la orilla.

Ya estoy en Inglaterra. Voy bien de tiempo. No tengo por qué correr estos riesgos. Así que aprovecho para disfrutar de la playa virgen en la que he desembarcado. Es un día glorioso. Las olas cristalinas rompen de cremallera y hacen tubo a lo largo de la orilla, a doble altura para un conejo de tamaño medio. Sueño despierto con tener el tamaño de un roedor, como imagino que hacen todos los surfistas cuando se les presenta la perfección a escala diminuta.

Al final, el viento se modera lo suficiente como para aventurarme de nuevo. Tomo ruta por el interior de las islas Farne. Me habría gustado navegar entre ellas, pero hoy no quiero ponerme tan lejos. Más cerca de tierra firme, la compensación es una vista del castillo de Bamburgh. Esta costa nororiental es de una belleza asombrosa.

Bahía de Bamburgh con el castillo al fondo

Cabos bajos, arrecifes y playas puntúan los siguientes 15 km hasta el castillo de Dunstanburgh. Los castillos sobresalen: literalmente, por las posiciones dominantes que suelen ocupar, y también en sentido visual.

Estas condiciones tan exigentes son agotadoras, tanto mental como físicamente. La costa se ha vuelto ahora rocosa, acantilada, lajosa, con un borde blanco compartido con el mar. Hostil, da igual por donde se mire. Los siguientes 7 km son en contra del viento, que sopla con aún más fuerza. Los kilómetros de hoy se han ganado a pulso.

Por fin hay un lugar donde descansar. Una playa, inclinada hacia el norte, ofrece un bienvenido refugio del creciente oleaje del sur. Se trata de Sugar Bay. Un amable lugareño me ha dicho que se considera un lugar secreto. ¡Shhhh!

Es sorprendente cómo la comida restaura la energía. Bocadillo de huevo, barrita de Snickers, agua, picoteo en general. En menos de una hora estoy listo para volver a la batalla. Alrededor del cabo está Alnmouth, donde tengo un contacto: Linda. Le he mandado un mensaje antes, aún no ha contestado pero seguro que hay un *pub*. La idea me anima a relanzarme: ¡un último empujón!

El siguiente cabo parecía más importante en el mapa. De hecho, es un arrecife bajo más que tierra firme. El viento también se modera hacia el atardecer. Llego a Alnmouth sin incidentes.

Surfeo en una ola y luego doy un largo paseo por la playa con mi equipo. A menudo es un largo paseo. Puedo llevar la tabla en un viaje, y la vela más el barril en otro. Hecho en un par de viajes. Mucho peor sería arrastrar una embarcación sin carro por la playa, como tuvo que hacer mi inspirador Ron Patterson en su vuelta a Gran Bretaña en Laser, un barco de vela ligera.

No hay noticias de Linda, pero hay una cómoda opción para acampar y varios *pubs*. Me decido por el Sun Inn, por su optimista pintura amarilla. El calor, el pescado con patatas fritas y dos pintas de Golden Fleece me dejan muy satisfecho con la elección.

Ya es de noche en mi camping. El aparcamiento cubierto de hierba también es popular entre los jóvenes de Alnmouth. Afortunadamente, se asustan fácilmente ante el loco de aspecto salvaje con linterna frontal, y muy pronto solo quedo yo.

Día 82 – 27 de agosto

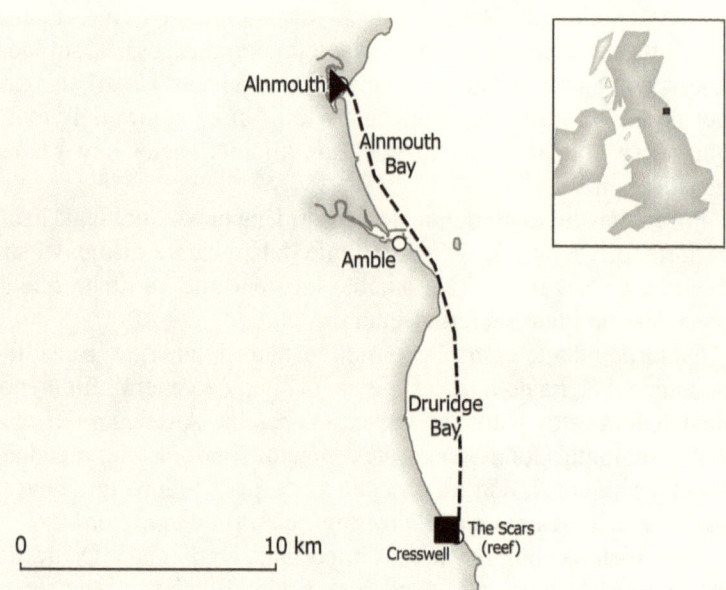

Pienso en empezar temprano, pero me doy cuenta de que me falta el mapa. Probablemente lo dejé en el Sun Inn. Tengo la suerte de que viene una limpiadora y puedo recuperar el mapa, todavía en su funda hermética, de la esquina donde me había sentado.

El día se perfila como una repetición del de ayer. En el mar, innumerables motas de blanco se dirigen hacia el este. Con un descontento que crece a lo largo de las próximas horas, sé que lo único que puedo hacer es esperar a que amaine el viento. Cuando hay indecisión por si salir o quedarse, la mente permanece inquieta. Cada rato miro hacia el mar y encojo la cara.

Al menos consigo escribir una entrada en el blog y me pongo al día con mis grabaciones de voz. Y es otro día glorioso.

A última hora de la tarde, la tentación de salir es demasiado grande. El viento se ha moderado un poco y avanzo dos largas medialunas de arena a ambos lados de un saliente en Amble. Las condiciones siguen siendo duras, pero es bueno para la moral ganar unos kilómetros en contra de lo esperado.

Desembarco por la noche en Cresswell, que es el final de lo que considero una costa semisalvaje. Más allá está el noreste industrial. Ya estoy nostálgico y, tras aparcar ordenadamente mi tabla en la playa, voy a explorar la fauna de un arrecife expuesto por la marea baja. Hacía esto de niño. Es bueno para el alma. Hay una alta diversidad de vida en los arrecifes, y miles de aves. Al final el sol se pone. Podría vagar y maravillarme hasta que oscureciera.

Pero mis meandros por el arrecife se interrumpen. Un grupo de personas se lleva mi tabla. Cielos, suspiro. Me están rescatando. Vadeo por un barranco en el arrecife hasta llegar a la playa, e intercepto a los buenos samaritanos antes de que lleguen a las dunas. Por desgracia, el cabecilla ya había avisado a la policía. Con una firme insistencia de mi parte, hace una segunda llamada y se suspende la búsqueda de un cadáver. No son gente que navegue, y no les pregunto cómo se supone que mi equipo ha sido arrastrado por el mar hasta aquí en un día con viento de tierra. En lugar de eso, les pido ayuda para llevar el equipo el resto del camino hasta la playa. No hay necesidad de desanimarles demasiado.

El malentendido es representativo. Muchos no navegantes parecen pensar que el windsurf es similar a la vela. O tal vez lo suponen cuando se dan cuenta de lo que hago. La gente suele pensar que navego de noche... que duermo a bordo... que fumo una pipa con una gaviota en el hombro.

Incluso para las personas con formación en navegación, la apreciación no está garantizada, no es instantánea ni automática. Las personas que sí que lo entienden son las que se paran a pensar. Ahora lo veo siempre. Durante unos segundos sus ojos se desvían para posarse en algo lejos e indeterminado y se pierden en su imaginación. Observo a menudo cómo el entendimiento asoma a los rostros de la gente. Disfruto viendo cómo ocurre.

Coloco el campamento en el punto más alto de las dunas. Es algo arenoso, pero la vista de mi arrecife y el barrido de arena hacia el norte es tan impresionante que me tiene maravillado para siempre. Nadie me molestará, y con el cielo despejado la luna llena iluminará la escena durante toda la noche.

Arrecife de Cresswell

Estoy preparando la cena cuando Linda llama por teléfono, disculpándose por no haber estado por aquí los últimos días, aunque sin necesidad, por supuesto. Hay una cafetería de aspecto agradable detrás de las dunas, el Drift Café (y librería), abierta a partir de las 9 de la mañana. Linda lo conoce y yo también la he encontrado. Decidimos reunirnos allí para desayunar por la mañana.

Me despierto varias veces durante la noche, que como previsto está despejada e iluminada por la luna. Qué restrictivo parecerá tener cuatro paredes. Qué limitada será la vista desde una ventana: encorsetada, como las fotos de un libro. Estos últimos meses mi panorama ha sido sin bordes. Mirar hacia arriba ha incluido el cielo infinito, y por debajo del siempre cambiante superficie del agua me han captado las profundidades. Siento que no he sido solo observador. Realmente he formado parte de este mundo que ahora recuerdo tan vívidamente. Sé que es un privilegio, y quizá esté algo melancólico. Adiós Gran Bretaña salvaje.

Día 83 – 28 de agosto

Linda está dentro de la cafetería cuando llego. La situación podría ser un poco la de una cita para desayunar, aunque no tengo experiencia en este tipo de citas. Dejada atrás la incomodidad inicial, charlamos.

Linda es claramente una persona amable y reflexiva, naturalmente algo introvertida y con un coraje contenido. Imagino que a veces ha tenido que luchar para salir adelante, y estoy seguro de que reconoce que yo también he tenido algunas batallas personales.

También está a punto de hacer realidad sus sueños. Tengo la sensación de que me ha localizado porque busca valor para dar su propio paso. No recuerdo cuáles son los sueños de Linda. De todas formas, eso es lo menos importante. Lo importante es que se preocupa demasiado por los detalles. Busca una certeza que no existe.

Éste es un nuevo territorio para mí: ser una cabeza sabia, ser alguien a quien la gente escucha. Pero quizá ahora sí tenga algo que decir. Quizá mi experiencia de dar el paso y confiar en que las cosas saldrán bien es lo que Linda necesita oír. En mi caso, fingí que tenía un plan, que había evaluado minuciosamente los riesgos de la ruta, que había repasado todos los detalles en una preparación exhaustiva. ¡Claro que no hice esto! Tracé una línea en Google Earth y medí algunas distancias y pensé: sí, es factible. Cada aspecto de mi equipaje ha evolucionado en ruta, mis técnicas han evolucionado en ruta, cada día evoluciona en ruta. Y cuando hay días difíciles, hay días difíciles. ¿Y qué más da? Porque al final de cada día ocurre lo mismo: se pone el sol. Y al comienzo del siguiente, aparece. Y a pesar de todas las dificultades, la parte más difícil de llegar hasta aquí, la parte que quizá no haya superado, fue tomar la decisión de seguir adelante en primer lugar.

Y, en cualquier caso, cuando llega el momento adecuado, sabes que es el momento adecuado. Así que tampoco hay razón para preocuparse por eso. Palabras en este sentido, dijo un preocupado a otro.

Linda insiste en pagar la cuenta y nos deseamos lo mejor en nuestros respectivos viajes. Me gusta pensar que ambos nos hemos enriquecido ligeramente al cruzar nuestros caminos.

***

El viento vuelve a soplar con componente sur y de tierra-cruzada, pero es un poco menos fuerte. La mayor parte del tiempo voy bien de potencia. Solo cuando me alejo demasiado de la costa, después de rodear los cabos, encuentro un viento excesivo y desagradable.

Paso junto a una curiosa escultura incrustada en un rompeolas de roca: un hombre y una mujer sobredimensionados mirando al mar. La escala es desorientadora pero, de cerca, decido que me gusta bastante. Sin duda pone a Newbiggin en el mapa.

No llego a ver una red de deriva y caigo al navegar sobre ella. Está cerca de Blythe. Es culpa mía. Estoy demasiado ocupado haciendo una foto del barco pesquero para fijarme en sus redes. Cada parte de Gran Bretaña tiene su propio estilo de barco. Aquí son abiertos, con la proa cubierta por una lona, de unos treinta pies de eslora, pintados con colores llamativos y con tripulación de una persona. Es una embarcación atractiva. No sufro daños por la caída y puedo salir sin problemas.

Me golpean vientos de tierra especialmente fuertes entre Newcastle y Sunderland. Es un alivio llegar a la bahía de Whitburn y poner los pies en tierra firme y segura.

La parada mejora aún más cuando una vivaracha mujer se acerca y, con desconcertante pero delicioso entusiasmo, me explica que me habían perdido en Escocia, pero que se habían encontrado con gente que yo había conocido en Ullapool, y que debo de necesitar una taza de té. Claro que la necesito. Así que subimos a una cafetería y paso una hora muy agradable con Margaret y sus suegros, que también se ofrecen voluntarios como Contactos Locales para cuando llegue a Norfolk.

Sólo avanzo 200 m más antes de aterrizar de nuevo, junto a un par de windsurfistas a los que he estado observando, haciendo traveses arriba y abajo. Son los primeros windsurfistas que he visto desde Irlanda. Me siento menos patético por mis dificultades con una vela de 9,5 metros cuando me dicen que han estado navegando los tres últimos días con velas de 5,0 metros. Andy y su compañero me donan una barrita Boost y después vuelvo a ponerme en marcha.

El viento ha amainado, pero aun así me golpea de nuevo al rodear una protuberancia de tierra en Sunderland, y tardo cuarenta minutos en volver al abrigo de unos acantilados bajos. Decido que he navegado lo suficiente y busco algún lugar donde atracar. Un pequeño puerto en Seaham encaja a la perfección.

Seaham tiene una historia minera. Los conductos se extienden bajo el Mar del Norte hasta cinco kilómetros mar adentro. Es curioso pensar que hoy he navegado por encima de donde los hombres pasaron su vida laboral. Y también es buena lección, porque muchos hombres habrían muerto en accidentes o prematuramente a consecuencia de enfermedades relacionadas con el trabajo. Según Wikipedia, el cierre de las minas «afectó gravemente a la economía local, y Seaham se hundió en un estado de depresión en las décadas de 1980 y 1990».

Los recientes esfuerzos por regenerar Seaham son evidentes. Uno de ellos es la zona portuaria, antes industrial, en la que se ha gastado dinero para que ahora también pueda albergar yates. Pero las relucientes instalaciones son incongruentes con otras partes del pueblo. La calle principal está llena de casas de apuestas, bares de copas y escaparates tapiados. Aquí hay poco que sugiera esperanza u oportunidad. Las puertas del puerto están cerradas y bloqueadas a las 9 de la noche, presumiblemente como medida de protección contra el vandalismo.

El capitán del puerto, también surfista y con la mente abierta de un viajero, tiene uno de los mejores trabajos de Seaham. Me presta las llaves del bloque de duchas y me presenta a Sean, que podría tener un sitio para mí en su barco. El humo de sus treinta cigarrillos diarios precede a Sean fuera de la cabina de la pequeña embarcación. A pesar de ello y mi preferencia por el aire limpio acepto la invitación con la gratitud debida. Pobre Sean: divorciado, económicamente arruinado y un poco iluso. La vida no le va bien. Vive en su barco y le gustaría navegar hasta Grecia. El caso es que no estoy seguro de que sepa navegar, y hace meses que no sale del puerto. Trabaja unas pocas horas a la semana, y hace chanchullos con la seguridad social para que le sigan llegando algunas prestaciones. Hablamos un poco y de vez en cuando esboza una sonrisa irónica. Míralo de cerca y es fácil ver que en su interior hay un hombre inteligente. Sin embargo, necesita algunos cambios para volver al buen camino.

La dieta de Sean y el tabaco me hacen desear comida sana. Voy al supermercado Asda a comprar comida verde y fresca. Ah, y a hacer un recado para comprar un paquete de cigarrillos Lambert y Butler. Cuando vuelvo, por primera vez en su vida Sean come humus. Parece agradablemente sorprendido, y también se aventura a comer unos tomates.

Hoy es sábado, y otro hábito de toda la vida significa que Sean irá a inclinar el codo en varios bares esta noche. Me junto con él en los dos primeros antes de retirarme temprano.

Día 84 – 29 de agosto

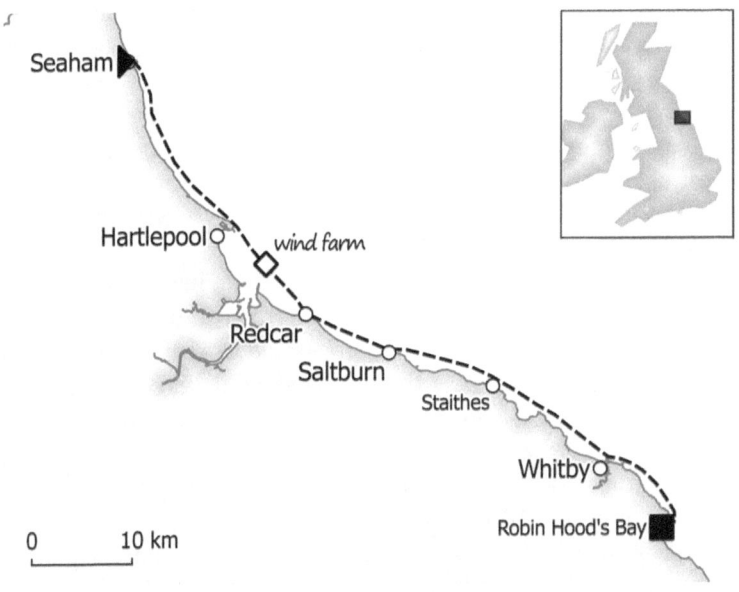

Por la mañana aparece un amigo de Sean. El amigo tiene una lancha motora monumentalmente fea que es casi tan ancha como larga. El motor del barco no funciona. En realidad no es más que una caravana flotante, pero funciona para ese propósito y no parecen esperar que haga más. El amigo es redondo y alegre y, evidentemente, no tiene problemas económicos. Es más fácil ser alegre con la cartera llena, por supuesto, pero también tiene buen corazón. Le pregunta a Sean por el trabajo y muestra simpatía; y nos invita a los dos a desayunar en un Wetherspoon's.

Las puertas (al mar) del puerto están cerradas hasta cerca de la pleamar, lo que me deja tiempo libre. Reparo mi colchón hinchable de acampada, que desde hace una semana se desinfla durante la noche. Lavo la ropa y la pongo a secar en la barandilla del barco de Sean.

Una hora más tarde tengo muchas ganas de irme, pero las puertas del puerto siguen cerradas. Hay una ruta alternativa. Llevo mi equipo hasta la arena del puerto exterior, me despido y escapo a mar abierto.

Seaham ha sido una parada interesante pero ligeramente incómoda. El pueblo centra la atención en la desigualdad y las divisiones de nuestra sociedad. Plantea preguntas. A pesar de la gente agradable que conozco, no se puede negar que hay partes que me deprimen. Aunque estoy agradecido al pueblo. Si no fuera por paradas en lugares como Seaham, sería posible circunnavegar nuestras islas y en los pueblos solo encontrar cafeterías tipo *National Trust* con sus teteras de porcelana y sus bollos recién hechos.

Las condiciones en el agua son simplemente perfectas ¡aleluya! La dirección del viento no ha cambiado, pero su fuerza es menor, lo que elimina la continua preocupación de sufrir roturas o de ser arrastrado mar adentro. Paso por Hartlepool, navego entre los molinos de energía eólica y me detengo a tomar un helado en Redcar.

Las «atracciones» de la ciudad costera me recuerdan a Clacton. La marea está subiendo y numerosos bañistas y yo estamos apiñados en una estrecha franja de arena, pero nadie saluda ni muestra interés. Refuerza mi hipótesis de que cuanto más concurrido es un lugar, menos se interesan sus gentes.

Más abajo en la costa, Saltburn parece agradable, pero está en un recoveco que se sale ligeramente de la ruta, así que avanzo por una costa que se ha convertido en acantilado. Esto es ahora definitivamente Yorkshire. Me había inquietado un poco navegar por la costa industrial de Teesside y Tyneside, y me sorprende que en solo un par de días todo eso haya quedado atrás. Las ciudades aparentemente importantes de Sunderland y Newcastle apenas se registraron en mi memoria.

El agua es llana y la navegación fácil. No me detengo en Staithes, en otro tiempo hogar del capitán Cook, pero saludo a los pescadores que en pequeñas barcas sacan a bordo abundantes peces con caña y sedal. Me pregunto sobre la mentalidad de los exploradores y concluyo que debe de ser bastante egoísta. Cook dejó dos veces a su mujer y a sus hijos en casa para irse a explorar el mundo en un viaje del que tal vez nunca regresaría. La segunda vez no volvió. Pobre señora Cook que pasó una vida que no esperaba.

Vida de soltero para mí. Una existencia sencilla y menos cargada de culpa.

A última hora de la tarde llego a Whitby. Es un pueblo de buen aspecto presidido por las ruinas de una abadía. Quizá debería navegar hasta el puerto, pero no veo que haya buenas opciones para acampar, así que llamo a Gregg para que me ayude con Google Earth. Gregg me envía alegremente un poco más lejos, haciendo caso omiso de mis comentarios sobre el viento que amaina y la marea que está cambiando. Le hago caso como un idiota.

Llegar y entrar en la bahía de Robin Hood's Bay es una cuestión de suerte. El mar se vuelve vidrioso y la corriente viciada gana fuerza. Maldigo a Gregg por su consejo. Durante la última hora, el viento es desesperadamente flojo. Busco las ráfagas ocasionales que caen del acantilado y dejan algunos rizos en el agua, proporcionándome algo con lo que trabajar. La oscuridad está cerca cuando llego a tierra y me disculpo mentalmente a regañadientes con ese maldito hermano mío.

Ahora que estoy aquí, estoy contento. Mañana se prevé un día a la deriva, probablemente sin viento por navegar, así que estar en un lugar bonito y tranquilo hará que el día sea más agradable. Además, las millas son millas, y nunca se sabe cuándo unas pocas más me permitirán beneficiarme del buen tiempo o escapar del malo. Cada milla ganada es valiosa.

El pueblo al borde de la bahía también se llama Robin Hood's Bay. Es el final designado de la ruta a pie «Costa a Costa» que inició Alfred Wainwright, y es costumbre entre los que han completado la ruta tomar una pinta de *Theakston's Old Peculiar*. Supongo que he hecho lo suficiente para ganarme un par de pintas y otro plato de pescado con patatas fritas.

Llego demasiado tarde para encontrar un buen lugar para acampar y acabo encaramado sobre un estrecho malecón con una caída de medio metro a un lado y otra mucho mayor al otro, y con un ángulo de inclinación de unos 20 grados. Muy mala planificación. Me siento como un escalador durmiendo al borde de un acantilado y durante toda la noche tengo miedo de moverme.

Día 85 – 30 de agosto

Ha sido una noche de dormir mal. Al menos los escaladores están encordados.

Hoy no sopla ni un hálito de viento. No me importa. Cuando no hay viento y no se prevé ninguno, me quita presión. Me permite ponerme al día con las reparaciones, las notas de voz y, lo que más me gusta, comer.

En la Oficina de Turismo tienen una buena selección de destornilladores que me prestan gustosamente durante unas horas. Eso me permite reparar el carril del mástil, que ha vuelto a su anterior costumbre de atascarse.

También utilizo algunos trozos de pegatina para reforzar la vela donde el *monofilm* muestra signos de desgaste. La parte de la ventana que roza la botavara se ha vuelto fina y quebradiza. Debería haber reforzado la película antes de salir de expedición, y ahora no tengo material suficiente para hacer un trabajo a fondo, pero algo es mejor que nada y espero que me lleve a Clacton.

Todavía no sopla ni un hálito de viento. Me parece bien. A continuación, doy un agradable paseo por la playa. La bajamar deja al descubierto una multitud de barrancos en un arrecife cubierto de algas. Los barrancos se extienden cientos de metros y son un fértil terreno de exploración para las familias en vacaciones. Observo a la gente y vadeo por los charcos entre las rocas. Más arriba, al límite de donde llega la marea, hay una cafetería con una cola de al menos cien personas.

Inusualmente, ya que no ha habido contacto, recibo un mensaje de mi ex. Es amistoso, incluso cariñoso, y me lo tomo como una confirmación de que ser amigos es una buena solución. Al menos, así lo entendí en su momento. Le respondo en un tono similar. Tengo claro que volver a intimar sería un error, no estaba destinado a pasar, y que seguir por nuestra cuenta es lo mejor para los dos.

Vuelvo a los aspectos prácticos. De ninguna manera volveré a dormir sobre ese dique. Un pequeño grupo de campistas y sus tiendas están junto a un banco de picnic en el único trozo de hierba de la bahía de Robin Hood. Hay sitio para una vela, pero eso requeriría presentarme, que no es mi fuerte...

Me pongo a la altura de las circunstancias e incluso acaban ofreciéndome una taza de té. Sí, ¡lo conseguí!

De camino a recoger mi equipo, me tropiezo con unos pescadores. Son los pescadores más elegantes que he visto nunca. Pelo impecable, camisas limpias y metidas por dentro de sus pantalones. Resulta que son pescadores a tiempo parcial. Sin embargo, su profesionalidad ha dado sus frutos, porque en el barco hay cubos llenos hasta los topes de caballa. Son amables, hablamos de pescado y, de todos modos, es imposible que coman tantas caballas, así que acabo con una bolsa llena para llevársela a mis nuevos amigos del banco de picnic.

Sorprendentemente, de este grupo yo soy el experto culinario. Y el tenedor que comparten apenas les sirve para cocinar media docena de caballas. Salen en busca de una barbacoa y, para mi sorpresa, la consiguen. Yo destripo y cocino el pescado. Ben y su novia son muy simpáticos y mucho más responsables que el padre de Ben. Aquel hombre parece no haber salido nunca de los sesenta y también es simpático, hasta que tiene una botella de vino dentro, momento en el que empieza a poner de los nervios a todo el mundo. En su favor hay que decir que Ben es muy amable con él incluso entonces. El pescado está riquísimo y creo que todos disfrutamos de la velada.

La mesa de picnic permite una nueva colocación del refugio de vela sin necesidad de un palo. Llueve durante la noche. El agua se acumula en la vela y gotea. Un simple giro de los sables soluciona el problema. Me dejo llevar por el suave repiqueteo de la lluvia sobre la vela.

Día 86 – 31 de agosto

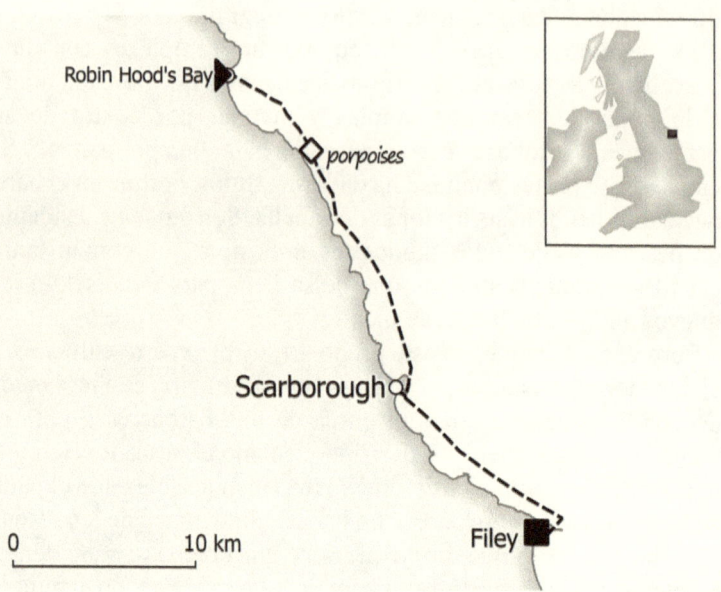

No hay viento al comienzo del día. Desayuno en el Old Post Office y leo los periódicos mientras desayuno un bocadillo de beicon. Al volver a mi mesa de picnic, descubro que se ha convertido en el centro de administración de la meta de un desafío de «Open Adventure», lo que entiendo como una señal para comenzar mis próximos pasos.

La marea está a su mínima altura, así que tengo que dar dos largos paseos para llegar con mi equipo a la orilla del agua. Me lanzo entre las rocas y remo la vela por el aire parado hasta llegar a aguas abiertas. Una hora más tarde, fuera de la bahía, sopla a favor una brisa de las más leves y la marea también me lleva hacia el sur.

Hay mucha tranquilidad. Con viento a favor es agradable remar la vela. El movimiento evita que el cuerpo quede entumecido. Requiere un esfuerzo moderado, pero lo más importante es el ritmo, y eso permite que la mente también vaya a la deriva. Abre la vela hacia delante... Y cierra hacia atrás. Abre la vela hacia delante. Y cierra hacia atrás. Abre... Cierra. Abre... Cierra. Muy terapéutico. En esta meditación en particular me acompaña un grupo de marsopas. Veo sus pequeñas aletas dorsales, será un grupo de quizá cinco individuos. El sonido de su respiración me alerta de su presencia. Y aunque se mantienen a distancia, no hay duda de que viajamos en convoy. Quiero mantenerme en sincronía con ellas, así que vuelvo a las remadas, mirando hacia delante, pero escuchando detrás. Las marsopas emergen con regularidad para respirar ruidosamente, lo que me reafirma en que el ritmo es el adecuado, y durante un rato somos compañeros.

Una combinación de marea, viento y esfuerzo, pero sobre todo de marea, me lleva hasta Scarborough. La ciudad es más grande, y partes de ella mucho más grandiosas, de lo que había imaginado. Una cafetería de la Playa Sur sirve un té con donuts bastante buenos. Fuera, en el agua, hay veleros inclinados por una brisa que ha llegado de la nada. Vuelvo a salir y disfruto navegando hacia el sur entre la flota de regatas, antes de dejar atrás los veleros y el viento.

La siguiente opción de parada es Filey. Más allá está Flamborough Head: el último de los grandes cabos, con un aspecto bastante imponente desde aquí. El propio Filey tiene un cabo más pequeño donde las corrientes chocan y levantan un poco de mar, lo suficiente para convencerme de dejar Flamborough para mañana. También ha aparecido un poco de oleaje del norte.

Escondido detrás del cabo de Filey hay un club náutico. No hay nadie, pero la veranda está bien cubierta y parece buena para acampar. No tengo contactos aquí, así que busco en Google y llamo al comodoro, James, para que me deje entrar en los vestuarios para darme una ducha caliente. Al principio, James parece un poco reticente. ¿Quién no lo estaría? Es una llamada extraña cuando estás a punto de sentarte a cenar un lunes por la noche. Pero James accede a bajar y se muestra amable y servicial cuando llega el momento de abrir.

Limpio, caliente y seco me dirijo al pueblo de Filey. Tengo antojo de vitaminas, así que compro ensalada para cenar. Aún con hambre, me compro comida para llevar: una patata asada y ensalada de col como segundo plato. El tercer plato es una cerveza local en el Star Inn.

Facebook me informa de que mi amigo Alex y su mujer Rosie han completado su travesía a nado del lago Windermere, a beneficio del RNLI y en memoria del padre de Alex. Muy bien, chicos. Me alegro por vosotros.

Día 87 – 1 de septiembre

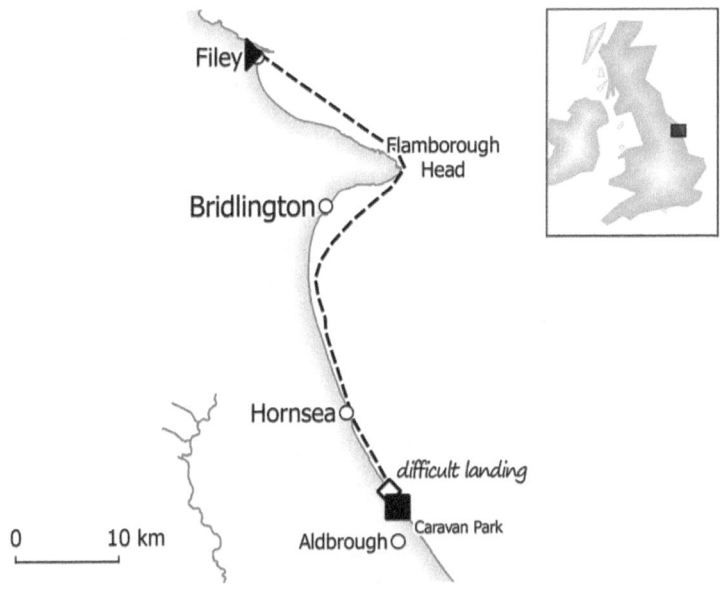

Llueve durante la noche. Esta mañana no tengo mucha flexibilidad: los músculos de mi espalda tienen espasmos. Me alivio un poco con estiramientos.

Tomo un café casero y miro hacia el cabo de Filey y el mar picado. Los borreguillos, fiel a su nombre inglés, se encabritan de forma impredecible: el viento opuesto al corriente, combinado con oleaje del mar de fondo, hacen hervir el agua. Flamborough Head será similar, pero a mayor escala. Esperaré unas horas antes de partir: rodearé la península durante el repunte de la marea.

Llama mi tío Alan. Vive en Yorkshire, pero acaba de volver de Nueva Zelanda. Charlamos y acordamos que lo llamaré más tarde; quizá nos encontremos. Me pongo al día con las notas de voz antes de salir a flote.

La navegación hasta Flamborough es muy agradable. Un largo abierto con oleaje ondulante. Navego a unos 10 nudos, a veces a 12 nudos, surfeando continuamente. Tardo aproximadamente una hora.

En el promontorio, el mar es confuso al principio, pero se vuelve agradablemente plano a sotavento. Saboreo las vistas durante la vuelta. Los acantilados de tiza están marcados por pequeñas calas. Encima de ellos, veo pastos verdes, algunos edificios blancos bajos y un faro alto y orgulloso. También hay algunas personas mirando hacia el mar. La escena me hace pensar en una construcción de Lego de un promontorio. Ciertamente bonito, pero no tan impresionante como los cabos de la costa oeste y norte. La escala es ligeramente incorrecta: las personas y los edificios son demasiado grandes.

Sé que habría sido diferente si hubiera llegado antes. O si hubiera sido otro día.

El viento más fuerte tras el cabo permite un sprint sobre aguas llanas para volver a conectar con la costa al sur de Bridlington. Es una navegación fácil. Me siento seguro. Soy complaciente. Me prevengo contra la complacencia.

Continuar es fácil. Detenerse no lo es. Una marejada del norte vuelve a acompañarme y la subida de la marea arroja un rompiente a las playas. Digo playas, porque en realidad la costa es una larga playa, recta y sin salientes, con muy poca protección. A lo largo de todo el litoral hay olas que excavan en la escarpada orilla.

El viento es cada vez más suave. En algún momento tendré que detenerme. Pienso en Hornsea. Al menos hay rompeolas. Me acerco para echar un vistazo. Probablemente sería posible, pero es muy poco deseable. Es más fácil continuar.

Cincuenta minutos después, la urgencia de entrar en algún sitio es acuciante. No hay viento, ahora solo avanzo con la marea, una marea viva y ahora muy alta. Una marea que no retrocederá hasta el anochecer.

Pronto no quedará playa. Las olas en la base de los acantilados desgarran la arena y la arcilla, devorando la tierra. Con cada serie las olas se llevan un nuevo trozo. Los acantilados sangran de color marrón rojizo.

Ahora busco un acantilado por el que trepar. Identifico un trozo de playa. Más allá, los acantilados son demasiado escarpados y el mar ya está contra ellos. Éste es el último trozo de playa y quedará cubierta dentro de muy poco. Es mi última oportunidad.

Bueno, no es exactamente la última, pero es la mejor opción. La alternativa: pasar la noche fuera. Pero en estas condiciones... No, gracias, antes me la juego.

Así que me acerco para un intento de entrada, pero no sigo adelante con el plan. A menos de treinta metros de la orilla, y sin viento para moverme, soy un blanco fácil. Las olas no son enormes, pero vienen muy juntas y son destructivas.

Me alejo un poco de la zona de impacto. Si me acercara más, una ola me pillaría. Me caería, la rompiente golpearía entonces el equipo hasta romperlo todo. Probablemente yo saldría con heridas superficiales, pero el material quedaría destrozado.

Una nube oscura y melancólica se acerca desde el norte. Espero que traiga viento. Al borde de la lluvia suele haber viento. Se vuelve sombrío. Se me tuerce más la cara. No me gusta. No me gusta la mezcla de viento en calma, oleaje destructivo, falta de refugio y oscuridad inminente.

La nube trae unos nudos de brisa. Una bocanada, pero lo suficiente para generar un ataque. Remo con fuerza para tomar impulso e intento sincronizar mi corrida con un bajón entre las olas. Las ondas ruedan por debajo en la aproximación y entonces estoy delante de la zona de impacto. La aleta rechina. Salto de la tabla y arrastro el equipo por la punta del mástil. El agua en retirada me tira de las piernas. Gano unos metros antes de que vuelque el siguiente volquete. Unos metros más y alcanzo la seguridad.

Me dejo caer en la playa, jadeando. Feliz, incluso exultante, por haberlo conseguido. La emoción dura poco. La vela no lo ha conseguido. ¡Joder! Hay un gran desgarro de costura a costura en el panel principal.

Pero bueno. Podría haber sido mucho peor.

Una vela dañada es mínimo pago por pasar por este rompiente

Acepto el contratiempo y me pongo a resolverlo. Lo siguiente es arrastrar el equipo y subirlo a la pared del acantilado, a salvo de las olas. Conseguido. Y en lo alto del acantilado hay cobertura de móvil. En este momento se abre el cielo y llueve a cántaros.

Google Earth muestra bonitos acantilados cubiertos de hierba, pero en realidad se parece más a una selva. Gregg dice que la mejor apuesta por la civilización es un parque de caravanas a un kilómetro y medio al sur. Un lugar llamado Aldbrough. Suena bien.

Llamo por teléfono al tío Alan. El primo Tom y él están planeando venir. ¡Estupendo! Hago un pedido de cintas adhesivas. En grandes cantidades. Nos reuniremos mañana por la mañana.

A medio acantilado desmonto la vela. Todo queda cubierto de arcilla húmeda. Encuentro un fósil asombroso; el más asombroso que he encontrado nunca: cientos de amonites en una hermosa roca del tamaño de una tetera. ¿Una señal de que esto forma parte del plan? Lo pienso pero no lo creo. Aun así, la idea basta para levantarme el ánimo.

La roca fósil

Esto es una excursión por la jungla, paso junto a una señal del Ministerio de Defensa que grita:

«¡Peligro! Munición sin explotar. ¡Manténgase alejado!»

Eso explica por qué está todo cubierto de maleza. Cuando llego al aparcamiento de caravanas, está desierto. Me viene a la mente la versión cinematográfica de la novela de Stephen King *El Resplandor*. En el aparcamiento vacío hay unos charcos enormes: buenos para limpiar la vela y limpiarme yo mismo. Medio nadar en un charco del aparcamiento, en la oscuridad, añade un toque surrealista a esta extraña experiencia. Después, encuentro un lavadero y lo utilizo como cocina para preparar un poco de cuscús. Al final encuentro un bar. No he visto a nadie más que al camarero, ocasionalmente presente, y soy el único cliente en una sala enorme.

Duermo al borde del acantilado, sobre asfalto de lo que era una carretera. El resto de la carretera se ve abajo, en trozos, comido por el mar. Esta noche duermo muy abierto, sin mi refugio de vela, y siento mucho frío.

Día 88 – 2 de septiembre

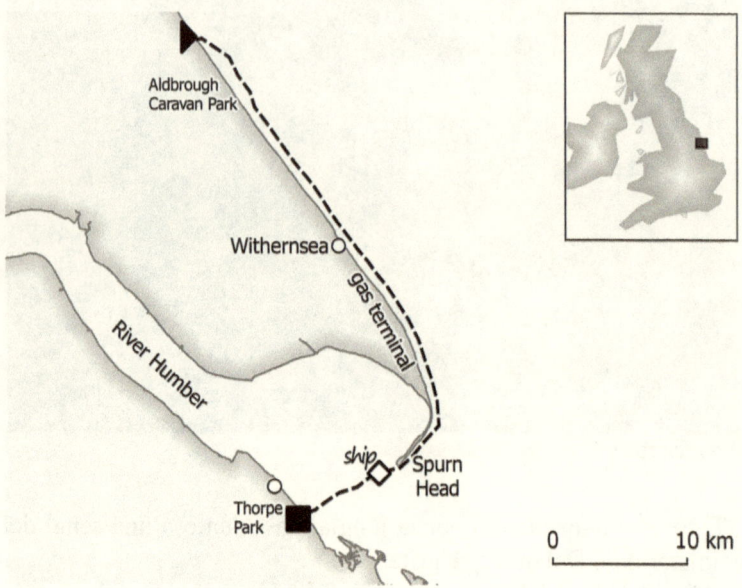

Alan y Tom llegan temprano, todavía con la hora de Nueva Zelanda. El comedor del parque de caravanas no abre como estaba anunciado, pero Al prepara un desayuno continental en el maletero de su coche. En el maletero también hay varias docenas de rollos de cinta americana y película de plástico adhesiva: todo el suministro de la tienda Tesco de York. ¡Perfecto!

Para que la cinta se pegue, la vela debe estar seca. Hay algunos bancos de picnic que sirven como tendedero, pero creo que es de buena educación preguntar antes de tender la vela sobre ellos. La oficina de ventas de caravanas está abierta. El encargado escucha mi petición con desprecio, antes de rechazarla alegando que ahuyentará a sus clientes. No es que haya clientes. No es que vayan a desanimarse. Su actitud es triste, y probablemente haya perjudicado más su día que el mío.

No tengo intención de molestarlo, así que opto por secar la vela en una zona de juegos para niños.

Hacemos una buena reparación. La cirugía va bien. Cientos de puntos de mariposa con cinta americana a ambos lados de la vela unen limpiamente las dos mitades del panel. Todo irá bien si sigo unos cuidados postoperatorios prudentes: mantener al paciente en estado seco y evitar actividades vigorosas. Es mucho pedir, pero al menos puedo ponerme en camino.

Descendemos por el acantilado del parque de caravanas de Aldbrough y caminamos por la playa hasta el lugar donde toqué ayer tierra. Trozos de arcilla fresca, víctimas del desgaste de la noche anterior, se alinean en la orilla superior.

Alan y Tom, concluida su misión de rescate, me dejan montando la vela mientras ellos regresan por la playa. Tom custodia la roca fósil del tamaño de una tetera. Gracias Tom.

Personal militar vienen a ver qué estoy haciendo. Les explico que me marcho. Les parece bien. El acantilado recién caído ha dejado al descubierto artefactos explosivos.

Es bajamar y las olas se derrumban un poco hacia fuera antes de llegar sin fuerza a la playa. Basta una ligera brisa para atravesarlas. La primera explosión se produce apenas un minuto después. Se levanta humo adyacente a mi lugar de salida. El aviso de ayer era cierto.

La brisa no tarda en debilitarse, pero tanto la marea como el viento me llevan hacia el sur. Hoy es una repetición de ayer. Ningún lugar donde detenerme y una marea entrante que me dejará pocas opciones de atraque. La seguridad hoy es el río Humber. Necesito llegar hasta allí.

La preocupación es un buen motivador, así que remo sin parar para mantener una velocidad media respetable. También me resisto a dejar que la vela dañada descanse en el agua, donde el movimiento de las olas desharía mi reparación. La costa es inexorablemente recta. A medida que va subiendo la marea, el oleaje aumenta y puedo descartar la idea de detenerme en la playa. Algunos surfistas cogen olas en Withernsea. El pueblo tiene un muro marítimo fuertemente fortificado, pero parece poco probable que eso lo salve por mucho tiempo.

Detrás de los acantilados bajos hay tierras de cultivo. Más adelante, una terminal de gas ofrece un telón de fondo alternativo. Me duelen los dedos: tengo tendinitis los días de poco viento en que no puedo usar el arnés. Lo importante ahora son las matemáticas: la distancia (millas náuticas) sobre la velocidad (nudos) da el tiempo hasta el destino (horas). Todavía está previsto llegar al río Humber antes de que anochezca. Eso estaría bien.

Los acantilados descienden y se transforman en Spurn Head, una lengua de arena de 5 km de largo. Me planteo cruzar a pie la lengua para llegar al río por el otro lado. Lo rechazo porque sería hacer trampa.

El final del promontorio es un complicado tramo de agua. Los bancos de arena tropiezan con el oleaje del Mar del Norte, hay fuertes corrientes y grandes buques: algunos estacionarios y otros al acecho. La corriente me lanza por encima de un montículo de arena y al río. Tras cinco horas de marejadilla, el agua aquí es felizmente llana.

Al otro lado del estuario está Lincolnshire. Remar hasta allí me lleva otra hora. El movimiento de los barcos es difícil de juzgar. Cruzo la proa de algo grande, sin darme cuenta de que está en marcha. Hago un gesto de disculpa para reconocer mi error. En el puente se muestran o poco expresivos o poco amistosos. ¡Paso de ellos! De todos modos, lo tenía todo bajo control...

Me dirijo a Thorpe Park, siguiendo las instrucciones de mi contacto local Derrick. Estoy destrozado. Derrick tiene una bandera para que yo sepa dónde aterrizar; y un carrito para la tabla. Más tarde me ofrece una percha con ventilador eléctrico incorporado para secar mi ropa. Este es un hombre con todos los juguetes.

Derrick también practica windsurf y es presidente de los Seavets, una asociación de windsurfistas veteranos. Conozco a bastantes de ellos por haber dado clases en Menorca y los considero amigos. Es agradable saber que algunos siguen mi aventura.

Derrick y su esposa Ellie ofrecen todas las comodidades. Una gran comida china para llevar y una ducha caliente son especialmente reconstituyentes. Hoy necesito recuperarme. La habitación de invitados es una caravana al lado de la casa. Pero no cualquiera caravana, es la caravana más lujosa que he conocido.

Día 89 – 3 de septiembre

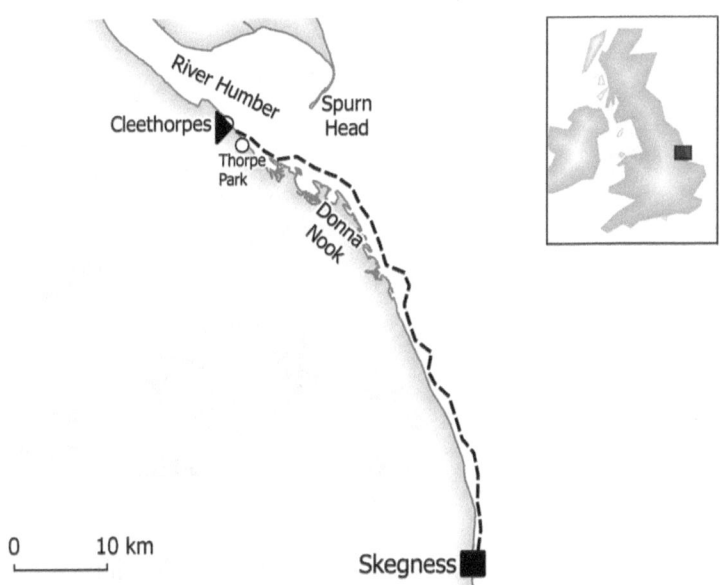

Derrick me lleva río arriba hasta un punto de salida donde es fácil acceder a aguas profundas. En mi barril hay un polo de los Seavets, que me regalaron anoche en un gesto conmovedor. Generalmente no tengo espacio para este tipo de obsequios, pero decidí en ese momento que navegaría con él de vuelta a Clacton. Nos hacemos una foto conmemorativa y salgo río abajo.

Las condiciones de viento son buenas y llegan a ser excelentes. Planeo con los pies en los *footstraps* a partir de los márgenes exteriores del estuario. Desde el punto de vista de la navegación, solo hay que seguir la costa, pero también hay un campo de tiro de la Royal Air Force en mi camino. Tengo un número al que llamar cuando llegue al límite de la zona de acción.

Por desgracia, he cometido un error con las coordenadas de mi GPS. ¡Qué irritante! Me lleva diez minutos bizqueando con los ojos en la pantalla para corregir mi desviado destino. La reparación de la vela se deteriora durante este tiempo. Hay trozos que cuelgan.

Rápida y divertida navegada a Skegness

Llamo a la RAF Donna Nook y me dan luz verde para continuar por la zona restringida. La navegación es alegremente buena. Un viento limpio, de tierra cruzada, deja la superficie del agua lisa y una marejada generosamente espaciada se acerca a la orilla en líneas ordenadas. Cabalgo ola tras ola hasta que se empina hasta un punto en el que la prudencia me dice que es hora de trasluchar. Es muy rápido y divertido. Al salir navego a toda velocidad en olas que se levantan en un banco de arena. Sería muy divertido lanzarme desde ellas. Pero sé que no debo forzar el aparejo. En el último momento actúo con autocontrol y reduzco la velocidad para tomar las rampas con más suavidad. ¡El equivalente en windsurf al sexo sin orgasmo!

Las condiciones siguen siendo buenas durante todo el día, aunque el viento va perdiendo fuerza poco a poco y el mar vuelve a estar más grumoso. Recorro mucha distancia, 59 km según el localizador, pero eso sin contar los zigzags. Hoy, con la marea en contra y faltando potencia al final, esa distancia se ha comprimido de forma inusual.

El atraque en Skegness es fácil. Me bajo de la tabla y entro en el agua más caldosa del viaje. Espesa, marrón y sorprendentemente cálida. El sonido de las diversiones del pueblo costero compitiendo por la atención llega desde lo alto de la playa. Esto me resulta familiar. Clacton, pero más grande. Me preparo.

Tengo la suerte de haber recibido aquí un registro de un Contacto Local. Creo que Derrick corrió la voz. Primero llamo a Simon, que a su vez llama a su hijo Rob, que en breve terminará de trabajar y vendrá a recogerme. Desmonto la vela; disfruto de un té y un donut; intento no escuchar los gritos de las diversiones.

Rob es un tipo muy agradable. Forma parte del equipo juvenil del equipo olímpico de windsurf del Reino Unido, en transición al equipo senior. Conozco un poco el windsurf olímpico y he participado en alguna que otra regata. Es muy duro. A nivel de habilidad, alguien como Rob podría dar la vuelta a Gran Bretaña haciendo windsurf como yo casi lo he hecho. Se lo digo y él también lo sabe. Él considera que el mayor reto es el mental. Y tiene razón.

De vuelta a la casa familiar, me reúno con algunos parientes más, me dan de comer y me animan a meterme en el jacuzzi exterior. No tiene el carácter de la versión de Johnshaven, pero el agua es cálida. Agradezco el tiempo de desconexión. Cinco horas en el mar y luego desembarcar en el centro de Skegness era un contraste demasiado exagerado.

Día 90 – 4 de septiembre

Rob dona su suministro de parches adhesivos para reparar la vela. Esta reparación tampoco durará mucho, pero si tengo cuidado puede que dure lo suficiente. Gracias Rob. Cruzo los dedos.

Miro hacia The Wash desde la playa de Skegness. Esta es la última travesía importante. Solo hay 22 km hasta el otro lado, pero lo desconocido me pone nervioso. Hoy es un día ventoso con un considerable oleaje del norte. Los bancos de arena lejos de la costa levantarán las olas. Tengo visiones de quedar atrapado entre ellos, incapaz de escapar de las aguas blancas que rompen caóticamente.

Lo dejo un rato.

No me aventuro muy lejos, prefiero vigilar de cerca mi equipo. Los quioscos preparan un té con donuts bastante bueno. Lo sé por ayer.

Un rato más tarde me reúno con la Patrulla de Playa, un grupo de chicos jóvenes en un puesto de vigilancia. Es agradable hablar con ellos y tienen unos prismáticos potentes. Un horizonte nítido, poblado de borreguillos energéticos me hace decidirme. No necesito presionar. El tiempo está de mi parte. No te muevas.

Siento que sería una imposición volver a llamar a la ajetreada familia de Simon y tengo otra opción. Un amigo mío de la universidad, Ian, se ha puesto en contacto conmigo y tiene parientes en la zona a los que puedo llamar. Conozco vagamente a los familiares del bautizo de la hija de Ian. Creo que esto cuenta como ejemplo de *networking*. No sabía que yo fuera capaz de eso.

El equipo es un lío para llevarlo y traerlo. ¿Quizá el equipo de la Patrulla de Playa pueda ocuparse de ello? Quieren hacerlo y hacen todo lo posible por ayudar, pero se encuentran con una respuesta inflexible y poco imaginativa de su jefe al otro lado del teléfono. No. No tiene seguro. No estaría cubierto por su seguro. No se puede hacer.

No hay problema. Los pobres chicos parecen desolados, hasta que se dan cuenta de que de verdad no estoy disgustado, momento en el que vuelven a sus móviles y a los rumores de quién está con quién.

El plan B funciona. June, la tía de Ian, aparece con un remolque. Eso hace que el equipo llega sin problemas a su casa. Más tarde también me reencuentro con el tío Trevor.

Envío un mensaje de texto a Simon y Rob, solo para hacerles saber que esta noche no estoy sin techo en Skegness.

Un día en los quioscos de la playa no me ha dejado menos cansado que un día en el agua. Trevor y June son tranquilos y sosegados, y los quioscos de atracciones están fuera del alcance de mis oídos. Me cortaría las orejas para escapar de ese ruido.

Día 91 – 5 de septiembre

Trevor y yo acabamos el crucigrama del periódico *The Telegraph* durante el desayuno. Mi contribución: una adivinanza afortunada de cuatro en horizontal. Luego volvemos a la playa.

Trevor tiene contactos náuticos y me presenta al personal de la estación del RNLI. Una leve ansiedad me impidió hacerlo ayer. ¿Miedo a la autoridad? ¿Preocupación porque me prohibieran cruzar The Wash? Nota para mí: plantar cara al miedo y verás que no es para tanto.

Los del RNLI son amables: no me reprenden ni intentan disuadirme de cruzar. Me ayudan con el plan de ruta aunque no suenan muy convencidos. Su tono incierto me da poca confianza.

En cualquier caso, las condiciones meteorológicas y del mar son similares a las de ayer, así que aún no navegaré. Mientras tanto, el RNLI no tiene problemas con el seguro si guardo mi equipo en la estación.

Eso me deja tiempo libre en Skegness. Sorprendentemente, el bombardeo sonoro ha empeorado. Hoy, la autoproclamada «sensación de YouTube» Lenny domina las atracciones con su insoportable karaoke. En el paseo marítimo no hay escapatoria de la tortura. Me dirijo a la ciudad.

Cansado y aburrido de deambular me acomodo en un banco con un café. Observo que aquí la mayoría de la gente es obesa o sufre obesidad crónica. Las excepciones son sobre todo los hombres mayores y los niños más pequeños a los que aún no se les ha impuesto la obesidad. Hay mucha gente haciendo cola en las tiendas que venden basura azucarada disfrazada como comida. Algunos compradores comen o beben más de lo mismo, incluso mientras esperan en la cola para comprar más. Y los niños también toman basura comestible, o lloriquean para que les den más. Qué escena más triste. Aquí se cuecen muchos problemas muy serios. No hay duda de que parte de esta gente llevará vidas acortadas y plagadas de problemas de salud. Éste es el resultado de un capitalismo sin conciencia. El beneficio que se obtiene convenciendo a blancos fáciles para que tomen malas decisiones. Un mal funcionamiento de la sociedad. Aquí están las víctimas. Esa es mi opinión.

Me siento extranjero aquí. Quiero irme ya de Skegness. Volver a las elegantes tierras del *National Trust*. De vuelta a la preocupación por la naturaleza que convenientemente aparta la mirada de cuestiones sociales como éstas. Pero esto también es Gran Bretaña. Pasar navegando y no ver estos lugares sería fraudulento. Así que también me contento con pensar y observar. Y aquí hay mucho más sobre lo que reflexionar que en las cafeterías del *National Trust*.

De vuelta en la playa, Lenny sigue a pleno rendimiento. Las condiciones en el agua tampoco han cambiado. Paciencia, Jono. Navegar hoy es un riesgo innecesario. No la cagues. No hay necesidad de dar un espectáculo. Mañana será otro día. Quizá llegue a Cromer. Luego solo hay que seguir la curva de la costa hasta casa. Fácil, en teoría. Por primera vez en el viaje me gustaría acabar.

Charlo con Gregg, que está fuera de casa, también de aventura. Ha salido a dar otra vuelta incompleta a la isla de Wight. Esta vez, caminando.

Hablamos del final. Inevitablemente habrá unas cuantas personas allí. Puede que Gregg y Clyde naveguen el último día. Eso estaría bien. Nosotros tres, sin más añadidos. Eso estaría bien.

Tenemos una fecha de finalización provisional, en realidad la tenemos desde hace tiempo, pero no es fácil juzgarla. El próximo sábado como día de llegada parece factible y debería ser práctico. Lo hacemos extraoficialmente oficial.

Trevor y June no se sorprenden de tener noticias mías y me dirijo a su casa para pasar otra noche.

Día 92 – 6 de septiembre

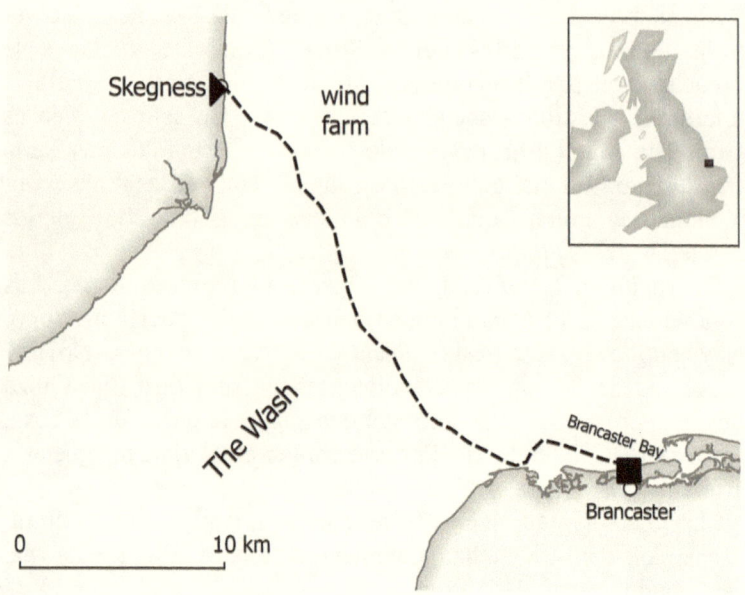

Hay un breve retraso a la espera de que se abra la estación del RNLI. Hoy voy a por ello. La escasa brisa y el oleaje residual dificultan la salida. Salir ileso es un gran alivio.

Mi rumbo a través de The Wash será un zigzag para evitar zonas poco profundas sobre bancos de arena. En consecuencia, navego rumbo cerrado durante los primeros kilómetros. Las olas rompen en un banco de arena a sotavento. El viento es terriblemente flojo pero... bueno, ya no me resulta extraño. Si permanezco en aguas más profundas, estaré bien.

Un cambio de rumbo cerca de un parque eólico me lleva a mi segundo punto de referencia, una boya que nunca encuentro. En algún momento aparece a la vista la costa de Norfolk.

El avance es tan lento que me limito a apuntar al trozo de tierra más cercano. La brisa es tenue como un susurro. Detrás de mí, las aspas de las turbinas eólicas están estáticas. Tanto la prometedora previsión meteorológica como mi ambición de llegar a Cromer han resultado ridículamente optimistas. Ahora mismo, con llegar a tierra me basta.

Al menos es un buen día de verano, con buena visibilidad y sin presión de tiempo. La marea y mis remos de la vela me acercan a la costa. Los rasgos costeros crecen y se separan hasta que se distinguen personas en una playa de arena.

La aproximación final se produce rápidamente. De repente estoy cerca. Y aunque el viento baja a cero no me importa. Esto es lo suficientemente cerca, en el peor de los casos llegaría nadando. Eso es The Wash superado. No tengo ninguna sensación de júbilo tras esta travesía, pero me siento bien al volver a la ruta, al volver

The Wash, sin viento

al ritmo de la aventura. En mi mente, el último obstáculo ahora es la costa norte de Norfolk.

El viento flojo y el oleaje me impiden atracar en la playa. Pero necesito un descanso. Me siento en la tabla e hinco los dientes en un sudoroso bocadillo de queso. A veces la comida sabe muy bien. Menos reconfortante es el ruido de mi vela que se arrastra por el paso de las olas. Cada ondulación ayuda a despegar la cinta adhesiva y la pegatina de reparación. Cuando vuelve a soplar un hilo de brisa, reanudo la navegación.

Una débil brisa térmica vespertina llega desde el noreste. Ahora navego contra el viento. No llegaré muy lejos. Pero consigo algo de distancia hasta ver un gran edificio. Posiblemente algún lugar donde se pueda tomar una taza de té. Y hay una bonita playa de arena con un atraque fácil. Sin duda, una buena opción.

El edificio más grande es un club de golf, pero junto a él hay una cafetería tipo chiringuito. Llego justo antes de que cierren. Buen momento. También parece un buen sitio para acampar. Un puñado de bañistas hacen cosas de playa en la amplia extensión de arena de la bahía de Brancaster.

Una visitante se acerca: descalza y sonriente bajo el sol de la tarde. Me encuentro con Penny, que es un Contacto Local y se ha ofrecido a ayudar en esta costa. Está muy dispuesta a ayudar y tiene buena información para los alrededores, incluidas las indicaciones para llegar al *pub* más cercano. Nuestra conversación es fácil y agradable. Rechazo la oferta de cama por motivos prácticos, ya que Penny vive a cierta distancia. Y después de unos días de descanso, acampar me parece bien esta noche.

Brancaster está a un corto paseo. Encuentro el *pub* y disfruto de un excelente bacalao con patatas fritas, y una cerveza o quizá dos. No llego a pagar. Penny había arreglado la cuenta antes de mi llegada. La amabilidad puede tener un impacto real.

Durante la noche se levanta un viento que me obliga a cambiar de orientación para evitar que se vuele mi refugio. Además, mi cama esta sobre suelo irregular. Igualmente, es estupendo volver a acampar al aire libre, bajo las estrellas del cielo de East Anglia.

Día 93 – 7 de septiembre

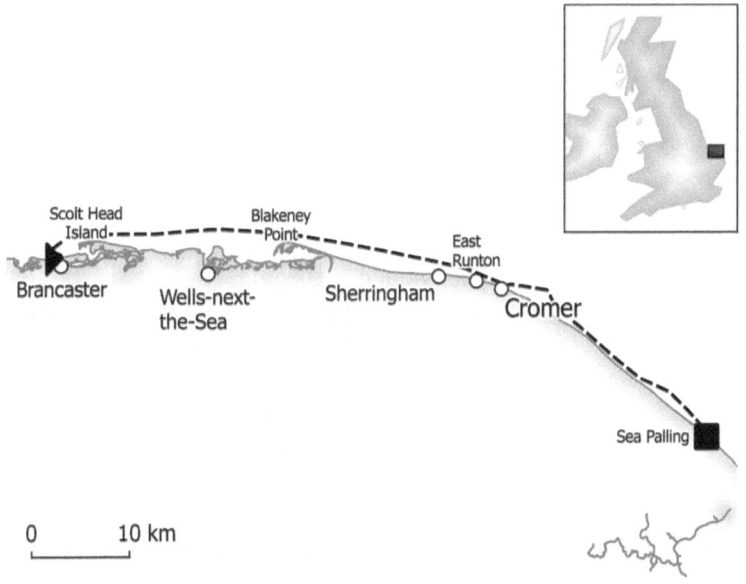

Salgo temprano en una mañana ventosa. Hay una larga caminata por aguas poco profundas hasta que la hondura es suficiente para navegar. Eso hace que la sangre bombee. Tengo ganas de acabar la tarea.

Hago unos cuantos bordos en ceñida para despejar el arenal de la isla de Scolt Head. Me alejo lo suficiente de la costa para no tener problemas. El mar está bastante ondulado. La base de nubes es baja y gris. El agua gotea continuamente de mi cara: una mezcla de niebla salina y llovizna de sabor fresco.

Me reconfiguro para navegar al través y abro rumbo hasta apuntar en paralelo a la costa. La tabla acelera a unos 20 nudos y lanza, rebana, y en ocasiones derriba, las olas a su paso. Realmente no hay una forma suave de navegar tales condiciones. Confío en el equipo, no me contengo.

La costa del norte de Norfolk es complicada: ensenadas, estuarios, bancos y salientes de arena. En pleamar, el oleaje dificultará el atraque. Mi plan es salir de aquí antes de que llegue ese momento.

Los salientes de arena con olas rompientes me obligan a alejarme de la costa a Wells, y luego a Blakeney. Las grandes boyas de navegación se mueven ebrias, sugiriendo un camino para los intrépidos. No se ve a nadie. A sotavento vislumbro una costa gestionada, pero abandonada a la naturaleza. Los pocos pueblos que hay por aquí están separados del mar por marismas y dunas.

Aparecen acantilados y una costa que me resulta familiar. Sherringham, East Runton y luego Cromer. Tengo tiempo para un rápido descanso antes de que la marea suba demasiado, así que me detengo en la playa ligeramente protegida que hay detrás del embarcadero. Han sido dos horas y media de navegación estupendas. Ahora estoy en terreno local.

En la cantina Lifeboat Café hacen unos panecillos de beicon aceptables. Al dueño le molesta un poco que gotee en el suelo. Lo siento, pero llámese Lifeboat Café... Saldría fuera, pero hace frío.

Busco en el pueblo un sustituto adecuado para el gorro de lana. Ninguno tiene las características ideales de mi gorro de lana. Me doy por vencido. Mañana hará más calor y no tengo que ir muy lejos. Ahora no necesito un gorro de lana. Me doy cuenta de lo cerca que estoy.

Me entra un pánico repentino. ¿Estará ya el mar encima de mi tabla? Vuelvo corriendo a la playa. Bien, por pocos metros. Las olas pronto caerán sobre los guijarros. Es hora de irse.

Es un lanzamiento complicado. Tengo un público de pescadores y socorristas. Percibo sus ojos clavados en mí, anticipando que perderé contra el oleaje. No estoy de humor para eso. Salgo en modo ataque. Concentración absoluta; técnica poco convencional pero funcional. Más allá de la última ola. Un momento mental de puño cerrado. ¡Sí! Una mirada hacia atrás. Cromer ya es un rasgo insignificante.

Esta vez sé exactamente hacia dónde voy: Sea Palling. El pueblo, de poca altura, tiene defensas marinas de arrecifes de roca, y es posible atracar en pleamar incluso con un gran oleaje. La costa se curva hacia el sur. Navego en zigzag a favor del viento. Sale el sol. Aquí el agua es verde: adiós a la sopa de chocolate de The Wash.

Estoy eufórico. Las condiciones son estupendas y no hay nada comprometedor en lo que queda por navegar.

Navego entre dos líneas de granito noruego para desembarcar fácilmente en Sea Palling. Es hora de otro descanso. Las condiciones también son agotadoras.

Los socorristas del RNLI son especialmente acogedores y amables. Me preparan una taza de café en su caseta bien equipada. Dejo mi ropa que está empapada de sudor para que se seque en la balaustrada y me dirijo a una cafetería que hay detrás de las dunas en busca de más café. Hoy me he pasado con los cafés.

Se acerca un hombre. Lo reconozco inmediatamente de hace veintitrés años. Bill Short. Lo conocí una vez en un campamento de entrenamiento para jóvenes en Weymouth, donde dio una charla sobre no sé qué. Tampoco es que él lo recuerde.

Bill ha navegado en Norfolk hoy, y también me ha seguido con la ayuda del localizador. Estuvo a punto de perderme en Cromer, pero consiguió algunas fotos justo cuando yo me iba navegando. En la playa se encontró con un periodista que también acababa de perderme. Eso salió bien, ya que el *East Anglian Daily Times* tiene ahora algunas fotos para utilizar.

Disfruto charlando con Bill y aprecio mucho que haya hecho el esfuerzo de localizarme. Comprende mejor que la mayoría los detalles más sutiles y las dificultades de la expedición.

De vuelta con los socorristas, decido dar por terminado el día aquí. La marea seguirá alta durante unas horas y no tendré otro lugar donde detenerme. Una cría de foca descansa en la playa. Por lo visto, las crías se cansan y también necesitan un lugar de descanso fácil, y aquí mismo les sirve.

Los socorristas me ponen en contacto con una colega suya, Becky, que vive en el pueblo. Es tan simpática como dicen que es, y tiene una autocaravana delante de su casa para usar como dormitorio de invitados. La tabla y la vela duermen en la playa.

Día 94 – 8 de septiembre

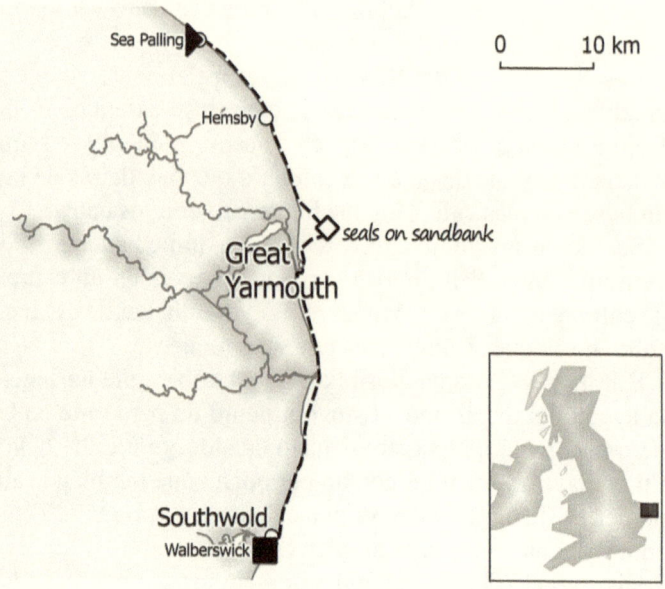

Becky me deja a pie de la playa. En una rampa que atraviesa una brecha en las dunas hay dos Land Rover de los guardacostas, y sus tripulaciones. Con cierta consternación, me doy cuenta de que han venido a buscarme. Reclamo la tabla naufragada y se suspende la búsqueda. No me sale dar las gracias a los rescatadores, que deben darse cuenta de que mi tabla, perfectamente encallada, está a una distancia a salvo de tsunamis por encima de la marca de pleamar.

Me pongo el traje discretamente, me despido de mis amigos socorristas y me escabullo.

La navegación dentro de los arrecifes es llana y agradable. Más allá de las líneas discontinuas de roca hay un pequeño oleaje que añade un elemento de diversión a la navegación pegada a la orilla, donde la corriente en contra tiene menos fuerza.

Paso por Hemsby, de donde son los suegros de Margaret que me habían ofrecido ayuda. Supongo que ya han vuelto de Sunderland. Sin embargo, no hay señales de reconocimiento por parte de la gente de la playa.

Focas abandonando un banco de arena de Great Yarmouth

Playa, playa y más playa. De vez en cuando, un pequeño recodo con un saliente de arena. Luego más playa.

Finalmente llega Great Yarmouth. En lugar de seguir por la costa, me dirijo 3 km mar adentro hacia un banco de arena que me ha llamado la atención. El banco de arena tiene rasgos oscuros que la experiencia me dice que son focas.

Un duro borde de arena se hunde inmediatamente a la profundidad, lo que me permite navegar junto a la «orilla mar adentro». Hay cientos de focas. Cachorros de color arena y adultos más oscuros, con cara de perro labrador. Las focas se dispersan cuando me acerco, pero sin consenso sobre dónde es más seguro. La mayoría se arrastra cuesta abajo hacia el agua; pero una minoría busca seguridad en la arena más alta. Me alegra que algunos individuos más audaces se queden quietos. Al menos no he arruinado la siesta de todos.

Tras un centenar de fotos de focas, vuelvo a la costa para pasar frente al puerto de Yarmouth. Dos buques rojos levitan sobre el agua, levantados sobre patas que se extienden hasta el fondo marino. Trabajan en la construcción de los parques eólicos. Una marsopa patrulla la entrada del puerto.

Playa Sur. Parada para comer. Raciones estándar de panecillo con beicon y taza de té.

La siguiente hora es amable conmigo. Buen viento y velocidades de dos cifras. Llego a las afueras de Southwold. La costa de Suffolk es preciosa. Me gusta más de lo que recordaba que me gustaba. Después de haber recorrido casi toda Gran Bretaña, me doy cuenta de que mis tierras de origen me gustan bastante. Había llegado a menospreciar lo que tengo cerca. Supongo que sienta bien estar de vuelta.

Viento más flojo para el bamboleo final hacia Walberswick. Una playa y un pueblo que conozco bien. Mi madre y Peter están en la playa. A menudo he pensado en navegar desde Clacton hasta Suffolk. Ahora lo he hecho.

Aún no lo celebro. Aún no he terminado. Pero cenamos y Peter organiza un brindis con champán. Es una comida agradable, aunque, extrañamente, el camarero del *pub* se queja de mis pies descalzos. Sí, es cierto. Los pies desnudos. No llevo zapatos. Eso es un problema. La tensión aumenta hasta que el camarero es relevado de sus funciones. El propietario, a modo de disculpa, ofrece un lugar para guardar el equipo. Todo sale bien.

De vuelta a casa de Jen y Peter, duermo en una cama en la que ya he dormido muchas veces. Qué raro.

Día 95 – 9 de septiembre

Ahora voy por adelantado para la meta programada para el sábado.

Una llegada artificial y grandiosa me avergonzaría, así que quiero evitarla. Pero si algunas personas pueden venir a la meta real, me parece bien. Me gustaría. También me alegro mucho la confirmación de que Gregg y Clyde navegarán el último día conmigo. Navegaremos en convoy.

Cronometrar la llegada a la meta es complicado. Necesito estar en posición el día anterior. Necesitaremos suerte con el tiempo. Debemos dejar tiempo suficiente para completar la navegada, y esperar que nada imprevisto frene el avance. Si todo va según lo previsto, llegaremos a Clacton Pier poco después de la hora de llegada anunciada, las 14.00 horas.

Estas serán las últimas decisiones de la vuelta a Gran Bretaña en windsurf. Parece apropiado que los últimos días terminen así. Llega el final del partido, después de 3 meses de juego.

Cada día ha implicado decisiones. Decisiones delicadas que fácilmente podrían haberme dejado varado, necesitado de apoyo, con mi sueño y mi objetivo de dar la vuelta sin apoyo hecho trizas. Decisiones sobre cuándo zarpar, sobre las rutas que tomar, que me han hecho nudos por dentro, a veces con un dolor más que físico. Decisiones que me han mantenido a salvo, pero que también han permitido el riesgo, de modo que he llegado hasta aquí, a pocos días de mi objetivo.

Cuándo avanzar las millas, empujar, virar, trasluchar, mantenerme mar adentro, acercarme, cruzar por delante o cruzar por detrás. Si creer a las previsiones, a los lugareños, o al cielo en desarrollo. Cuándo comer, orinar, beber. Cuánto forzar el equipo y cuánto forzarme a mí mismo.

La idea de que podría haberme aburrido en este viaje, con la mente desocupada, ahora me parece cómica. He sopesado cada jugada.

Por hoy, mi decisión es dejar que el tiempo pase. No navego.

La costa de Suffolk, que he llegado a apreciar más al saber que hay zonas que no conocía.

Día 96 – 10 de septiembre

Hoy navego 16 km. Eso deja un poco menos para mañana. Un sudeste de fuerza 5 hace que avance rápidamente. Podría llegar hoy a Clacton, las condiciones son así de buenas, pero me detengo en Aldeburgh. Espero no arrepentirme de esta lentitud forzada.

Hay un fuerte rompiente en la orilla de guijarros. De todos modos, no volvería a salir hoy. El Club Náutico de Aldeburgh, situado en el lado del río de la orilla de guijarros, cuida de mi equipo. También es el club de «Wayfarer Fran».[7]

Una actualización de la página web y más cuidados de mi madre llenan el resto del día. El tiempo en el retiro de Suffolk está llegando a su fin. Mañana comienza el viaje de dos días a Clacton.

---

[7] Fran, una chica de aquí, dio la vuelta a Gran Bretaña en un Wayfarer y me animó cuando estaba planeando la expedición.

Día 97 – 11 de septiembre

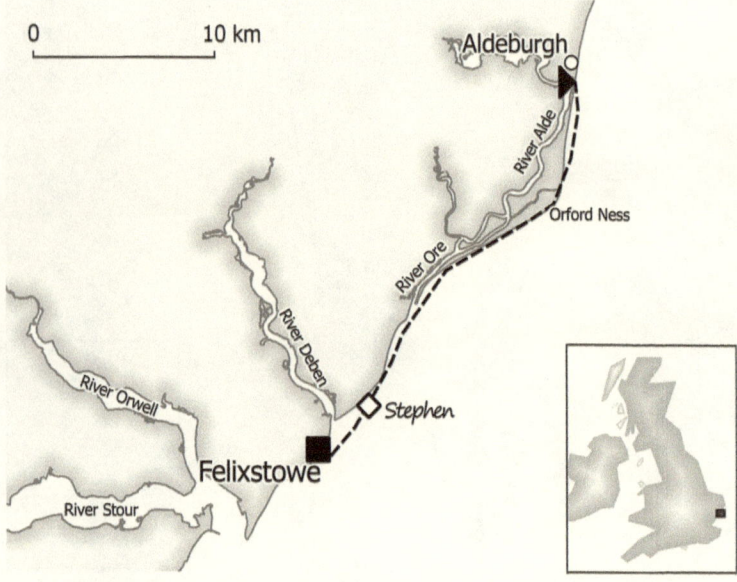

Salir de la playa hoy no será fácil. Las olas rompen en el banco de guijarros cada tres segundos y el ligero viento de tierra no ofrece ningún ángulo para escapar, ni siquiera para hacer *beachstart*. Estudio la situación durante quince minutos antes de decidirme por una nueva estrategia: esperar una oportunidad, una ligera calma en las olas, correr y tirar el equipo, y salir nadando lo más rápido posible. Es más fácil de explicar que de ejecutar: cuesta mucho levantar y tirar mi equipo. Consigo salir, muy satisfecho y aliviado por cómo ha ido.

La navegación hasta Felixstowe es agradable. La playa de guijarros es una península larga y vacía que se extiende hasta la desembocadura del río Alde. Un solitario faro en Orford Ness es el único elemento digno de mención. Cuando era niño, esta zona me parecía inquietantemente vacía y yerma. El viento siempre me parecía anormalmente frío y las corrientes arremolinadas en la desembocadura del río Ore también me asustaban. Pero eso fue hace mucho tiempo.

Hay tantos ríos por aquí que me confundo cuál es cuál. El siguiente levanta algunas olas en los bancos de arena. Cosas triviales que añaden un poco de interés. Aún tengo que recorrer los kilómetros restantes, pero los que quedan no suponen ninguna amenaza.

A media hora de Felixstowe veo a un windsurfista que navega hacia mí. Enlazamos y Stephen Squirrel se presenta. Me impresiona al instante saber que también es un windsurfista de larga distancia. Al igual que yo, lleva una radiobaliza EPIRB y un GPS. Somos una raza rara, pero llegamos a ver cosas extraordinarias.

Stephen forma parte del Club de Windsurf Felixstowe. Algunos de sus miembros están reunidos en el aparcamiento de la playa donde atracamos. Me reciben un grupo de rostros amables en sillas plegables, fuera de sus autocaravanas. Reconozco algunas caras, gente con la que competí hace veinticinco años. Bebemos té y recordamos cosas bajo el sol de la tarde.

El embajador del club, Mark, ha consentido en alojarme esta noche. Me advierten de que intentará emborracharme. Hace todo lo que puede, pero sospecho que mañana será Mark quien tenga la cabeza dolorida.

Día 98 – 12 de septiembre

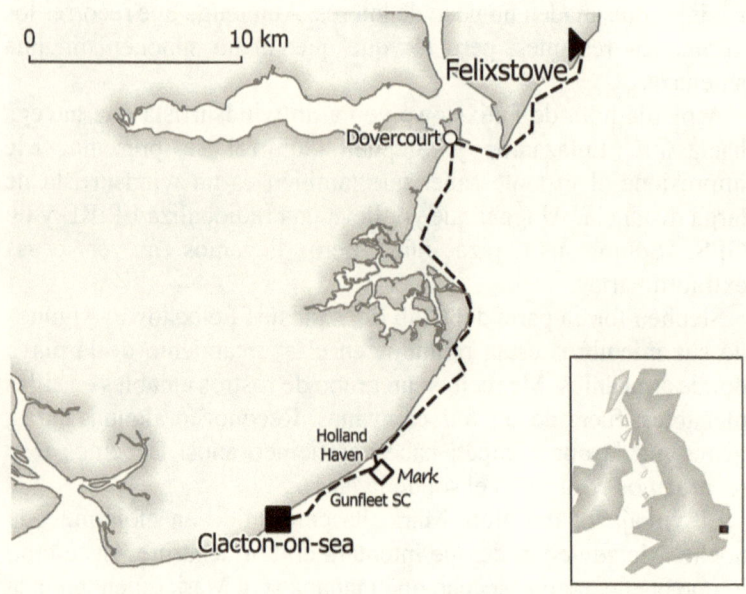

A las 10 de la mañana salgo de la playa de Felixstowe acompañado por algunos navegantes del club. Se han esforzado más que el tiempo, que está húmedo y gris. Pero, para mi alivio, hay viento y los que navegamos con tablas Raceboard zigzagueamos contra el viento a un ritmo tranquilizador.

El convoy pronto se fragmenta. Solo el explorador Stephen y yo continuamos por las vías marítimas de Felixstowe. Nos detenemos en la playa de Dovercourt, para una cita prevista con Clyde y Gregg, justo delante de la «beach hut» (cabaña de playa) que mi madre alquila del ayuntamiento. Gregg ya está preparando el beicon y el café. Clyde corre a montar su equipo. Ambos tienen energía nerviosa por la etapa que viene. Observo su excitación con curiosidad y ligera diversión. Yo habría estado así hace 3 meses.

Stephen termina su bocadillo de beicon y se marcha. Eso deja al «dream team», los casi vencedores de la Isla de Wight, para

331

Clyde (izquierda), Gregg (derecha) y yo navegamos juntos para el tramo final desde Dovercourt

terminar el trabajo. De mi punto de vista será la conclusión perfecta.

Como era de esperar, nuestra tranquila excursión social a Clacton se convierte en una carrera competitiva en cuanto tocamos el agua. Además, ¡los cabrones son más rápidos que yo! No ceden ni un milímetro. Consigo pasar a Clyde, pero Gregg tiene una evidente ventaja de velocidad. Espero que no tenga piernas para mantener ese ritmo. Clyde busca más viento mar adentro y consigue un avance inesperado. Eso obliga a Gregg a cubrir la línea costera y él, servicial, dona unos segundos en cada virada, reduciendo la distancia.

Hacemos una tregua cerca de Holland Haven; nos detenemos en la playa para tomar un respiro y reagruparnos. La victoria de etapa es para Gregg. Por suerte, también es el más cansado. Yo finjo estar fresco como una lechuga, pero si Gregg y Clyde no me escuchan, admitiría que el ritmo de carrera es definitivamente más cansado. Cuando navegues muchas horas no tiene sentido navegar a toda máquina. Por una décima de nudo que ganes literalmente no merece la pena el esfuerzo.

Bajamos de intensidad un poco en los 5 km restantes. Aparece una vela de windsurf tipo principiante. Resulta que pertenece a mi amigo Mark, visto por última vez el «Día 14» repartiendo pastel desde las rocas de Portland Bill. Nos saluda y nos verá en la meta. El día ha salido estupendo. Cielo azul y sol radiante.

Pasamos por delante del Gunfleet Sailing Club, el modesto y pequeño club donde aprendí a navegar y que aún conservo con cariño. Su asta está decorada con todas las letras del alfabeto náutico. Hace mucho tiempo yo era aquí un espadín en un Topper, uno de tantos. Tal vez mi viaje pueda ser considerado memorable por algunos del actual cardumen.

Desde mi partida se ha completado una transformación de la costa de Clacton. Las bahías en forma de media luna protegen las viejas defensas de hormigón, que ahora son redundantes. Las gratas curvas de la nueva arena llegan hasta el muelle turístico de Clacton. Una multitud se hace visible en el punto de referencia más famoso del pueblo.

Navego cerca del muelle. Voy con cuidado de no caerme en una virada ni de que me atrapen los pescadores. Para la gente posicionada en el extremo de la desvencijada estructura, mi llegada es una línea imaginaria que se extiende mar adentro. Vítores, gritos y aplausos compiten con el viento mientras yo, y los espectadores, cruzamos al lado de barlovento del muelle. Me parece apropiado aproximarme a la multitud congregada. Identifico algunas caras y saludo con la mano. Los gestos son correspondidos. Por encima de la muchedumbre ondea enérgicamente una bandera menorquina.

Vuelvo mi atención a la entrada a la playa. Durante 98 días, la tierra firme ha sido la meta que cuenta. Por delante del grupo, arrastro mi equipo hasta la arena. Una llegada sencilla, después de haber dado la vuelta a Gran Bretaña haciendo windsurf.

No hay drama, ni apretones de puño, ni oleadas de emoción. No me lanzo a la playa ni al agua. Me fijo en algunas personas determinadas: atípicas entre la multitud. Southend Richard situado sobre un rompeolas con su cámara. ¿Keith? Ordeno la tabla y la vela, por primera vez sin la presión de no meter la pata. Tengo poca conciencia de lo que siento, pero estoy profundamente tranquilo.

Llegando a *mi* meta: la arena de la playa del muelle de Clacton. Foto de Mark London

Sigue media hora de fotos. Mi padre está radiante y exteriormente muy orgulloso. Mi madre está más contenida. Apenas dice una palabra, pero en realidad no hace falta. La atraigo hacia mí y miramos a las cámaras. Sé que mi felicidad le quita un peso de encima.

Rita y Carme, las hijas de Paco, han venido desde Menorca. Las hermanas permanecen cerca la una de la otra y son todo sonrisas. La voz de Rita es tan ronca como siempre. Una versión más adulta de la misma Rita de siempre. Le devuelvo la sonrisa a la hermana pequeña favorita que nunca tuve. Paco estaría muy orgulloso de sus hijas, y de mí también.

Moira y su familia han hecho el viaje desde la costa sur. Su apoyo a lo largo de la expedición ha sido tan fiable como el propio Dennis.

Y muchos más han viajado desde cerca y desde lejos para verme. Múltiples conversaciones breves. Luego, la gente se separa y deja paso a otra persona. ¿Es esto fama? Dejo que una periodista que me espera cortésmente me haga algunas preguntas. Cuando lo ha hecho, la multitud se ha disuelto.

***

Navegamos de vuelta a casa de mi padre, saltando las olas y cayendo por las esquinas durante todo el camino. La tensión acumulada se escurre de mi cuerpo.

La vela dañada se deshace mientras desmonto. Como las alas de una mariposa al final del verano.

***

Hay un buffet de recepción en el Gunfleet. Una ducha rápida y doy la cara. No hay discurso por mi parte, pero es una buena oportunidad para charlar con los amigos. «¿Habrá un libro?», me preguntan. Puede que sí.

***

Estoy emocionalmente controlado para la llegada. Sobre todo aliviado, brevemente exuberante durante la navegada hacia casa, pero nada desbordante. A continuación surgen emociones fuertes, incluido el revivir de experiencias que me dejaron exhausto, pero éstas tardan meses en aflorar. Afloraron con frecuencia al escribir este libro.

***

Termino mi segunda cerveza y, concluidas las obligaciones públicas, me alejo. Son los primeros momentos que tengo para reflexionar. Calmo y sereno como la noche que me rodea. Recorro a paso lento el camino de vuelta a casa por el paseo marítimo.

1 año después

Durante un tiempo estuve contento. Caminaba y miraba al mar y desde la mayor parte de la costa del Reino Unido podía mirar y pensar «yo pasé por allí navegando». Me sentía privilegiado. Por todas las cosas que había visto y las experiencias que había vivido. Mi mirada se alejaba, mi atención también. La fase de soñar despierta duró meses.

**

Mi deseo de dar la vuelta a Gran Bretaña en windsurf me hizo sufrir. Reprimido, contribuyó a una sensación interior de fracaso. Entonces, en un momento de mi vida en que más lo necesitaba, me ofreció un salvavidas. En un mundo en el que el entusiasmo se había convertido en un recuerdo lejano, por fin había algo que quería hacer.

Nunca me propuse escribir un libro. Nunca pensé que hubiera un libro en mí. Nunca pensé que tendría una historia digna de ser contada. Las notas de voz que grabé durante la expedición fueron un «por si acaso». Una póliza de seguro contra el arrepentimiento retrospectivo.

Cuando la gente me decía que debía escribir, me encogía de hombros ante las sugerencias. Solo cuando ya había recorrido un largo trecho de Gran Bretaña empecé a pensar que podría tener algo que decir.

Pasaron unos meses desde que terminé hasta que pude escribir. Había estado tan concentrado en completar la expedición, que los aspectos psicológicos aún estaban en carne viva y sin procesar. Las emociones que volvieron a aflorar fueron abrumadoramente poderosas. Y, al igual que en la expedición real, lo más difícil fue empezar.

Cuando encontré mi ritmo, las emociones que experimenté por primera durante la vuelta volvieron a inundarme. Los cabos eran calvarios que me agotaban. Land's End me dejó destrozado. Las travesías lejos de tierra, que me habían llenado de indecisión y a veces de tormento, volvieron a ser anticipadas y temidas. Y también volví a experimentar gratitud, asombro y aprecio. Escribía cada día de una sentada, y la mayoría de los días me dejaban destrozado. Cada hito del viaje era un hito en el libro. Desde una perspectiva emocional, di la vuelta a Gran Bretaña dos veces.

La progresión a aventurero y a escritor siguió caminos similares.

En los primeros días de la expedición, y de la escritura, no era ni lo uno ni lo otro. Cuando la prensa o los curiosos se referían a mí como aventurero, me encogía por dentro. Y cuando escribía, si me atrevía a considerarme escritor, esas pretensiones me avergonzaban.

Pero eso cambió, en ambos casos, cuando llegué hasta el noroeste de Escocia. En ese momento me había convertido en un aventurero. Y habiendo escrito hasta ese punto, me sentía capaz como cronista de la experiencia.

Cuando doblé Duncansby Head e inicié el viaje hacia el sur, por primera vez tuve la convicción de que acabaría con esto. Conseguiría dar la vuelta a Gran Bretaña haciendo windsurf. Del mismo modo, cuando cerré el portátil al final del día sesenta y tres de escritura, por primera vez supe que acabaría este libro.

Y del mismo modo que dar la vuelta a Gran Bretaña en windsurf fue una experiencia fascinante y enormemente gratificante, escribir sobre ella también lo ha sido.

***

Un relato de este tipo es, por naturaleza, algo autobiográfico. Puede que se espere que mencione cómo me ha cambiado mi experiencia. He intentado insinuar estas cosas.

Soy más libre. Después de dar la vuelta a Gran Bretaña haciendo windsurf, ya no quiero hacerlo. Y eso es muy liberador. El alivio de la presión constante a la que me sometía durante la expedición para no meter la pata también me quita un peso de encima.

Espero que pueda detectarse un refuerzo de la autoestima. Una liberación de la sensación de fracaso. Una capacidad reforzada para ver a otros seres humanos como otros seres humanos. Una aceptación de mí mismo y una satisfacción con cómo soy. Sea o no un poco diferente.

Otros cambios pueden ser más sutiles, o haberse hecho evidentes más recientemente, o simplemente necesitan alguna explicación más. Todos han sido enormemente positivos.

Estoy mucho más dispuesto a relacionarme con la gente. He observado que las personas que se comprometen son las que parecen disfrutar más de la vida y ser más felices. Inscríbeme a esta lista, por favor.

En situaciones que podrían considerarse emocionalmente incómodas, tengo más control. Esto es ciertamente útil, aunque estoy lejos de ser un artículo acabado.

Tengo la firme convicción de que basta con seguir adelante. No importa cuál sea el objetivo ni dónde esté: sigue trabajando y las cosas saldrán bien. Enfrentarse a algo grande o difícil es útil. En un momento difícil de mi adolescencia, mi padre me regaló un libro: El Pastor, de Frederick Forsyth. El mensaje que extraje de la breve historia es que algo te llevará a casa. Es un mensaje poderosamente tranquilizador, que me repetí durante la expedición cuando luchaba por llegar a la orilla, o rodear una isla o un cabo, o superar un tramo de acantilados. Y también mientras escribía este libro. Céntrate en lo que puedes influir, hazlo bien, hazlo durante horas, días o meses. El resto se resolverá solo.

Consideré «pastores», de naturaleza espiritual, en este viaje. Pero en realidad no estaba buscando, así que no los encontré.

Finalmente dejé ir una relación que, aunque había terminado, me había costado mucho superar. Eso también es positivo.

A veces pienso que la preocupación me impulsó a completar la vuelta a Gran Bretaña. Eso no me suena nada aventurero. Pero otras veces encajo extraordinariamente bien en el perfil de solitario y vagabundo. Las etiquetas pueden ser útiles, pero también pueden ser causa de problemas. Una etiqueta que aceptaré es la de ser afortunado. Por todo lo que me ha ido bien en la vida y todo lo que me ha ido mal, estoy enormemente agradecido.

En cierto modo, podría considerarme curado de mi obsesión por dar la vuelta a Gran Bretaña haciendo windsurf. Pero eso implicaría que había algo malo en mí por querer dedicarme a ello en primer lugar. No lo creo. Ahora no. Hubo consecuencias psicológicas negativas por suprimir el reto, o por tener demasiado miedo a asumirlo, pero su realización final solo ha dado lugar a resultados positivos. El hecho de que la obsesión permaneciera latente y no revelada durante tanto tiempo puede, por supuesto, hablar de mí de otras maneras.

Los efectos en cascada de los conocimientos adquiridos siguen desarrollándose. Dar la vuelta a Gran Bretaña haciendo windsurf deshizo un atasco en mi desarrollo personal. Soy más feliz que nunca conmigo mismo. Y también un poco más sabio. Es un buen comienzo.

* * *

Dar la vuelta a Gran Bretaña en windsurf fue una aventura que llevaba décadas gestándose. Mi siguiente aventura, escribir un libro, nunca la vi venir. Con el final de la expedición a la vista, me centré en ello y se convirtió en mi nuevo objetivo. Ahora solo tengo que dibujar algunos mapas.

Hay otro mapa. En la pared de la cocina. Lo puse allí la semana pasada. Mis ojos se mueven hacia las costas y me pregunto cómo será el mar frente a ellas, si hay opciones de llegada a tierra, la exposición y el frío.

No quería volver a sentir ese miedo. Lo tenía claro. Pero esos recuerdos se desvanecen. El mapa vuelve a entrometerse: atrae mi atención excluyendo todo lo demás. Mi mente divaga hacia la soledad salvaje y vacía, hacia un mundo al que no tengo deseo ni voluntad de resistir. Y sé que mi mayor temor es el del arrepentimiento.

Siempre iba a volver. Darme cuenta de ello me emociona y me aterroriza a partes iguales.

Entradas de blog

Gregg y yo escribimos artículos en el blog. Están disponibles en línea en: https://britain.onebubble.earth/blog

A continuación, encontrarás un extracto de la última entrada del blog.

«Salí de Clacton hace 98 días y giré a la derecha. Seguí navegando todos los días que pude. Pasé los 3 mejores meses de mi vida. Llegué donde había empezado, con un agujero donde había estado mi sueño.

«Estoy triste por haber terminado, ligeramente orgulloso y definitivamente aliviado por haber completado esta aventura de la forma que pretendía: sin necesitar asistencia en el agua. Fácilmente podría haberla pifiado en el largo viaje hacia el sur. Mi mantra para mí mismo en la etapa de regreso fue siempre minimizar la exposición, pero con fuertes vientos soplando de tierra hay una cierta cantidad de exposición que simplemente no se puede evitar. Especialmente en esos momentos de mayor exposición, incluso actos sencillos como voltear los sables tras una virada se hacían con un cuidado exagerado. Hice todo lo que pude para evitar roturas, y la suerte estuvo de mi lado.

«Es agradable haber sido considerado noticia, y las donaciones benéficas han recibido un impulso gracias a la cobertura de la prensa. La atención ha sido como un chaparrón. Como el tiempo, la atención pasa pronto. De todos modos, me siento más cómodo en el sector posterior a la atención.

«Tengo cientos, miles, de agradecimientos que dar. Nombrar a todas y cada una de las personas que me han ayudado a lo largo del camino es una tarea casi imposible y, desde luego, no es algo que pueda intentar en este post. Tal vez habrá un libro que hará un mejor trabajo reconociendo el apoyo que ha hecho de mi vuelta a Gran Bretaña en windsurf una experiencia tan agradable y que afirma la bondad de la humanidad.»

Más aventuras

En el momento de la publicación de este libro en su versión original (en inglés) Jono estaba preparándose para recorrer en solitario la costa continental de Europa occidental de Rusia a Rusia. Este viaje de 15.000 km requirió dos años de navegación.

La historia del viaje de los mares de Europa se cuenta en el segundo libro de Jono. *In The Balance* se publicó en 2022. Los primeros capítulos están disponibles como avance en Amazon. Si puedes con el inglés, por favor, considera la posibilidad de leerlo.

Sigue en contacto

Para recibir actualizaciones ocasionales sobre aventuras y publicaciones, suscríbete al boletín de Jono en:
http://jonodunnett.com/newsletter/signup

Para las próximas aventuras, serás el primero en saberlo...

¡Felicidades por llegar al final! Si disfrutaste de este libro, ¡el autor estaría encantado de recibir una reseña! Solo con la ayuda de lectores como tú, este libro puede ser descubierto por otros. Gracias por tu apoyo.

www.ingramcontent.com/pod-product-compliance
Lightning Source LLC
Chambersburg PA
CBHW030430010526
44118CB00011B/570